30일 인문학

흔들리는 직장인을 위한

30일 인문학

이호건 지음

21세기북스

차 례

프롤로그 흔들리는 직장인을 위한 30일 인문학 프로젝트 · 9

**1부
인생,
홀로서기를
위한
끝없는 전쟁**

1일 성공을 꿈꾸기 전에 생각해 봐야 할 것들 · 16
  장자 「장자」
  길은 걸어 다녔기 때문에 만들어진다

2일 일 잘하는 동료를 대하는 우리의 자세 · 25
  맹자 「맹자」
  자신의 일을 다하고 천명을 기다려라

3일 대기업에 다니는 동창에게 주눅이 드는 이유 · 33
  들뢰즈 「차이와 반복」
  타인이 아닌 자기 자신으로 살아라

4일 마음이 안 맞는 상사와 잘 지내는 방법 · 42
  에픽테토스 「엥케이리디온」
  자신의 맨 얼굴을 건강하게 만들어라

5일 내 인생 이대로 괜찮은 걸까? · 51
  하이데거 「존재와 시간」
  어떻게 실존할 것인지를 스스로 선택하라

2부
불안, 피할 수 없는 인간의 조건

6일 미래는 원래 불안한 것이다 · 60
아우구스티누스 「고백록」, 임제 「임제어록」
카르페 디엠, 현재의 삶에 충실하라

7일 남들보다 뒤처진 자신이 한심하게 느껴질 때 · 66
나가르주나 「중론」
현재의 '있는 그대로의' 삶을 긍정하라

8일 과거에 실패했던 기억이 마음에 걸린다면 · 73
니체 「도덕의 계보」
과거의 안 좋았던 기억을 잊고 현재의 삶을 긍정하라

9일 상사의 지시대로 한 행동에 내 책임은 없을까? · 80
칸트 「실천이성비판」, 사르트르 「존재와 무」
인간은 자유롭도록 선택받은 존재다

10일 출세 지향적인 사람을 욕하지 마라 · 90
공자 「논어」, 니체 「차라투스트라는 이렇게 말했다」
자신을 부정하고 극복하라. 순종하기보다 명령하라

3부
변신하고 진화하지 않는 자, 유죄!

11일 나에게는 왜 재능이 없을까? · 100
다윈 「종의 기원」
지금 당장 변화를 시작하라. 그것이 다음 진보의 출발점이 된다

12일 칼퇴근이 눈치 보이는 이유 · 107
니체 「차라투스트라는 이렇게 말했다」
끊임없이 변신하여 새로운 가치를 창조하라

13일 자신 없는 업무 앞에서 망설여질 때 · 115
베르그송 「창조적 진화」
자신의 약점을 외부로 드러내고 단련하라

14일 존경하던 선배의 말이 거슬리기 시작한다면 · 122
임제 「임제어록」
선배의 그늘에서 벗어나라

15일 10년차 직장인, 이제 와서 꿈을 꿔도 되는 걸까? · 129
사르트르 「존재와 무」
꿈꾸지만 마라. 꿈을 이루기 위해 부단히 노력하라

4부
타자와의 마주침은 기쁨인가 슬픔인가

16일 박 대리의 축의금이 괘씸할 때 · 140
데리다 「주어진 시간」
아무런 대가 없이 주어라

17일 왜 진심을 아무도 몰라줄까? · 146
메를로 퐁티 「지각의 현상학」, 비트겐슈타인 「논리철학논고」
진심은 말하지 않아도 드러난다

18일 우리는 누구나 가슴에 사표를 품고 산다 · 153
가라타니 고진 「탐구 I」
타인과 위태로운 사랑을 즐겨라

19일 팀원들이 상사에게 불만을 이야기하지 않는 이유 · 160
들뢰즈 「프루스트와 기호들」
사랑에 빠져서 상대가 보내 오는 신호에 민감해져라

20일 오늘도 퇴근 후 술집을 찾는 당신 · 168
스피노자 「에티카」
행복을 원한다면 아무리 힘들어도 현실과 당당히 맞서라

5부
차이를 가로질러 소통의 다리를 놓는 법

21일 어쩌면 당신도 왕따가 될 수 있다 · 176
비트겐슈타인 「철학적 탐구」
상대방과 삶의 문맥을 공유하라

22일 이직을 고민하는 당신에게 필요한 한마디 · 183
들뢰즈 「디알로그」
자신의 삶에서 끊임없이 차이를 만들어내라

23일 사교성이 좋은 직장 동료의 비결 · 189
들뢰즈 「천개의 고원」
진정한 소통을 원한다면, 문자메시지에 이모티콘을 달아라

24일 어젯밤 술자리에서 실수를 했다면 · 197
프로이트 「프로이트 심리학 연구」, 라캉 〈실리세〉
무의식을 억제하지 말고, 효과적으로 발산하라

25일 승승장구하던 김 팀장이 한 방에 훅 간 이유 · 206
한비자 「한비자」
상대방의 역린逆鱗을 건드리지 않도록 조심하라

6부
현실을 원망하기 전에 사르트르를 만났다면

26일 시키는 일만 하는 후배들이 눈엣가시라면 · 214
　토머스 쿤 「과학혁명의 구조」, 푸코 「말과 사물」
　무의식적으로 따르는 삶의 규칙에서 벗어나
　상대방 입장에서 생각하라

27일 회사 정기 산행은 일의 연장일까? 휴식일까? · 222
　하위징아 「호모 루덴스」
　자신의 일에서 놀이가 가진 즐거움과 창조성을 발견하라

28일 겸손은 조직 생활에서 미덕일까? · 229
　하이데거 「존재와 시간」
　때로는 정을 맞더라도 모나게 살아라

29일 인정받는 리더가 되기 위한 두 가지 조건 · 238
　한비자 「한비자」
　법치의 체계성과 덕치의 인간미를 동시에 갖추어라

30일 회사는 결코 당신을 지켜주지 않는다 · 246
　사르트르 「존재와 무」
　상대의 자유를 긍정하고, 진정한 사랑의 관계를 만들어라

에필로그　회사가 나를 흔들수록 '생각하는' 직장인이 되라 · 256

부록 · 260
참고문헌 · 267

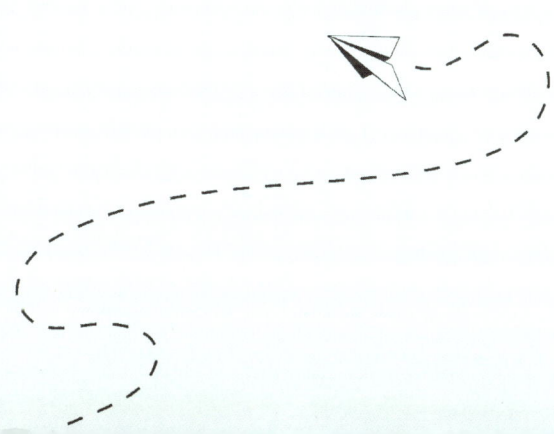

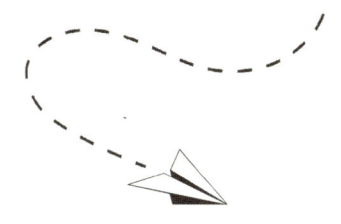

프롤로그

흔들리는 직장인을 위한
30일 인문학 프로젝트

"여러분, 살림살이 좀 나아지셨습니까?"

예전에 대통령 선거에 출마한 모 정치인이 자주 사용했던 표현이다. 이 말을 빌려 다시 한 번 물어보자. 당신은 요즘 살림살이가 좀 나아졌는가? 개인차는 있겠지만, 과거에 비해 별로 나아지지 않았다고 느끼거나 힘들어졌다고 말하는 사람도 많을 것이다. 대부분의 현대인들은 열심히, 바쁘게 살아간다. 새벽같이 출근해서 밤늦게 퇴근하기 일쑤다. 그렇게 열심히 바쁘게 살고 있는데도 정작 살림살이는 좀처럼 나아지지 않는다. 오히려 삶이 팍팍해졌다고 느껴질 때가 많다. 왜 그럴까?

프랑스의 철학자 미셸 푸코Michel Foucault는 우리가 원하지 않는 삶을 살아가는 이유가 "그렇게 살아가도록 조건 지워졌기 때문"이라고 말한다. 푸코에 의하면 지금의 나는 "역사적으로 구성된historical formation" 것이다. 즉, 나의 의지와는 관계없이 현재의 모습처럼 살아가도록 역사적으로 만들어졌다는 말이다.

사람은 자신의 의지대로 살아가는 것 같지만, 사실은 누군가가 만들어 놓은 규칙에 복종하며 살아가곤 한다. 대표적인 규칙이 '돈'이다. 마르크스Karl Heinrich Marx의 주장처럼, 자본주의 경제는 모든 가치를 경제적 가치, 즉 돈으로 환원시켰기 때문에 '돈'은 최고의 규칙이 되었다. 사람들은 돈 때문에 야근을 하고, 돈 때문에 다른 이에게 굽실거린다. 공부해야 하는 이유도 단적으로 말하면 '돈' 때문이다. 이처럼 대부분의 사람들은 모든 것이 돈으로 환원되는 규칙에 따라 살며, 돈에 복종한다. 그러니 자신이 원하는 삶을 살기가 힘들 수밖에 없다.

그런데 문제는 공부를 열심히 한다고 해서, 일을 열심히 한다고 해서 돈을 잘 번다는 보장이 없다는 사실이다. 주위를 한번 둘러보라, 열심히 사는 사람이 모두 돈을 잘 버는지. 물론 열심히 살아서 잘 버는 사람도 없지는 않지만, 대다수의 사람들은 열심히 살면서도 늘 돈이 부족하다. 그래서 "살림살이 좀 나아지셨습니까?"라는 말은 질문이 아니라 반문反問이 된다. "왜 열심히 사는데도 우리의 삶은 좀처럼 나아지지 않는가?" 하고 말이다.

열심히 사는데도 삶이 좀처럼 나아지지 않는 이유는 무엇일까? 삶이 힘들게 느껴지는 이유는 남이 만들어 놓은 규칙에 따라 살고 있기 때문이다. 그렇기 때문에 열심히 사는데도 삶은 늘 힘겹고, 행복을 느끼기가 어렵다. 그렇다면 어떻게 해야 하는가? 간단하다. 삶의 규칙을 스스로 만들면 된다. 그렇게 되면 우리는 원하는 삶을 살 수 있고 그 결과 행복해질 수도 있다.

그런데 스스로 삶의 규칙을 만드는 일은 쉬울까? 그렇지 않다. 흔히 "자율적인 사람이 되라"고들 하는데, 자율이란 '스스로(自) 규칙(律)을 정하는 것'이다. 하지만 현실적으로는 스스로 규칙을 정하기가 쉽지 않다. 남이 만든 규칙에 따라 살고 있다는 사실 자체를 인식하지 못하기 때문이다. 자신이 살아가는 삶의 형식을 자각하지 못하기 때문에 새롭게 규칙을 만들겠다는 생각조차 못한다. 그만큼 우리를 옥죄고 있는 삶의 굴레는 단단하다. 그래서 대부분의 사람들은 '인생은 원래 그런 거야'라고 생각하면서 불행을 감내한다. 어릴 때는 자신만의 삶을 꿈꾸기도 하지만, 점점 나이가 들어가면서 자신도 모르게 삶의 굴레에 얽매이고 만다.

삶의 굴레에서 벗어나려면 어떻게 해야 할까? 답을 찾아야 한다. 어떻게? 어디에서? 그 답은 인문학에서 찾을 수 있다. 인문학은 말 그대로 인간에 대한 학문, 인간의 삶에 대한 학문이다. 인문학은 삶의 역사이자, 삶의 철학을 논하는 학문이다. 따라서 삶을 성찰하고 올바른 길을 찾을 수 있는 통찰력을 길러 준다. 하지만 대부분의 사람들은 인문학을 가까이하지 않는다. 그렇기 때문에 사람들은 현실에 힘겨워하면서도 출구를 찾지 못한다.

철학자 강신주는 인문학을 산에 오르는 것에 비유한다. 힘을 들여 산에 오르면, 평소에는 보지 못하는 좋은 전망을 볼 수 있다. 명산名山일수록 더욱 훌륭한 풍경이 눈앞에 펼쳐진다. 인문학도 마찬가지다. 흔히 '문사철文史哲'이라고 불리는 인문학은 높은 산처럼 삶을 잘 바라볼 수 있게 하는 봉우리다. 특히 철학은 인문학 장르 중에서도 그 진입 장벽이 꽤나 험해서 일반인들이 쉽게 다가가지 못하는 학문으로 유명하다. 하지만 오르기만 하면, 그래서 고도감에 적응하기만 하면 삶의 모든 면을 조망할 수 있다. 이런 의미에서 본다면 철학자 개개인은 하나의 훌륭한 봉우리라고도 볼 수 있다.

　이 책을 읽는 사람은 대부분 조직 생활을 하는 직장인일 것이다. 직장은 경제력의 원천이자, 자아를 실현하는 공간이다. 많은 직장인들은 성공을 꿈꾸지만, 현실적으로 성공하는 사람은 극히 드물다. 좀 더 직설적으로 표현하면, 성공은커녕 버티기에 급급한 경우도 많다. 꿈을 이루기보다는 소위 '안 잘리는 것'이 꿈이 되어버린 직장인들이 대부분이다. 직장에서 연차가 높아질수록 이런 현상은 심해진다.

　이러한 현실에서 우리는 어떻게 해야 하는가? 앞서 말한 것처럼 답을 찾아야 한다. 서점에 가면 성공하기 위한 방법을 알려 주는 책이 넘쳐난다. 경제경영서, 자기계발서 등은 성공의 노하우를 이야기한다. 하지만 독서를 많이 한다고 해서 성공한다는 보장은 없다. 이는 산을 자주 오른다고 해서 항상 원하는 전망을 볼 수 있는 건 아닌 것과 마찬가지다. 훌륭한 풍경을 보여 주는 봉우리도 있고, 그렇지 않은 봉우리도 있기 때문이다. 그래서 훌륭한 풍경을 보여 주는 봉우리를 골라서 올라가야 한다. 즉, 좋은 전망을 보여 주는 책을 골라 읽어야 답을 찾을 수도, 성공할 수도 있다.

　훌륭한 전망을 보여 주는 책, 다시 말해 '좋은 책'이란 무엇일까? 많은 사람들로부터 좋은 책으로 검증받은 책이다. 가령, 공자孔子의 『논어』는 무려 2000년이 넘는 시간 동안 많은 지식인들로부터 검증받은 책이다. 그만큼 『논어』가 사람들에게 훌륭한 전망을 보여 주었다는 말이다. 그렇지 않았다면, 지금까지 그토록 많은 사람들에게 읽히지는 않았을 것이다. 그런 측면에서 공자는 많은 사람들로부터 검증을 받은 명산이다. 이처럼 인문학, 특히 철학은 모두 오랜 시간에 걸쳐 많은 사람들에게 검증을 받은 명산이다. 따라서 그들의 봉우리에 오르기만 하면 평소에는 보지 못한 훌륭한 전망을 누릴 수 있다.

이 책은 직장인이 조직에서 겪게 되는 문제나 갈등에 대해 인문학적인 관점에서 통찰하는 것이 목적이다. 이 책은 인문학, 그 중에서도 철학을 통해 다양한 조직 현상에 대해 고찰하고 사유하는 계기가 될 것이다. 여러 철학자들이 머물고 있는 봉우리를 하나씩 올라 보고, 그들의 시선으로 함께 바라보는 기회를 갖고자 한다. 이를 통해 지금까지 접해 보지 못한 새로운 전망을 얻게 될 것이다.

물론 철학자의 생각을 완전히 자신의 것으로 만드는 데 이 책만으로는 충분하지 않다. 그러나 철학자의 시선에 흥미를 느끼게 된다면 그것만으로도 큰 수확이 될 것이다. 과학자 뉴턴Isaac Newton은 "거인의 어깨 위에 올라선 난쟁이는 거인보다 멀리 볼 수 있다"고 말했다. 앞으로 만나게 될 거인의 어깨 위에서 그들의 독특한 시선을 즐길 수 있기를, 이를 통해 자신의 삶을 성찰하고 현재 당신이 처한 문제에 대해 의미 있는 답을 찾을 수 있기를 바란다.

2013년 1월
서초동에서 이호건

1부

인생, 홀로서기를 위한 끝없는 전쟁

1일
성공을 꿈꾸기 전에 생각해 봐야 할 것들

장자 『장자』
길은 걸어 다녔기 때문에 만들어진다

홍상수 과장은 요즘 '어떻게 하면 직장에서 성공할 수 있을까?'에 대한 해법을 찾고 있다. 직장에서 성공하는 법, 얼핏 간단해 보이지만 막상 명쾌한 답을 구하기가 쉽지 않다. 고민 끝에 홍 과장은 소위 잘나간다는 김 부장에게 조언을 구하기로 했다. 김 부장은 홍 과장의 대학 선배로, 회사 내에서는 '임원 승진 0순위'로 거론될 정도로 성공가도를 달리고 있다.

모처럼 김 부장과 단둘이 저녁 식사를 하게 된 홍 과장은 솔직하게 자신의 속내를 털어놓았다.

"회사에서 선배님처럼 성공하려면 어떻게 해야 할까요? 방법 좀 알려 주세요."

홍 과장의 단도직입적인 질문에 김 부장은 잠시 당황하다가, 이내 "그런 방법이 어디 있나?" 하면서 웃기만 했다. 후배의 질문에 김 부장은 속 시원하게 대답해 주기는커녕 그냥 술이나 마시란다. 도움이 될 만한 답을 기대했던 홍 과장은 선배로부터 아무 대답도 듣지 못했다. 홍 과장이 보기에 김 부장은 틀림없이 방법을 알고 있는 것 같았다. 그런데 대학 후배에게도 노하우를 알려 주지 않는 것 같아서 김 부장의 이기적인 태도에 크게 실망했다.

김 부장은 왜 홍 과장에게 방법을 알려 주지 않는 것일까?

"도道에 대해 아십니까?"

지하철역을 지나다 보면 낯선 사람이 다가와 이렇게 말을 걸곤 한다. 이런 상황에 마주치면 대개 사람들은 '뭐 저런 사람이 다 있어!'라며 황급히 그 자리를 피하려 한다. 왜 피할까? 사람들이 도에 관심이 없어서 피하는 것일까? 그보다는 도를 아느냐고 물어보는 그 사람도 정작 도에 대해 모를 것 같기 때문이다. 만약 도를 아는 사람이라면, 굳이 지하철역에서 모르는 사람을 붙잡고 이렇게 물어볼 필요가 없다.

도란 '무언가를 행하는 방법'이나 '어딘가에 이르는 길'을 일컫는다. 한마디로 원하는 것을 얻기 위한 방법이다. 흔히 사람들은 어떤 일을 하거나 무언가를 이루고자 할 때, 효과적인 수단이나 방법, 즉 도를 알고 싶어 한다. 돈을 잘 버는 방법, 이성의 마음을 얻는 방법, 행복하게 사는 방법, 직장에서 성공하는 방법 등등.

그렇다면 어떻게 그러한 방법, 즉 도에 이를 수 있을까? 전통적으로 서양에서는 "진리란 무엇인가?"를 묻고 답하면서 철학을 발전시켜 왔다. 서양 철학에서는 '진리'가 그만큼 중요한 개념이다. 서양 철학에서 '진리'가 차지하는 위상을 동양 철학에서는 '도'라는 개념이 대신한다. 공자는 "아침에 도에 대해 들으면 저녁에 죽어도 좋다(朝聞道, 夕死可矣)"라고 했을 정도로 '도'를 중요하게 생각했다. 얼핏 생각하면 '도가 대체 무엇이기에 죽어도 좋다는 말인가?' 하고 의아해할 수도 있겠으나, 이는 그만큼 동양에서 도가 차지하는 위상이 절대적이었음을 보여준다.

동양 철학에서 가장 중요한 개념인 도를 제대로 이해하려면, 도에 대해 상반된 주장을 펴는 두 사상가의 말을 숙고해 볼 필요가 있다. 바로 노장사상으로 대표되는 노자老子와 장자莊子다. 흔히 장자가 노자의 사상을 이어받은 것으로 알고 있지만, 도의 존재에 대해서만큼은 두 사람의 주장이 대립된다. 먼저 노자의 주장을 살펴보자.

> 도는 하나를 낳고, 하나는 둘을 낳고, 둘은 셋을 낳고, 셋은 만물을 낳는다(道生一, 一生二, 二生三, 三生萬物).
>
> 「도덕경」 42장

노자에 따르면 만물은 도에서 나왔다(道生萬物). 도가 만물의 근원인 셈이다. 노자는 도를 모든 개체들에 선행하는 절대적인 원리로 이해했다. 따라서 다양한 개체를 이해하려면 먼저 그들을 낳은 원리, 즉 도를 이해해야 한다는 결론에 이르게 된다. 도와 만물의 관계에서 도가 먼저이고, 만물이 나중이라는 말이다.

그렇다면 도가 개체 이전에 존재한다는 노자의 주장은 항상 올바른 것일까? 개체 이전에 도가 선행한다는 노자와는 달리, 장자는 구체적인 개체들이 근본 원리인 도에 앞선다는 흥미로운 주장을 펼친다. 그의 이야기를 들어 보자.

도는 걸어 다녔기 때문에 만들어진 것이고, 사물은 그렇게 불렀기 때문에 그렇게 구분된 것이다(道行之而成, 物謂之而然).

「장자」〈제물론〉

장자에게 도는 개체에 선행해서 존재하는 것이 아니라, 개체들의 활동을 통해 나중에 만들어진 것에 지나지 않는다. 즉, 개체가 먼저이고 도가 나중이다. 장자는 공자나 노자와는 달리 '도'를 원래 뜻 그대로 '길'이라고 생각했다. 그의 주장에 의하면, 먼저 누군가가 길을 걸어갔고 그 길에 흔적이 남겨짐으로써 그 흔적이 길이 된 것이다. 따라서 애초부터 길이 존재한 것은 아니다. 길은 누군가가 걸어감으로써 만들어졌을 뿐이다.

애초에 도가 있었다는 노자의 주장과 나중에 만들어진 것이라는 장자의 주장 중에 어느 것이 옳을까? 노자의 주장을 믿는 사람이라면 원래부터 존재하는 도를 찾으려 노력할 것이다. 반면 도가 애초에 존재한 것이 아니라 나중에 만들어졌다는 장자의 주장을 믿는 사람이라면 도를 찾기 위해 노력하기보다는 자신만의 도를 만들기 위해 노력할 것이다.

어느 쪽이 현대를 살아가는 우리에게 더 도움이 될까? 어떤 주장을 믿느냐는 각자의 선택이겠지만, 도를 취하는 입장에 따라 삶을 살아가는 태도가 달라진다. 가령, 산을 오르는 사람들 중에 애초부터 도가 있다고 생각하는 사람은 기존에 사람들이 다녔던 길을 찾은 후, 그 길을 따라 산에 오를 것이다. 반면에 도는 존재하지 않는다고 생각하는 사람은 자신이 생각한 바대로 길을 만들어 산에 오를 것이다. 전자를 선택한 사람은 편안하고 안전하게 산을 오를 수 있다. 반면 후자의 길을 선택한 사람은 전자보다는 힘이 더 많이 들고 때로는 위험할 수도 있다. 하지만 성취감은 더 클 것이다.

어느 길을 가든지, 각각 장단점이 존재한다. 그렇다면 도, 즉 '길'은 원래부터 있었을까, 아니면 누군가에 의해 만들어진 것일까? 조금만 깊이 생각해 보면, 모든 길은 결국 누군가가 걸어감으로써 비로소 만들어졌다는 사실을 알 수 있다. 처음에는 길이 없었다. 그런데 누군가가 걸어갔고, 그가 걸어간 길에 희미한 흔적이 남았다. 길이 생긴 것이다. 이렇게 생긴 길에 또 누군가가 뒤따라 걸었다. 흔적이 조금 더 선명해졌다. 이제 더 많은 사람들이 이 길을 따라 걸었고, 어느 사이엔가 그 길은 매우 선명해졌다. 희미했던 흔적이 절대적인 길로 변한 셈이다. 이렇듯, 길은 원래부터 존재한 것이 아니라 누군가에 의해서 만들어진 것이다.

다시 처음의 이야기로 돌아가 보자. 처음 보는 사람이 지하철역에서 "도에 대해 아십니까?" 하고 물었을 때 간혹 그 사람을 믿고 따라가는 사람이 있다. 그는 지금 도를 찾아 나선 것이다. 도가 절실히 필요하기 때문이다. 지금 도(방법)를 절실하게 찾는 사람은 어떤 일이 생각대로 이루어지지 않는 상황에 처했을 가능성이 높다. 일이 원하는 대로 이루어지는 상황이라면 굳이 도(방법)에 연연해할 필요가 없다. 자신의 뜻대로 일이 이루어지지 않기에 지푸라기라도 잡는 심정으로 도를 찾아 나선 것이다.

사람들은 남들이 이루지 못한 것을 성취한 사람에게는 그만의 '방법'이 있다고 믿는다. 하지만 정말로 그만의 '방법'이 있었던 것일까? 그도 어찌하다 보니 그 일을 이룬 것은 아닐까? 가령, 돈을 많이 번 사람이 있다고 치자. 그는 애초부터 '돈 버는 방법'을 알았고, 그 방법대로 행하여 돈을 많이 벌었을까? 반드시 그렇지만은 않다. 그도 돈 버는 방법을 모른 상태에서 돈을 벌기 위해 노력하다 보니 돈을 많이 벌게 된 것뿐이다. 다만 주위 사람들이 그에게 '돈 버는 방법'이 따로 있다고 여길 뿐이다. 이렇게 하면 돈을 많이 벌 수 있다며 자신의 방법을 이야기할 수도 있다. 하지만 그가 이야기하는 '방법'은 애초부터 있었던 것이 아니라, 돈을 벌고 난 후에 자신이 행한 것을 나중에 '방법'이라고 불렀을 뿐이다. 그렇기 때문에 엄밀히 따지면 '그만의' 방법인 것이지, '우리 모두의' 방법은 아니다. 그는 그 방법으로 돈을 벌었을지 몰라도, 다른 사람이 그 방법대로 한다고 해서 돈을 번다는 보장은 없다.

주변에 보면 모든 일에는 "방법이 있다"고 떠들어 대는 사람들이 있다. 그러나 그런 사람들을 감탄의 눈으로 바라보기보다는, 오히려 경계해야 할지도 모를 일이다. 가령 '주식투자로 100억을 버는 방법'에 대한 책을 펴낸 사람이 있다고 치자. 그는 큰돈을 벌 수 있는 자기만의 방법이 있고, 그 방법을 남들에게 알려 주기 위해 책을 썼다고 말한다. 그런데 그 말이 사실일까? 만약 당신에게 그런 능력이 있다면 그 방법을 다른 사람에게 알려 주겠는가? 그렇지는 않을 것이다.

대부분의 사람들은 남보다 부자가 되기 위해 돈을 버는 비법을 혼자만 알기를 원한다. 자신만이 알고 있는 그 방법을 여러 사람들이 알게 되면, 그때는 그 방법이 더 이상 통하지 않기 때문이다. 결국 주식으로 100억을 버는 방법을 알려 주는 책의 저자는 그 자신도 방법을 모르는 것이 분명하다. 그는 지금 다른 사람들에게 돈을 버는 방법을 알려 주려고 책을 썼다기보다는 책을 팔아서 돈을 벌려고 하는 것이다.

방법, 즉 도에 대한 노자와 장자의 주장 중에서 당신은 어느 쪽에 더 마음에 끌리는가? 장자가 "길은 걸어 다녔기 때문에 만들어진다(道行之而成)"라고 주장했을 때, 그 말의 핵심은 '걸어감行'이라는 단어에 있다. 장자에 따르면 인간은 '걸어감'을 통해 길을 만들 수 있는 존재다. 물론 인간에게는 두 가지의 길을 모두 선택할 수 있는 자유가 있다. 자신의 선호에 따라 이미 만들어진 길을 따라 걸어갈 수도 있고, 아니면 새로운 길을 만들 수도 있다. 전자의 길을 갈 때는 힘은 덜 들지만 성취감은 적을 것이고, 후자의 경우에는 힘은 많이 들겠지만 전자보다는 큰 성취감을 얻게 될 것이다.

우리는 어떤 길을 선택해야 할까? 이미 만들어진 길이 자신의 삶에 긍정적인 전망을 준다면, 굳이 새로운 길을 만들기보다는 기존의 길을 따르는 편이 현명한 선택이다. 하지만 기존의 길을 가더라도 기대한 바를 얻지 못하리라고 예상된다면, 기존의 길을 버리고 과감히 새로운 길을 찾아야 할 것이다. 이러한 상황에서는 "길은 걸어 다녔기 때문에 만들어진다"는 장자의 주장을 떠올릴 필요가 있다. 주어진 길이 삶을 긍정적으로 이끌지 못한다면 기존의 길을 따르기보다는 힘이 들더라도 새로운 길을 만들려고 노력하는 편이 낫다.

장자의 주장에 마음이 끌렸다면, 홍 과장에게 성공하는 방법을 알려 주지 않고 웃기만 했던 김 부장의 속내를 이해할 수 있다. 잘나가는 김 부장이 후배의 질문에 대해 답변해 주지 않은 것은 혼자만 성공하겠다는 이기심 때문이 아니다. 김 부장이 속 시원하게 답하지 못한 이유는 딱히 방법이 없기 때문이다. 방법이 없는데 어떻게 알려 줄 수 있겠는가? 조직에서 성공하는 데 과연 방법이 존재할까? 반드시 이 길로 가야만 성공할 수 있다고 주장할 만한 길이 있겠는가 말이다. 그런 길은 없다. 성공하기 위해 반드시 거쳐야 할 길, 방법은 존재하지 않는다.

방법이 없다. 돈을 버는 것도, 사랑하는 것도, 직장에서 성공하는 것도 그렇다. '이렇게, 저렇게 하면 된다'고 정해진 바가 없다는 말이다. "방법이 없다니, 그렇다면 허무하지 않은가?" 하고 허탈해하는 사람도 있을지 모르겠다. 방법이 없다고 해서 이루지 못한다는 뜻은 아니다. 방법이 없다는 것은 '무無'가 아니라, 방법이 '여러 가지'라는 의미다. 그렇기 때문에 자신만의 방법을 찾아서 만들어 가면 되는 것이다.

시인 이성복도 정해진 방법을 부정한다. 그는 "방법을 가진 사랑은 사랑이 아니다"라고 말했다. 방법을 가진 사랑이 어떻게 진정한 사랑일 수 있겠는가? 누군가가 만든 방법에 따라 사랑을 하는 사람은 남의 사랑을 흉내 내는 것이나 다름없다. 그렇기 때문에 방법을 가진 사랑으로는 자신만의 사랑에 이를 수 없다. 자신만의 방법으로 사랑해야 한다.

우리는 침묵하고 있는 김 부장을 대신해서 홍 과장에게 성공의 길을 알려 줄 수 있다. 조직에서 성공하는 올바른 방법이란 없다. 정해진 길은 없다는 말이다. 선배의 길을 따르기만 해서는 성공하기 어렵다. 힘이 들더라도 자신만의 길을 만들어 가야 한다. 그것만이 성공에 도달할 수 있는 최선의 방법이다.

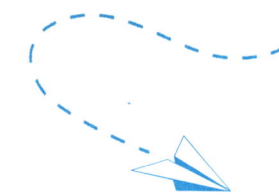

2일
일 잘하는 동료를
대하는 우리의 자세

맹자 『맹자』
자신의 일을 다하고 천명을 기다려라

홍 과장은 최근에 또 한 번 좌절감을 느꼈다. 전략팀 최고수 과장 때문이다. 최 과장은 동기 104명 중에서 가장 돋보이는 친구다. 머리가 비상하고 업무 능력도 뛰어난 데다 외국어에도 능통하다. 한마디로 팔방미인이다.

최근 미국 지사의 관리자급에 공석이 생겨서 사내 공모가 진행되었다. 미국 지사는 임원 승진의 필수 코스로 알려져 있어서 경쟁이 치열했다. 그동안 홍 과장도 미국 지사 근무를 위해 많은 것을 준비해 왔다. 당연히 사내 공모에도 지원했다. 워낙 인기 있는 자리여서 스무 명이 넘는 사람이 지원했다. 많은 지원자들을 제치고 홍 과장과 최고수 과장이 최종 후보에 올랐지만, 최종적으로는 최고수 과장이 뽑히고 홍 과장은 안타깝게 탈락했다. 홍 과장은 또다시 최고수 과장에 막혀 좌절감을 맛보았다. 입사 때부터 최 과장은 홍 과장에게 넘을 수 없는 벽이었다.

홍 과장은 아무리 노력해도 최 과장을 뛰어넘을 수 없을까? 이런 경우 홍 과장은 어떻게 해야 할까?

'운칠기삼運七氣三'이라는 말이 있다. 운이 7할이고 재주(노력)가 3할이라는 뜻이다. 이 말은 아무리 노력해도 일이 이루어지지 않거나, 정말 많은 노력을 기울이고도 원하는 만큼 이루지 못한 사람을 위로하기 위한 것이기도 하다. 결국 인생사가 개인의 능력이나 노력보다는 운이나 재수에 달려 있다는 의미다.

반면 '우공이산愚公移山'이라는 말도 있다. 이 말은 한 가지 일을 쉬지 않고 꾸준하게 열심히 하면 마침내 큰일을 이룰 수 있다는 말로, 운칠기삼과는 반대되는 의미다.

삶이 어떻게 이루어진다고 생각하는가? 인생은 '운칠기삼'일까, '우공이산'일까? 미국 지사 근무자를 뽑는 사내 공모에서 아깝게 떨어진 홍 과장에게는 '운칠기삼'이라고 위로해 주어야 할까? 아니면 '우공이산'이라며 다시 한 번 분발하기를 독려해야 할까?

히말라야 산맥에 사는 네팔 사람들은 에베레스트 산을 매우 신성시한다. 그들은 에베레스트 산에 신이 살고 있다고 믿는다. 그래서 아무나 오르지 못하고, 혹 오른다고 해도 살아서는 내려올 수 없다고 말한다. 한마디로 에베레스트 산을 오르는 일은 신의 뜻에 달렸다고 믿는 것이다.

이러한 에베레스트 산에 죽음을 무릅쓰고 도전하는 산악인들이 있다. 그들은 일반인들에게서는 엿보기 힘든, 특별한 오라aura 같은 것을 풍긴다. 그들은 고산 등정에 성공하여 무사히 하산한 후에도 결코 성공을 뽐내는 법이 없다. 오히려 "산의 여신이 자신을 품어 주었기에 가능한 일"이라고 겸손해한다. 그러나 그들은 고산을 정복하기 위해 수없이 많은 땀방울을 흘린다. 사실 그들이 고산을 정복할 수 있었던 이유는 '산의 여신이 품어 주었기 때문'이 아니라, 부단히 노력하고 철저히 준비했기 때문일 것이다. 그들의 성공은 운이 아니라 그들이 가진 실력과 피나는 노력의 결과다.

그런데 왜 "산의 여신이 자신을 품어 주었다"라고 말하는 것일까? 흥미로운 사실은 이러한 태도가 무엇인가를 이루기 위해 진지하게 노력했던 사람들에게서 공통적으로 발견된다는 점이다. 인간의 노력만으로는 쉽게 해내기 어려운 일을 이루어낸 사람들은 그들의 성공을 뽐내지 않으며 겸손해한다. 대단한 성취를 이룬 후에도 그들이 보여 주는 겸손함. 일반인들이 그들에게서 특별한 오라를 느끼는 이유도 바로 이 때문이다.

전문 산악인이라고 해서 고산 등반에 항상 성공하는 것은 아니다. 그들도 수없이 실패를 맛본다. 그렇다면 등정에 실패한 경우에는 무엇이라고 말할까? "정상에 오르지 못한 이유는 노력이 부족했기 때문이다"라고 말한다. 이는 등정에 성공한 것이 피나는 노력 덕분이라고 말하지 않고 "운이 좋았을 뿐"이라며 겸손해하는 태도와는 정반대다. 그들은 왜 성공에 대해서는 "운이 좋았다"고 말하고, 실패에 대해서는 "노력 부족"이라고 말하는 것일까?

피나는 노력으로 이루어낸 성과에 대해 겸손함으로 일관하는 태도를 이해하려면 '진인사대천명盡人事待天命'이라는 구절을 음미해 볼 필요가 있다. 이 말은 남송의 유학자 호인胡寅이 『독사관견讀史管見』에서 처음 사용한 말로, '사람의 일을 모두 다하고, 천명天命을 기다린다'는 뜻이다.

예로부터 서양 사람들이 초월적인 신을 믿고 '신에게 기도했다'면, 동양 사람들은 '천명을 기다렸다'. '신에게 기도하는' 것과 '천명을 기다리는' 행동은 어떻게 다른 것일까? 어떤 사태가 일어나기 전에 신에게 기도하는 태도는 어떤 일을 수행하고 나서 천명을 기다리는 태도와는 분명히 구별된다.

그렇다면 '천명'이란 무엇이며, '기다린다'는 말의 의미는 도대체 무엇일까? 선뜻 이해하기가 쉽지는 않지만 이 물음에 제대로 답할 수만 있다면, 서양 사람들과는 다른 동양 사람 특유의 은밀한 속내를 이해하는 기쁨을 누리게 될 것이다. 바로 이 대목에서 주목해야 할 동양 철학자가 있는데, 공자와 함께 유학 사상을 대표하는 맹자孟子다. 그가 들려주는 이야기는 '진인사대천명'으로 요약되는 동양 사람들의 삶의 태도를 제대로 이해하는 데 도움이 될 것이다. 먼저 그의 이야기를 들어 보자.

> 자신의 마음을 다한 사람은 자신의 본성을 알고, 자신의 본성을 아는 사람은 하늘을 안다. …… 요절하든, 장수하든 신경을 쓰지 않고 자신을 닦아서 죽음을 기다리는 것은 '하늘의 명령(天命)'을 세우기 위해서다.
>
> 「맹자」「진심」上

맹자의 말을 듣고 어떤 사람은 '하늘'을 '신'으로, '하늘의 명령'을

'신의 명령'으로 이해할 수도 있을 것이다. 그러나 그것은 너무 성급한 판단이다. 맹자가 말하는 하늘과 천명은 서양에서 말하는 '신'과는 거리가 멀다. 하늘과 천명은 인간이 노력한 뒤에야 비로소 그 모습을 드러내는 것이기 때문이다. 맹자는 "먼저 자신의 마음을 다한 뒤에야 비로소 자신의 본성과 하늘을 알 수 있다"고 말한다. 이러한 맹자의 태도는 신을 믿고 신에게 기도하며 기원하는 태도와는 완전히 다르다. 누구든 자신의 마음을 다하지 않는 사람은 하늘과 하늘의 뜻을 알 수 없기 때문이다.

"자신의 마음을 다한다"는 것은 어떤 의미일까? 어떤 일을 할 때 자신의 모든 힘을 쏟아 붓고 자신이 할 수 있는 모든 것, 즉 최선最善을 다한다는 뜻이다. 최선을 다한 사람만이 자신이 '할 수 있는 것'과 '아무리 노력해도 할 수 없는 것'을 알 수 있다. 전자를 통해 자신의 '본성'을 알게 되고, 후자를 통해 '한계'를 깨닫는다. 다시 말해, 자신의 모든 힘을 쏟아 붓지 않은 사람은 자신의 본성도, 한계도 알 수 없는 법이다. 본성과 한계는 할 수 있는 만큼 극한까지 밀어붙인 사람만이 알 수 있는 영역이다.

다시 에베레스트 산을 등정하는 산악인을 떠올려 보자. 그는 점점 정상에 가까워지고 있다. 그런데 정상에 가까워질수록 앞으로 나아가기가 힘들다. 어느 순간엔가 그는 더 이상 앞으로 나아갈 수 없는 상황에 직면한다. 도저히 한 걸음도 뗄 수 없는 한계인 것이다. 이런 상황에 도달하면 비로소 자신이 어느 정도의 힘을 가졌는지 깨닫게 된다. 더 이상 자신의 힘으로는 어찌해 볼 수도 없는 지점, 바로 한계에 도달한다.

맹자는 이것이 자신의 본성을 알게 되는 지점이라고 표현했다. 산악인은 자신이 최선을 다했을 때 할 수 있는 부분(본성)과 아무리 최선을 다해도 할 수 없는 부분(한계)의 경계에 도달한 것이다. 자신의 한계에 도달했다면 어떻게 해야 할까? 안타깝지만 별 도리가 없다. 자신이 할 수 있는 모든 것을 다한 후, 최선을 다해도 할 수 없는 부분은 현실 그대로 받아들여야만 한다. 아니, 받아들일 수밖에 없다.

이것이 바로 맹자가 말한 '하늘'이자 '하늘의 명령'이다. 맹자에게 있어서 "하늘이나 하늘의 명령을 알았다"는 표현은 아무나 떠벌일 수 있는 말이 아니다. 오직 모든 힘을 쏟아 붓고 난 사람만이 할 수 있는 말이기 때문이다.

원하던 미국 지사 근무의 꿈을 이루지 못해 낙심하고 있는 홍 과장에게로 시선을 돌려 보자. 그렇게 노력하고도 동기인 최 과장을 뛰어넘지 못해서 낙심한 홍 과장에게 무슨 말을 해 주면 좋을까? 이러한 상황에서 맹자라면 홍 과장에게 반문했으리라. "당신은 진정 모든 힘을 쏟아 부었는가?"라고 말이다.

자신이 가진 모든 힘을 쏟아 붓지 못했다면 자신의 본성도, 한계도 알 수 없다. 따라서 홍 과장은 아직 하늘의 명령을 기다릴 단계에 이르지 못한 셈이다. '대천명待天命'은 최선을 다한 사람, 즉 '진인사盡人事'한 사람에게만 주어지는 권리다. 그러므로 한계에 다다를 때까지 더욱 노력해야 한다.

홍 과장이 진정으로 모든 힘을 쏟아 부었는데도 불구하고 최 과장을 뛰어넘지 못했다면 어떻게 해야 할까? 안타까운 일이지만, 하늘의 명령을 기다릴 수밖에 없다. 그런 경우라면 슬프지만 현재의 상황을 담담히 받아들여야만 한다. 아니, 받아들일 수밖에 없다.

이렇듯 '진인사대천명'이라는 말에는 의미심장한 교훈이 들어 있다. 중요한 것은 '대천명'이 아니라 '자신이 할 수 있는 일을 다한다'는 '진인사'다. 먼저 자신이 할 수 있는 모든 일에 최선을 다해야 한다. 그래야 노력해도 어쩔 수 없는 한계에 이르게 되고, "이것이 나의 천명이다"라고 이야기할 수 있는 것이다.

최선을 다한 결과가 좋을 수도 있고, 나쁠 수도 있다. 그렇지만 결과는 자신의 능력 밖의 일이다. 그렇기 때문에 결과가 좋을 때에는 감사하게 생각하고, 결과가 나빠도 겸허하게 받아들여야 한다. 맹자는 최선을 다하고도 나쁜 결과가 나온 것에 대해 "자신의 도道를 다하고 죽는 것이 올바른 명命"이라고 말한다. 최선을 다하고도 원하는 것을 이루지 못한 사람에게 맹자는 "자신의 도를 다했다"고, "하늘의 뜻(天命)이 그것밖에 안 되는 것을 어쩌겠느냐"고 위로할 것이다.

옛날 동양에서는 뜻을 세우고 올바른 길을 가던 위인일지라도 결국 자신들이 원하는 바를 이루지 못하는 경우가 많았다. 자신의 뜻을 굽히지 않은 까닭에 죽음을 맞이하기도 했다. 하지만 그들은 죽음 앞에서도 당당했다. 자신이 할 수 있는 모든 것을 다했기 때문이다. 따라서 억울한 죽음을 맞이하더라도 '하늘의 명령'으로 담담하게 받아들일 수 있었던 것이다.

위인들이 생사에 연연하지 않고 의연할 수 있었던 이유도 바로 이 때문이다. 한계 상황에 부딪혀 불행히도 뜻을 이루지 못하고 죽음을 맞이하게 되더라도 기꺼이 받아들였다. 슬프지만 어찌하겠는가?

천명인 것을. 이렇게 '진인사대천명'이라는 말에는 비극적인 당당함이 묻어 있다. 자신이 할 수 있는 모든 것을 다한 뒤, 조용히 결과를 기다리는 태도는 불확실성이 지배하는 현대를 살아가는 우리가 깊이 되새겨 볼 만한 가르침이다.

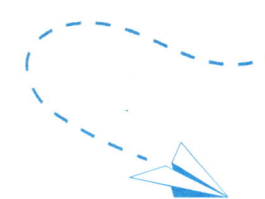

3일
대기업에 다니는 동창에게 주눅이 드는 이유

들뢰즈 「차이와 반복」
타인이 아닌 자기 자신으로 살아라

    처음으로 대학 동창 모임에 참석한 최진오 대리. 대학을 졸업한 후 처음 참석한 터라, 친구들은 최 대리를 반갑게 맞아 주었다. 친구들은 최 대리의 근황이 궁금했는지 명함을 교환하며 안부를 물었다. 그 중에는 곽진철이라는 친구도 있었다. 그와는 성격 차이 때문에 학창 시절에 그다지 친하게 지내지 못했는데, 그가 먼저 다가와 반갑게 악수를 청했다. 그 친구와 악수하는 순간, 그의 가슴에 달려 있는 회사 배지가 눈에 들어왔다. 국내에서 가장 큰 회사인 A그룹의 로고가 선명하게 빛나고 있었다.

    그 순간, 최 대리는 왠지 모르게 위축되었다. 학창 시절에는 자신보다 성적이 좋지 못했던 친구가 지금은 모두들 부러워하는 대기업에 다니는 것을 보고 적잖이 놀랐다. 예전에는 그 친구가 보잘것없다고 생각했는데, 가슴에 달린 배지를 보니 최 대리는 자신이 초라하게 느껴졌다. 그 친구의 행동에서는 왠지 모를 당당함이 느껴졌다.

최 대리는 왜 위축된 것일까? 그리고 이 상황에서 어떻게 해야 할까?

한 여성이 처음으로 부모님께 애인을 소개하면서 결혼 승낙을 얻으려고 한다. 그녀의 부모는 남자에게 이것저것 질문한다. 부모는 여러 가지 질문을 통해 이 남자가 애지중지 키워 온 딸의 배우자감으로 적당한 사람인지 파악하려 한다. 이때 부모는 딸의 애인에게 무엇을 물어보는 것이 좋을까? 평범한 부모라면 이 남자에게 어떤 직장에 다니는지, 학교는 어디를 나왔는지, 부모님은 무슨 일을 하시는지, 고향은 어디인지 등을 물어볼 것이다. 하지만 과연 이런 질문만으로 그 남자를 제대로 알 수 있을까?

대부분의 사람들은 상대를 알고자 할 때 그 사람의 직업, 학력, 집안, 출신 등 그가 속한 집단을 확인하여 그 사람을 판단한다. 사람 자체, 즉 성격, 꿈, 가치관, 삶의 태도 등에 대해 물어보기보다는 어떤 집단에 속해 있는지를 판단의 근거로 삼는 경우가 많다. 누군가를 판단할 때 그가 속한 집단을 먼저 확인하는 태도는 옳은 것일까? 여기에서, 어린 시절에 누구나 한 번은 읽어 보았을 생텍쥐페리의 동화 『어린 왕자』의 한 구절이 떠오른다.

어른들은 숫자를 좋아한다. 새로 사귄 친구에 관해 이야기할 때 어른들은 가장 중요한 것은 묻지 않는다. "친구의 말투는 어떠니? 어떤 놀이를 좋아하니? 나비를 수집하니?" 하는 질문은 절대로 묻지 않고, "나이가 몇이니? 형제가 몇이니? 몸무게가 얼마나 되니? 그 애 아버지는 얼마나 버니?" 등과 같은 질문을 한다.

「어린 왕자」

어린 왕자의 눈에는 어른들이 사람을 알기 위해 던지는 질문이 이상해 보였나 보다. 어른들은 왜 정작 중요한 것은 질문하지 않고, 아이들이 보기에 이상한 질문만 던지는 것일까? 그 사람과 직접 관련된 것은 묻지도 않고, 오히려 주변 이야기만 물어본다. 그러니 아이들에게는 이상해 보일 수도 있겠다.

어른들의 속내를 좀 더 알고 싶다면 '사회적 정체성social identity'이라는 개념을 이해해야 한다. 사회적 정체성이란 개인이 속한 집단의 구성원으로서 가지는 정체감을 말하는데, 사람들은 다른 사람을 지각하고 판단할 때 그가 속한 사회적 범주(집단)에 의거하여 그 사람에 대한 인상을 형성하고 판단의 근거로 활용한다. 앞선 사례에서 부모가 자녀의 애인이 배우자로서 적당한 인물인지 판단하기 위해 직업, 학력, 집안, 출신 등의 사회적 범주를 물어본 것도 이런 이유에서다.

사회적 정체성은 타인을 평가할 때뿐만 아니라, 스스로를 평가할 때에도 적용된다. 사회적 정체성 이론에 따르면, 사람들은 자신이 속한 집단의 특징을 다른 집단과 비교하여 긍정적 또는 부정적으로 판단한다. 이때 자신이 속한 집단의 지위가 높으면 긍정적인 정체성을 갖지만, 지위가 낮을 때에는 부정적인 정체성을 갖는다.

사회적 정체성의 개념과 이에 따른 심리적 영향을 이해한다면, 동창 모임에 나간 최 대리가 대기업에 다니는 친구의 가슴에 달린 회사 배지를 보자마자 기가 죽은 이유를 알 수 있다. 최 대리는 대기업에 다니는 친구의 사회적 정체성이 자신보다 높다고 느낀 것이다. 즉, 친구가 다니는 회사와 자신의 회사를 비교함으로써 자신에 대한 인상을 형성했다.

이 같은 최 대리의 태도는 올바른 것일까? 한편, 남들이 부러워하는 직장에 다닌다는 사실만으로 자부심을 갖는 태도는 올바른 것일까?

사람을 평가하고 판단할 때 그가 어떤 직업을 갖고 있으며 어디에 소속되어 있는지를 먼저 고려하는 것은 지극히 자연스러운 일이다. 그러나 자연스러운 것이라고 해서 옳다고 볼 수는 없다. 집단을 고려할 필요가 있는 경우도 있지만, 그렇다고 해서 그것이 사람을 평가하는 절대적인 기준이 되어서는 곤란하다. 그가 무슨 일을 하고 어디에 소속되었는지를 따지는 것은 그를 판단할 수 있는 여러 가지 기준 중 일부에 불과하기 때문이다.

물론 사람들이 선호하는 회사에 취직한 사람이 자부심을 갖는 것은 어찌 보면 지극히 당연하다. 수많은 경쟁자를 물리치고 당당히 입사했으니 성취감을 느낄 것이다. 어렵게 이룬 일일수록 그 열매는 달콤한 법이다. 그러나 자부심의 원천이 단지 그가 속한 집단의 명성 때문이라면 이야기가 달라진다.

우리가 느끼는 자부심의 원천이 자기 자신이나 내면에서 나온 것이 아니라 외부에 근거한 것이라면, 그러한 자부심은 영원히 지속되기 어렵다. 외부 요소가 사라지면 자부심도 사라지기 때문이다. 마치 명품으로 치장한 사람이 남들 앞에서 당당한 것과 별반 다르지 않다. 자신이 가진 명품이 당당함의 원천인 사람은 명품을 가지지 않은 순간에는 결코 당당해질 수 없다. 이처럼 자신이 속한 조직의 명성으로 자부심을 느끼는 사람이라면 조직을 떠나거나 조직의 명성이 떨어지면 자부심도 사라져버릴 것이다.

당신은 지금 자부심을 느끼는가? 그렇다면 자부심의 원천은 무엇인가? 내부로부터 생긴 것인가, 아니면 외부로부터 주어진 것인가? 단순해 보이는 이 질문은 인간의 존재에 대한 철학적 물음과도 맥을 같이한다. 인간의 존재가 외부로부터 주어진 것인가, 아니면 스스로 만들어 가는 것인가 하는 근원적인 물음과 관련이 있기 때문이다.

여기에서 모든 초월적 가치를 부정하고 내재적 형이상학을 구성했던 한 철학자를 떠올릴 필요가 있다. 우리 시대에 가장 주목받는 프랑스 철학자인 질 들뢰즈Gilles Deleuze다. 그는 『차이와 반복』에서 인간 존재에 대한 새로운 형이상학의 기초를 마련했다. 이 책의 핵심 개념은 '독특성singularity'과 '일반성generality'인데, 이 두 가지 개념이 인간이 어떻게 실존해야 하는지에 대한 의미 있는 통찰을 제공한다. 먼저 그의 주장을 들어 보자.

> 반복은 일반성이 아니다. 반복은 여러 가지 관점에서 일반성과 구별되어야 한다. …… 일반성은 한 항이 다른 항과 교환될 수 있고 한 항이 다른 한 항을 대체할 수 있다는 관점을 표현한다. 특수한 것들 사이의 교환과 대체는 일반성에 상응하는 우리의 행동을 정의한다. …… 행동이자 관점으로서의 반복은 교환 불가능하고

대체 불가능한 독특성singularity과 관계가 있다. …… 진짜 쌍둥이 사이에 대체가 성립할 수 없는 것처럼, 하물며 영혼의 교환이라는 것은 더욱 불가능한 일이다. …… 특수자의 일반성이라는 의미에서 일반성은 단독적인 것의 보편성이라는 의미의 반복과 대립된다.

「차이와 반복」

들뢰즈의 『차이와 반복』은 출간되었을 때부터 큰 반향을 불러일으켰으나, 일반 독자들이 이해하기 쉬운 책은 아니다. 하지만 꼼꼼히 읽어 보면 그의 탁월한 통찰력에 감탄할 수밖에 없다. 이 대목에서 가장 핵심적인 부분은 '독특성'과 '일반성'이라는 개념의 대립이다. 독특성은 말 그대로 다른 무엇과도 견줄 수 없을 만큼 특별한 성질을 말한다. 그렇기 때문에 "교환 불가능하고 대체 불가능한" 것이다. 반면, 일반성은 독특성과는 달리 "교환 가능하고, 대체할 수 있는" 것이다.

들뢰즈는 인간을 일반성이 아닌 독특성의 존재로 보았다. 외형적으로 동일해 보이는 쌍둥이 사이에도 독특성이 존재한다. 그렇기 때문에 그들 사이에 "대체가 성립할 수 없"으며, "영혼의 교환이라는 것은 더욱 불가능한 일"이라고 말한다. 이처럼 인간을 독특성의 존재로 본다는 것은 그 자체로 교환 불가능하고 대체 불가능한 유일한 존재라는 의미다. 이와 달리 일반성의 논리는 얼마든지 교환 가능한 것, 그의 표현을 빌리자면 "특수자의 일반성"으로 보는 것이다.

들뢰즈의 주장이 혁명적인 이유는 인간을 바라보는 시각을 바꾸었다는 데 있다. 들뢰즈 이전까지 서양 철학의 형이상학적 전통에서는 일반성과 특수성의 논리가 중심이었다. 가령, '남자'라는 개념이 있다고 치자. 이것은 일반성의 기준이다. 이 기준에 따르면, 최진오나 곽진철은 남자라는 일반성에 포섭되는 '특수한 것the particular'에 지나지 않으므로, 결국 "남자는 다 똑같다"는 결론에 이르게 된다. 남자라는 일반성 안에서는 최진오도, 곽진철도 똑같은 남자에 불과하다.

이러한 일반성과 독특성의 도식은 조직에도 동일하게 적용된다. 특정 회사(일반성)에 다니는 조직 구성원은 모두 '특수한 것'에 불과하다. 최진오도, 곽진철도, 이호건도, 각각 조직 구성원 A, B, C에 지나지 않는다. 이러한 논리에 따르면 구성원 A, B, C의 독특성은 배제된다. 한마디로 독특성을 갖는 개인의 정체성은 일반성이라는 조직의 정체성에 의해 숨겨진다.

일반성과 독특성의 도식이 가장 잘 드러나는 조직이 군대의 훈련소나 감옥이다. 훈련소나 감옥에서는 이름을 부르지 않고, 각각에게 부여된 번호를 부른다. 이름이 불리지 않는다는 것은 독특성, 즉 개인의 정체성이 고려되지 않는다는 뜻이다. 그렇기 때문에 그곳에서의 개인은 인간이라기보다는 언제든지 교환이나 대체가 가능한 사물에 가깝다.

친구가 다니는 회사 때문에 주눅이 든 최 대리에게로 시선을 돌려 보자. 최 대리가 갖고 있는 판단의 근거는 개인이 가진 고유의 정체성이라기보다는 그가 다니는 회사, 즉 사회적 정체성이 기준이다. 사회적 정체성을 기준으로 판단하는 것은 일반성과 특수성의 논리에 속한다. 이때 개인이 지닌 정체성, 즉 개인의 독특성은 고려되지 않는다. 그렇다면 최 대리처럼 상대방의 사회적 정체성과 비교하여 자부심을 갖거나 상대에게 주눅이 들거나 하는 태도는 올바른 것일까? 단정적으로 말하자면 그렇지 않다.

사회적 정체성을 기반으로 개인이 느끼는 자부심은 모래 위에 지은 성처럼 불안한 것이다. 언제든 사라질 수 있기 때문이다. 자신의 의지와는 상관없이 집단의 정체성은 부정적으로 변할 수 있고, 그렇게 되면 자부심도 사라지고 만다. 한편, 일반성의 논리에 따르면 본질적으로 집단에 속한 개인은 언제든 교환 가능하기 때문에, 개인이 가진 자부심도 영원할 수 없다. 자신이 타인과 교환되는 순간 그가 가진 자부심도 날아가버린다.

조직은 구성원이 조직에 대한 소속감과 자부심을 갖기를 요구한다. 조직에 대한 긍정적인 관점은 구성원이 긍정적인 정체성을 느끼는 데 도움이 된다. 그러나 조직에 대한 긍정적인 정체성도 올바른 개인 정체성을 갖지 못한 사람의 경우 언제든지 사라져버릴 수 있다는 사실을 잊어서는 안 된다.

자부심의 근거가 사회적 정체성에 기인하는가, 아니면 개인적 정체성에 기인하는가 하는 문제는 개인의 실존의 문제와 관련된다. 실존이란 '자기 자신으로 살아가는 것'을 말한다. 독일 철학자 하이데거는 "인간의 본질은 그의 '실존'에 있다"고 주장하고, 실존, 즉 자기 자신으로 사는 것을 강조했다. 살다 보면 선택의 갈림길에 설 때가 많다. 이럴 때면 자기 자신으로 살 것인가, 아니면 '세상 사람'으로 살 것인가 하는 문제에 봉착하게 된다. 이런 경우 주로 어떤 선택을 하는가? 대부분의 사람들이 자기 자신으로 살고 싶어 할 것이다. 잊지 말아야 할 점은 자기 자신으로 살고 싶다면 사회적 정체성이 아닌 개인적 정체성을 가꾸고 계발해야 한다는 사실이다.

그러므로 일반성과 특수성의 논리인 사회적 정체성의 그늘에서 벗어나야 한다. 그렇다고 해서 자부심을 갖지 말라는 말은 아니다. 자부심을 가지되, 개인의 독특성에 근거해야 한다. 특정한 집단의 구성원으로서가 아니라 자신만의, 자신이니까 해낼 수 있는 무엇인가가 있어야 한다. 다른 누군가를 흉내 내거나 어딘가에 소속됨으로써 느끼는 자부심이 아닌, 자신만의 독특성으로 인한 자부심을 갖자.

4일
마음이 안 맞는 상사와
잘 지내는 방법

에픽테토스 『엥케이리디온』
자신의 맨 얼굴을 건강하게 만들어라

직장 생활 10년 차에 접어든 홍 과장. 새로 부임한 김창수 팀장과는 같이 근무한 지 보름이나 지났는데 아직 관계가 부자연스럽다. 지난번에 모시던 박 팀장과는 죽이 잘 맞아서 크게 스트레스를 받을 일이 없었다. 하지만 새로 온 김 팀장은 성격이나 업무 스타일이 홍 과장과는 정반대다. 그렇다 보니 업무도 매끄럽게 진행되지 않고, 사사건건 부딪치곤 한다. 처음에는 홍 과장도 자신의 주장을 내세우곤 했지만, 팀장과 마찰이 잦아지고 갈등이 생기자 가급적이면 적당히 타협하고 만다. 그리고 나면 겉으로는 태연한 척하지만 속으로는 화가 머리끝까지 치솟는다.

홍 과장은 김 팀장과의 갈등을 해결하기 위해 김 팀장과 같이 근무했던 동기에게 조언을 구하기도 했다. 하지만 그는 "웬만하면 성질 죽이고 김 팀장에게 맞춰 줘라"는 말만 할 뿐이었다. 홍 과장은 동기의 조언대로 성질을 죽이고 팀장에게 맞춰 주기로 마음먹었다.

그 결과, 표면상으로는 팀장과의 갈등이 줄어든 듯 보였다. 그러나 홍 과장이 받는 스트레스는 이만저만이 아니다. 과장씩이나 되면서 팀장에게 제대로 말도 못하는 것이 비참하기도 하고, 한편으로는 후배들 보기에도 창피하다는 생각이 들었다.

홍 과장은 팀장과 마찰이 있을 때 자신의 주장을 내세우는 것이 좋을까, 아니면 내키지 않더라도 팀장에게 적당히 맞춰 주는 것이 좋을까?

사귄 지 100일 된 남녀가 있다. 남자는 여자가 마음에 들어서 열심히 쫓아다녔다. 여자는 처음부터 남자에게 끌리지는 않았지만, 결국 남자의 헌신적인 모습에 감동해 연인 관계로 발전했다. 남자는 여자와 사귀게 되어 무척 기뻤고, 온갖 정성을 다했다. 남자는 여자가 원하는 것은 무엇이든 들어주었다. 여자는 남자가 자신의 요구를 싫은 내색 없이 전부 들어주는 것이 고마웠지만, 차츰 당연한 일이라고 생각하게 되었다.

시간이 지나면서 여자에 대한 남자의 열정은 조금씩 식어 갔다. 남자는 여전히 그녀를 사랑했지만, 여자를 향한 일방적인 헌신이 점점 부담스럽고 힘들었다. 남자의 태도가 예전 같지 않다고 느낀 여자는 작은 일에도 불평을 했고 곧 이들에게 사랑의 위기가 찾아왔다. 그럴 때마다 남자는 감정을 숨겼고, 다시 여자에게 정성을 다함으로써 위기를 넘기곤 했다. 남자는 여자와의 사랑을 영원히 이어 갈 수 있을까?

'페르소나persona'라는 말이 있다. 로마 시대의 배우들은 자신에게 주어진 배역을 수행하기 위해 역할에 맞는 가면을 쓰고 연기했다. 이 가면이 '페르소나'다. 배우는 무대에서 자신의 감정과는 관계없이 가면(페르소나)을 쓴 채 자신에게 주어진 역할을 충실히 수행해야 한다. 훌륭한 배우는 자신의 역할에 맞게끔 페르소나를 쓰는 사람인 것이다.

그렇다면 배우들만 페르소나를 쓰는 것일까? 그렇지 않다. 인간은 누구나 자신에게 주어진 역할을 수행하기 위해 페르소나, 즉 가면을 쓴다. 그래서 "인생은 연극"이라고 하는지도 모른다. 앞의 이야기에서, 남자는 여자의 사랑을 얻기 위해 가면을 쓴 채 연기하고 있다. 그리고 이러한 일은 직장에서도 일어난다.

직장인이라면 각자에게 주어진 역할을 충실히 수행해야 한다. 실제 자신의 모습과는 전혀 다른 역할이 주어지더라도 상관없다. 가면을 쓰고서라도 자신의 배역을 잘 수행해야 하는 것이다. 직장에서는 자신의 모습과는 관계없이 자신에게 주어진 배역을 얼마나 잘 수행하는가에 따라 평가받기도 한다. 이때 연기를 잘하는 사람이 더 좋은 평가를 받는다.

직장에서 페르소나를 쓰고 연기해야 하는 상황은 다양하다. 상사나 동료, 직장 밖의 고객을 대할 때도 연기해야 한다. 경우에 따라서는 감정을 숨긴 채 연기해야 하는 경우도 많다. 그렇기 때문에 맨얼굴로 연기하지 않고 가면을 쓰는 것이다. 결국 직장은 자신의 진짜 감정은 숨긴 채, 가면을 쓰고 주어진 배역을 충실히 수행해야 하는 연극 무대인 셈이다.

이처럼 특정한 상황에서 실제 감정을 숨기고 주어진 역할을 수행하기 위해 가장된 감정을 표출하는 행위를 경영학에서는 감정노동 emotional labor이라고 부르며, 감정노동을 수행하는 사람을 감정노동자라고 부른다. 기업에서 대표적인 감정노동자는 고객을 직접 상대해야 하는 업무를 하는 사람들이다.

감정노동자는 기분이 좋지 않아도 고객에게는 웃음과 친절로 대해야 하고, 설사 고객이 무리한 요구를 하더라도 공손한 말투로 응대해야 한다. 감정노동자는 자신이 아닌 타인의 만족을 위해 자신의 감정을 통제하는 행위를 일상적으로 해야 하므로, 무대에서 페르소나를 쓰고 자신의 감정과는 무관하게 맡은 배역을 수행하는 배우와 같다. 그러므로 감정노동자는 육체노동자와는 노동의 가치가 다르다. 육체노동자는 신체적 활동에서 발생하는 노동력의 대가로 임금을 받는 반면, 감정노동자는 정신 활동에서 발생하는 감정노동의 대가로 임금을 받는다. 결국 감정노동자도 어떠한 대가를 기대하기 때문에 자신의 감정과 배치되는 연기를 수행하는 것이다.

그렇다면 고객을 직접 대면하는 직장인들만 감정노동을 하는 것일까? 그렇지는 않다. 기분이 좋지 않은데도 화가 나서 토라진 애인을 달래는 남성도, 마음에 들지 않는 상사에게 아무렇지 않은 듯 웃고 있는 부하 직원도, 몸은 지쳐서 피곤하지만 웃는 얼굴로 심사위원을 대하는 미인대회 참가자도 모두 감정노동을 하고 있는 것이다. 개인마다 정도의 차이는 있지만, 인간은 누구나 타인을 위해 자신의 감정을 조절해야 하는 감정노동자다.

이 대목에서 인간은 누구나 자신에게 주어진 배역을 잘 수행해야 한다는 사실을 통찰했던 고대 철학자의 이야기를 살펴보자. 후기 스토아학파의 철학자인 에픽테토스Epiktētos는 이렇게 말했다.

> 너는 작가의 의지에 의해 결정된 인물인 연극배우라는 것을 기억하라. 만일 그가 연극이 짧기를 바란다면 짧을 것이고, 길기를 바란다면 길 것이다. 만일 그가 너에게 거지 구실을 하기를 원한다면, 이 구실조차도 또한 능숙하게 연기해야 한다는 것을 기억하라. 만일 그가 절름발이를, 공직의 관리를, 평범한 사람의 구실을 하기를 원한다고 해도 이와 마찬가지다.
>
> 『엥케이리디온』

에픽테토스는 인간은 누구나 연극배우라고 주장한다. 그에 따르면, 인간은 누구나 "작가의 의지에 의해" 연기해야 하는 운명이다. 따라서 작가가 원하는 역할을 잘 연기해야 한다. 여기에서 작가란 '신'에 해당한다. 즉, 인간은 신의 의지에 의해 결정된 배역을 수행해야 하는 존재인 것이다.

에픽테토스가 말한 '신'을 현대적인 의미로 해석하면 나에게 배역을 부여하는 '타인'으로 봐도 무방하다. 고객도 신이고, 직장 상사도 신이고, 좀처럼 자신에게 사랑을 주지 않는 이성도 신인 셈이다. 다시 말해, 감정노동을 수행하도록 강제하는 타인은 모두 신이다. 결국 인간은 누구나 타인(신)의 의지에 의해 결정된 배역을 수행해야 하는 존재다.

에픽테토스의 주장을 언급하지 않더라도, 대부분의 직장인들은 능숙한 배우처럼 자신에게 맡겨진 배역을 연기해야 한다는 사실을 잘 알고 있다. 그렇기 때문에 아침에 집을 나서면서부터 가면을 쓰고, 하루 종일 자신에게 주어진 역할을 묵묵히 수행한다. 가끔은 가면을 벗는 사람도 있지만, 어떤 사람은 출근해서부터 퇴근할 때까지 가면을 한 번도 벗지 않고 연기하기도 한다.

그러나 쉼 없이 연기한다는 것은 결코 쉬운 일이 아니다. 가끔은 가면을 벗고 휴식을 취하거나 위로받고 싶을 때가 있다. 그러려면 얼굴에 쓰고 있는 가면을 벗고, 맨 얼굴을 누군가에게 보여 주어야 한다. 가면을 쓴 채로는 휴식을 취할 수도 없고, 누군가로부터 위로받을 수도 없기 때문이다.

사람은 언제 가면을 벗을까? 배우는 무대에서 내려오면서 가면을 벗는다. 직장인은 직장이라는 공간에서 벗어나면서 가면을 벗는다. 사람들은 집에 돌아오면 가면을 벗고 휴식을 취한다. 혹은 친한 친구와의 술자리에서 가면을 벗고 맨 얼굴을 드러낸 채 즐거운 시간을 갖는다(물론 술자리에 직장 상사가 있다면 가면을 벗지 않기도 한다). 이렇게 휴식 시간을 가져야만 다음 날 또다시 페르소나를 쓰고 연기할 수 있다.

인간은 누구나 가면을 쓰고 연기하는 연극배우라는 에픽테토스의 주장에 동의하는가? 대부분의 사람들은 고개를 끄떡일 것이다. 그러나 연극배우에게는 슬픈 운명이 기다리고 있다. 무대 위에서는 어떠한 경우라도 철저히 가면을 쓰고 있어야 한다는 사실이다. 연극배우가 무대에서 연기할 때는 개인적으로 아무리 좋지 않은 일이 있어도 내색하지 않고 배역에 충실해야 한다.

가령 자식이 교통사고로 크게 다쳤거나 부모님이 돌아가셨더라도 무대 위에서만큼은 배역에 집중해야 한다. 개인의 비극적인 사건조차 주어진 배역을 수행하는 데 영향을 미쳐서는 안 되는 것이 배우의 숙명이다. 슬픔에 빠져 있지만, 웃는 가면을 쓰고 우스꽝스러운 연기를 하고 있는 배우를 생각해 보라. 누구나 그런 상황에 처한 배우를 보면 측은한 생각이 들 것이다. 그런데 대부분의 사람들이 처한 상황도 배우와 비슷한 것은 아닐까?

에픽테토스의 말처럼 자신에게 맡겨진 역할을 수행하기 위해서는 페르소나를 써야 한다. 그러면 언제쯤 페르소나를 벗고 자신의 맨 얼굴을 보여 줄 수 있을까? 맨 얼굴이라고 믿고 있는 지금의 얼굴이 사실은 또 하나의 페르소나는 아닐까?

에픽테토스는 우리의 삶이 연극처럼 진행되며, 인간은 누구나 연극배우라고 통찰했다. 여기에서 잊지 말아야 할 점은 배우가 다양한 배역을 잘 소화하려면 맨 얼굴이 건강해야 한다는 사실이다. 맨 얼굴이 건강해야 다양한 가면(페르소나)을 쓸 수 있는 힘이 생긴다. 한편, 맨 얼굴이 건강한 배우는 가끔씩 무대에서 내려와 페르소나를 벗고 휴식을 취하기도 쉽다. 다양한 가면을 쓰는 것도, 때로는 가면을 벗는 것도 맨 얼굴이 건강하기에 가능한 일이다. 맨 얼굴이 건강하지 못하다면, 그는 페르소나를 벗으려고 하지 않을 것이다. 페르소나를 벗는 순간 망가진 맨 얼굴을 보일까 봐 두렵기 때문이다.

다시 팀장과 갈등을 빚고 있는 홍 과장의 이야기로 돌아가 보자. 홍 과장은 새로운 팀장에게 성질을 죽일 수도, 드러낼 수도 있다. 동기의 조언대로 팀장과의 마찰을 최소화하면서 다음 인사이동을 기대하는 것이 나을 수도 있다. 이와는 반대로 팀장과의 마찰을 감수하고 자신의 주장을 펼칠 수도 있다. 이럴 경우 홍 과장과 팀장의 관계는 어떻게 될까?

에픽테토스의 통찰이 사실이라면, 홍 과장의 맨 얼굴이 얼마나 건강한지에 따라 결과가 달라질 것이다. 홍 과장의 맨 얼굴이 건강하다면(홍 과장의 주장이 올바르다면), 일시적으로 마찰이 일어날지 몰라도 올바른 길을 찾아가게 될 것이다. 반면 홍 과장의 맨 얼굴이 건강하지 않다면(홍 과장의 주장보다 팀장의 의견이 더 합리적이라면), 더 큰 갈등이 일어나 팀장과의 관계가 더욱 악화될 것이다.

여기에서 핵심은 성질대로 할지 말지에 대한 홍 과장의 선택보다는 홍 과장의 맨 얼굴이 얼마나 건강한지가 중요하다는 점이다. 페르소나를 쓸 것인지, 벗을 것인지의 여부가 아니라, 페르소나 속에 숨겨진 맨 얼굴이 얼마나 건강한지가 더 중요하다는 말이다. 결국 팀장과의 관계는 홍 과장 자신에게 달려 있는 셈이다.

조직은 다양한 사람들이 모여서 공동의 목표를 달성하기 위해 상호작용을 하는 곳이다. 자신과는 다른 상대와 관계하면서 긍정적인 상호작용을 이끌어내는 것이 조직 유효성의 핵심이다. 중요한 점은 자신과 관계하는 상대의 타자성他者性을 어떻게 긍정할 것인가 하는 문제다. 그렇다면 상대의 타자성을 긍정하려면 어떻게 해야 할까?

에픽테토스의 주장처럼 주어진 역할에 맞는 페르소나를 쓰고 연기를 잘 해낸다면 어느 정도까지 해결할 수 있다. 하지만 그것만으로는 충분하지 않다. 타자와 긍정적인 관계를 맺는 것은 페르소나를 능숙하게 쓰는 것만으로는 어렵다. 가면이 아닌 맨 얼굴을 보여주고서도 좋은 관계를 유지할 수 있어야 장기적으로 좋은 관계가 된다. 따라서 자신의 맨 얼굴을 건강하게 만들어야 한다.

맨 얼굴이 건강한 사람은 다양한 배역에 맞는 페르소나를 잘 쓸 수 있다. 그리고 경우에 따라 과감하게 페르소나를 벗고 맨 얼굴을 드러낸 채 진정성 있는 관계를 맺을 수도 있다. 타인과 좋은 관계를 유지하고 싶은가? 그렇다면 먼저 자신의 맨 얼굴을 건강하게 하라!

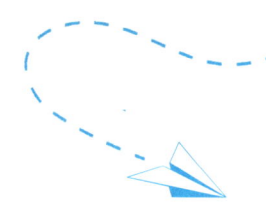

5일
내 인생 이대로 괜찮은 걸까?

하이데거 「존재와 시간」
어떻게 실존할 것인지를
스스로 선택하라

홍 과장은 요즘 들어 제대로 인생을 살고 있는지 궁금하다. 현재의 위치가 진짜 자신이 있어야 할 자리인지 의심스러운 것이다. 갑자기 이러한 생각을 하게 된 것은 동기인 최 과장의 폭탄선언이 한몫했다. 최 과장이 다음 달에 회사를 그만두고 예전부터 생각했던 유학을 떠나기로 결정한 것이다. 홍 과장도 한때는 유학을 갈까 생각해 본 적이 있지만, 여러 가지 현실적인 문제로 인해 마음을 접었다. 하지만 절친한 동기가 유학을 간다는 소식을 접하게 되자, 다시 마음이 흔들렸다.

지금의 회사 생활에 큰 문제가 있는 것은 아니다. 그렇지만 이것이 바라던 진짜 내 모습인지에 대해서는 의구심이 들기도 한다. 당장 새롭게 무엇인가를 해야겠다는 뚜렷한 생각이 있는 것도 아니다. 하지만 지인들이 용감한 선택을 하는 것을 보면 부럽기도 하고, 자신도 그러한 선택을 해야 하는 것은 아닌가 싶어서 고민이 된다. 정말 제대로 살고 있는 것일까? 홍 과장의 참 모습은 무엇일까? 지인의 선택으로 인해 마음이 흔들린다면 어떻게 하는 것이 좋을까?

"단풍 든 숲 속에 두 갈래 길이 있었습니다. / 나는 두 길을 가지 못하는 것을 안타까워하며, 한참을 서서 / 낮은 수풀로 꺾여 내려가는 한쪽 길을 / 멀리 끝까지 바라보았습니다."

미국의 시인 로버트 프로스트Robert Frost의 〈가지 않은 길〉이라는 시의 첫 구절이다. 사람은 누구나 자신이 선택하지 않은 길에 대해 미련을 느낀다. 자신이 선택한 길이 다른 길보다 더 나은지 확신이 없기 때문일 것이다. 두 가지의 선택 중에서 어느 쪽이 더 나은지는 겪어 보지 않으면 알 수 없으므로, 선택하지 않은 길에 대해 미련을 느끼는 것은 당연하다.

그렇다면 프로스트의 시에 나오는 두 갈래 길 중에서 어떤 길이 더 나은 길일까? 중국의 철학자인 장자라면 이렇게 말할 것이다. "정해진 길이란 없다. 길은 걸어가면서 만들어 가는 것이다." 장자에 의하면 두 갈래 길 중에 더 좋은 길이란 존재하지 않는다. 즉, 정해진 길은 없다는 말이다. 자신이 걸어가면서 만들면 된다.

장자의 주장을 인정하더라도 '정해진 길은 없다'는 말을 '아무 길이나 선택해도 좋다'는 의미로 해석해서는 안 된다. 어떤 길을 선택하느냐에 따라 그 길로 나아가는 데 드는 노력이 달라지기 때문이다. 그렇다면 "정해진 길은 없다"는 장자의 주장은 "정해진 길은 없다. 자신에게 맞는 길을 선택하고, 그 길을 걸어가야 한다"라고 해석해야 타당할 것이다.

결국 장자의 주장을 현대적으로 해석하면, 자신의 본성에 맞는 길을 선택하는 것이 좋다는 지극히 상식적인 주장에 이르게 된다. 즉, 두 갈래 길에서 '어떤 길이 더 좋은 길인가' 하는 것보다는 '어떤 길이 자신의 본성에 더 부합되는가' 하는 것이 더 중요하다.

인간의 본성을 좀 더 자세히 이해하려면 고대 그리스 철학까지 거슬러 올라가야 한다. 고대 서양 철학에서 가장 중요시했던 주제가 사물의 본성, 즉 본질에 대한 문제이기 때문이다. 고대 그리스에서는 사물의 본질을 '에이도스eidos'라고 불렀다. '에이도스'는 플라톤 철학에서는 '이데아'와 같은 의미였으나, 아리스토텔레스 철학에서는 '형상形相', 즉 '존재 사물에 내재하는 본질'을 뜻한다.

플라톤에게 피타고라스나 소크라테스는 결국 한 사람의 '인간'에 불과했다. 개체들의 고유성보다는 인간이라는 본질이 더 중요한 문제였기 때문이다. 따라서 피타고라스나 소크라테스는 '인간'이라는 본질에 있어서 동일한 개체라고 말할 수 있다.

반면 경험 세계를 강조했던 아리스토텔레스에게 피타고라스의 본질과 소크라테스의 본질은 서로 다른 것이었다. 그는 피타고라스나 소크라테스가 각각 그들로서 존재하게 하는 원인은 서로 다르다고 보았다. 결국 플라톤은 모든 인간이 인간이라는 하나의 본질을 공유한 것으로 사유한 반면, 아리스토텔레스는 모든 인간이 각자의 고유한 본질(에이도스)을 가진 것으로 보았다. 이처럼 본질에 대한 두 철학자의 입장은 달랐지만, 두 사람 모두 본질이라는 것이 '필연적으로 존재한다'고 생각했다.

한편 동양 철학에서는 본질이라는 의미를 서양 철학과는 다르게 해석했다. 불교에서는 서양 철학에서 '본질'이라고 불리는 개념을 '자기동일성'을 의미하는 '자성自性'이라고 불렀다. 하지만 불교에서 말하는 자성이란 본래부터 존재하지 않는 것이다. 이것이 바로 불교에서 말하는 '공空'의 핵심적인 내용이다. 즉, 불변하는 실체는 존재하지 않는다는 의미다.

이렇듯 사물의 본질에 대해 동양 철학과 다르게 사유했던 서양 철학은 독일 철학자 하이데거Martin Heidegger에 이르러서는 과거와는 다른 관점을 지니게 되었다. 하이데거는 본질이 필연적으로 존재한다는 사실을 부정했다. 먼저 『존재와 시간』에 나오는 인간 실존, 즉 존재의 본질에 대한 주장을 살펴보자.

현존재Dasein란 스스로 존재하면서 스스로 존재에 대해 이해하려는 존재자다. 이렇게 실존의 형식적 개념이 알려졌다. 바로 현존재는 실존한다는 존재다. 현존재란 이렇게 언제나 자기 자신인 존재자다. 현존재에게는 각자성各自性이 있으며, 이 특성은 본래성과 비본래성의 가능 조건을 이룬다. …… 그러나 현존재의 이러한 존재 규정은 우리가 세계 내 존재In-der-Welt-sein라고 이름 지은 존재 구성에 의거하여 과거로부터 간주되고 이해되어야 한다.

「존재와 시간」

하이데거가 사용하는 철학 용어는 난해하기로 유명해서, 자칫 처음 접하는 초심자를 절망에 빠트리기도 한다. 하지만 난해한 만큼 끈기 있게 이해하려는 사람들에게는 진정한 통찰이라는 노력의 대가로 보답한다.

인간의 본질에 대한 하이데거의 가장 중요한 통찰 중의 하나는 인간의 실존이 독자적으로 존재하는 것이 아니라, 언제나 어떤 세계 안에서 존재한다는 사실이다. 이는 플라톤이나 아리스토텔레스의 사유와 다를뿐더러, 근대 철학의 창시자로 불리는 데카르트René Descartes와도 전혀 다르다. 데카르트는 인간이 세계와 관계없이 생각할 수 있고 느낄 수 있다고 보았다. 이와 반대로 하이데거는 세계 안에서 활발히 활동하는 존재자만이 비로소 생각과 감정을 가질 수 있다고 주장한다. 즉, 인간은 세계와 떨어져서 혼자서는 존재할 수 없다.

하이데거는 또한 인간을 '현존재'라고 정의했다. 현존재(독일어 'Da'는 '거기에there'를, 'sein'은 '존재being'를 의미함)는 '거기에 존재한다'는 뜻이다. 하이데거가 '현존재'라는 철학적 개념을 만들어서 주장하려 했던 것은 무엇일까? 바로 인간이 외부 세계에 개방되어 있다는 점이다. 그래서 그는 "현존재는 실존한다"고 말했다.

여기에서 '실존existenz'이란 영어의 'existence'에 해당한다. 'existence'의 'ex'는 '바깥'을, 'istence'는 '존재함'을 뜻한다. 따라서 'existence'는 '바깥에 대해 존재함', 즉 '바깥에 대해 열려 있는 상태로 존재한다'는 의미가 된다. 다시 말해, 현존재인 인간은 세계의 모든 존재자에게 열려 있는 채로 존재한다.

하이데거 이전에는 사물의 존재가 자신이 가진 고유한 물질성에 의해 규정되었다. 또한 모든 존재는 동일한 존재 양태를 지닌다고 생각되었다. 망치는 쇠뭉치에 나무 막대가 연결되어 못질을 하는 도구로 규정되었고, 사람도 특정한 종류의 생물학적 유기체로 이해되었다. 쉽게 말하자면 망치는 망치이고, 사람은 사람일 뿐이다.

이와 달리 하이데거는 사물이나 인간, 즉 존재자의 존재가 고유한 물질성에 따라 규정되는 것이 아니라, 그 존재자가 세계와 어떤 관계를 맺느냐에 따라 달라진다고 보았다. 가령 망치가 못이나 목재와 관계할 때(못을 박는 도구로 사용될 때)와 테이블과 관계할 때(기울어진 테이블의 받침대로 사용될 때)는 존재 양태가 서로 다르다. 전자의 경우가 망치라면, 후자의 경우에는 받침대일 뿐이다.

결국 망치가 망치로 존재하는 것은 물질성 때문이 아니라, 외부 세계와 맺고 있는 관계에 따라 정의된다. 테이블의 받침대로 쓰이고 있는 망치는 더 이상 망치가 아니다. 이렇듯 하이데거에 의하면 존재자는 세계 안에서 어떻게 활동하고 관계하는가에 따라 존재 양태가 달라진다.

하이데거는 또한 인간과 사물의 존재 방식을 구분했다. '실존'은 '존재sein'와 다르다. 즉, 실존은 '실제로 존재하는 것'인 반면, 존재는 '그냥 존재하는 것'이다. 그에 의하면 실존은 '현존재', 즉 인간에게만 사용될 수 있는 표현이다. 모든 존재가 전부 실존하는 것은 아니다. 책상이나 컴퓨터 등의 사물은 '실존하지 않는다'는 의미인데, 그렇다고 해서 사물들이 존재하지 않는다는 말은 아니다. 컴퓨터(사물)는 존재할 뿐, 실존하지는 않는다.

결국 '실존'이라는 표현은 존재자가 어떻게 존재하는가에 대한 존재 방식을 스스로 선택할 수 있는 경우에 한해 사용할 수 있다. 그렇기 때문에 자신의 존재 방식을 선택할 수 있는 인간만이 실존할 수 있는 것이다. 반면 사물은 실존할 수 없다. 존재할 뿐이다. 그런 의미에서 하이데거는 인간을 '인간으로 존재하는 존재자', 즉 '현존재'로 불렀고, 인간의 존재는 이미 정해진 것이 아니라 세계 안에서 어떻게 관계하는가에 따라 각자 다르게 규정되기 때문에 현존재를 '세계 내 존재'라고 명명했다.

하이데거는 현존재의 근본적인 특징이 '각자성'에 있다고 보았다. 이는 인간이 누구나 자기만의 방식으로 존재할 수 있다는 의미다. 그래서 인간을 "자기 자신으로 존재하거나, 자기 자신으로 존재하지 못하는" 현존재의 가능성으로 묘사한다. 인간은 자기 자신의 방식으로 존재할 수도 있고, 그렇지 않을 수도 있다.

하이데거는 인간이 자기만의 방식으로 존재하는 것을 '본래성'이라고 했다. '본래성'은 자기만의 존재 방식을 스스로 선택한 경우에 사용한다. 결국 인간은 실존의 성격을 본래성에 의하든, 아니면 비본래성에 의하든 선택할 수 있다. 예를 들어 홍 과장이 현재의 모습(직장인)으로 있든, 원하던 외국 유학을 가든 실존한다는 사실은 변함이 없다. 그래서 하이데거는 실존하는 현존재에게는 "각자성이 있으며 본래성과 비본래성의 가능 조건을 이룬다"고 표현한 것이다. 이는 자신의 존재 방식을 선택할 수 있다는 의미이기도 하지만, 아울러 자신의 존재에 대한 책임을 떠안고 있다는 말이기도 하다.

하이데거는 많은 사람들이 자신이 어떻게 실존해야 하는지 결단할 수 있는 권한을 스스로 갖고 있음에도 불구하고 남에게 양도하는 경향이 있다고 보았다. 자신의 존재 방식을 결정할 때 스스로 선택하지 않고 남에게 권한을 떠넘기는 사람들이 많다는 말이다. 그러나 어떤 경우에든 현존재에 대한 책임은 그 존재자에게 있다.

어떤 사람이 자신이 원치 않는 모습으로(비본래성으로) 존재한다 하더라도, 비본래적인 모습마저 결국 자신의 존재다. 자신이 원하지 않는 삶을 살고 있더라도 현재의 모습은 여전히 자신의 것이며, 자신이 책임져야 하는 것이다. 결국 하이데거는 자신의 존재 방식을 선택할 때 자유와 책임을 동시에 강조한 셈이다.

지인의 선택으로 인해 흔들리고 있는 홍 과장에게로 시선을 돌려 보자. 홍 과장은 절친한 동기가 자신이 한때 고민했던 유학을 결심하자 현재 자신의 삶의 모습, 즉 존재 방식에 대해 의문을 갖게 되었다. 하이데거라면 홍 과장에게 이렇게 조언하지 않을까? "정해진 존재 방식은 없다. 어떻게 실존할 것인지는 자신이 선택해야 한다. 그리고 그 결과에 책임을 지면 된다." 홍 과장이 유학을 결심하든, 현재의 삶에 충실하든 정해진 바는 없다. 결국 현존재인 인간은 자신의 실존 방식을 스스로 선택하고 책임을 지면 된다.

인간이 존재에 대한 자유와 책임을 동시에 가졌다는 의미에서 프랑스 실존주의 철학자인 사르트르Jean Paul Sartre는 이렇게 말했다. "우리는 자유롭게 존재하도록 선고받았다." 그렇다. 인간은 자유로운 존재다. 아니, 인간만이 자유로운 존재다. 따라서 각자의 삶의 모습, 즉 존재 방식을 자유롭게 선택해야 하며 그 결과에 대해 책임을 져야 한다. 자신의 존재 방식을 스스로 선택할 수 있는 권리, 즉 실존의 권리는 인간만이 누릴 수 있는 소중한 특권이다.

2부

불안, 피할 수 없는 인간의 조건

6일
미래는 원래 불안한 것이다

아우구스티누스 『고백록』, 임제 『임제어록』
카르페 디엠, 현재의 삶에 충실하라

　김창수 팀장은 요즘 마음이 뒤숭숭하다. 지난주에 발표된 명예퇴직 공고 때문이다. 15년 이상 근무한 직원은 퇴직금 이외에 약간의 격려금을 받고 퇴직할 수 있다는 내용이었다. 물론 명예퇴직은 신청자에 한해 자발적으로 이루어지는 것처럼 보이지만, 회사가 원하는 것보다 신청자가 적을 경우에는 추가로 강제 구조조정이 기다리고 있다는 소문도 들린다. 그때는 퇴직금 이외에 추가로 지급되는 격려금은 없다고 한다.

　김 팀장이 입사한 지도 벌써 20년이 넘었다. 수많은 동기들이 회사를 떠났고, 이제 10여 명 정도의 동기들만 남아 있다. 어제는 입사 동기 네 명과 같이 저녁 식사를 했는데, 그 중 두 명은 명예퇴직을 신청하기로 마음을 굳힌 상태였다. 나머지 동기들은 신청하지 않을 계획이지만, 구조조정의 대상이 되지나 않을까 걱정하고 있다. 이번 명예퇴직 공고로 인해 퇴직하려는 사람도, 남아 있는 사람도 모두 미래에 대해 불안해하기는 마찬가지였다.

불안한 미래 때문에 당장 내일이 두려운 김 팀장은 어떻게 하는 것이 좋을까?

흔히 "세월 참 빠르다"라고 말한다. 눈앞에 닥친 삶을 바쁘게 살다 보니 세월이 가는 것을 체감하지 못하기 때문이다. 그렇다면 세월의 흐름, 즉 시간이란 무엇일까? 누구나 한번쯤은 생각해 보았을 법하지만 명쾌하게 설명하기는 쉽지 않다. 서양 철학에서 시간의 문제를 숙고하려면 반드시 거쳐야 할 철학자가 있다. 초기 기독교의 대표적인 교부敎父로 알려진 아우구스티누스Aurelius Augustinus다.

그는 『고백록』에서 다음과 같이 시간에 대해 설명하기가 어렵다고 토로했다. "시간이란 무엇인가? 아무도 내게 묻는 자가 없을 때는 아는 것 같다가도, 막상 묻는 자가 있어서 설명하려고 하면 나는 알 수가 없다." 그도 딱 잘라서 "시간은 이것이다"라고 말하기가 쉽지 않았던 모양이다. 하지만 분명한 점은 시간이란 엄연히 존재한다는 사실이다. 시간에 대해 깊이 숙고하기 위해 그의 설명을 조금 더 따라가 보자.

마음은 기대·지각·기억이란 기능을 통하여, 기대한 것으로 지각하고 지각한 것을 기억해 두는 것이다. 사실 미래의 것이 아직 존재하지 않음을 누가 부정하겠는가? 그런데도 마음은 미래의 일에 대해 이미 기대하고 있다. 또한 과거의 것이 더 이상 존재하지 않음을 누가 부정하겠는가? 그런데도 마음은 과거의 일에 대해 아직도 기억하고 있다. 또한 현재의 시간은 순간적으로 존재하다가 지나가는 것인 까닭에 길이가 없다는 사실을 누가 부정하겠는가? 그런데도 마음은 지각하는 기능을 계속 수행하는 까닭에 미래의 존재는 그것을 통과하여 과거의 존재로 변천해 가는 것이다.

「고백록」

아우구스티누스의 말을 들어 보면 시간은 마음과 관련이 있는 듯하다. 그는 시간을 과거, 현재, 미래로 나누고, 객관적인 것이 아니라 주관적인 것이라고 주장한다. 구체적으로 말하면 시간은 우리의 마음이 가진 세 가지 능력, 즉 기억·지각·기대의 능력과 관련이 있다. 기억하는 능력, 지각하는 능력, 기대하는 능력이 없다면 시간을 인식할 수 없다는 말이다. 그러므로 기억·지각·기대의 능력이 없으면 과거도, 현재도, 미래도 없다.

조금만 깊이 생각해 보면 시간에 대한 그의 주장이 매우 타당하다는 것을 알 수 있다. 만약 어제 일어난 일을 기억하지 못한다면, 어제라는 과거는 존재할 수 없다. 어제 저녁에 술자리가 있었는데, 너무 과음해서 기억하지 못한다면 술자리의 과거는 존재하지 않는 셈이다.

한편, 현재도 마찬가지다. 어제 일어난 일에 정신이 빠져 몰두하고 있다면 지금 눈앞에 펼쳐진 광경(현재)을 지각하지 못할 것이다. 헤어진 애인을 잊지 못해 옛 애인과의 추억에 빠져 있는 사람이 현재의 삶을 제대로 지각하지 못하는 것처럼 말이다. 또한 현재의 일에만 몰두하고 있다면, 내일 무슨 일이 일어날지 기대할 수 없을 것이다. 컴퓨터 게임에 빠져 있는 사람이 내일 일어날 일을 기대하지 않는 것과 마찬가지다.

이렇게 과거, 현재, 미래는 마음속의 기억, 지각, 기대와 관련이 있다. 그러나 기억하는 순간, 지각하는 순간 그리고 기대하는 순간은 모두 그 자체로는 '현재'다. 어제의 일을 기억하는 순간도, 내일의 약속을 기대하는 순간도 현재일 뿐이다.

아우구스티누스도 우리의 시간은 오로지 '현재'뿐이라고 주장했다. "과거와 현재와 미래라는 세 가지 시간이 있다고 말하는 것은 옳지 않다. 차라리 과거의 현재, 현재의 현재, 미래의 현재, 이와 같은 세 가지의 때가 있다고 말하는 것이 옳다." 그에 의하면, 기억은 과거의 현재이며, 기대는 미래의 현재일 뿐이다. 그런 의미에서 과거나 미래는 관념 속의 시간에 불과하다. 결국 삶은 언제나 '현재'이며, 현재가 가장 중요한 시간이다.

명예퇴직 공고로 인해 걱정이 많은 김 팀장의 입장으로 돌아가 보자. 막연한 미래에 불안해하는 김 팀장은 어떻게 마음을 추스려야 할까? 김 팀장에게 미래는 머릿속에만 존재하는 관념에 불과하다. 앞서 보았듯이 기대하는 능력이 없다면 미래란 존재할 수 없기 때문이다. 앞일을 예측할 수 없다는 건 당연히 불안한 일이다. 하지만 이 때문에 현재의 삶에 충실하지 못하면 문제가 된다.

인생이란 한 사람이 걸어온 길을 말한다. 인생이라는 길을 따라 걸어온 길은 항상 '현재'였다. 과거에 걸었던 길도 당시로는 '현재'였고, 미래에 걸어갈 길도 미래 시점에서는 '현재'일 뿐이다. 그런 의미에서 인생이란 과거와 현재와 미래의 조합이 아니라, 현재의 연속이다. 결국 현재에 충실한 사람이 인생을 충실하게 사는 셈이다.

인생에서 가장 중요한 시점은 '현재'다. 인생이 과거도, 미래도 아닌 현재이기 때문이다. 인생은 '지금 그리고 여기'에서 이루어지는 삶의 조합이다. 시간의 현재성인 '지금' 그리고 공간의 현재성인 '여기'에서 이루어지는 삶에 따라 인생이 만들어진다.

김 팀장을 포함한 많은 사람들은 현재(지금 그리고 여기)의 삶이 아니라 과거나 미래의 삶에 집착한다. 그들은 단지 과거 또는 미래라는 자신의 관념에 사로잡혀 있을 뿐이다. 과거나 미래에 대한 집착이나 기대(염려)로 인해 현재의 삶을 제대로 살지 못하는 사람은 행복하기 어렵다. 그들에게 있어서 삶의 행복은 현재가 아닌 과거나 미래에 있기 때문이다.

삶은 항상 현재형이다. 물론 과거의 추억이나 미래에 대한 기대 자체를 부정하는 것은 아니다. 과거의 추억을 회상하거나 미래에 대해 기대할 수는 있다. 그러나 그것에 너무 집착하여 현재의 삶을 충실히 살지 못한다면 옳지 않다. 과거에 대한 집착이나 미래에 대한 염려를 버리고 현재의 삶에 충실해야 한다고 가르치는 동양의 철학자가 있다. 그가 바로 『임제어록』으로 유명한 임제臨濟다.

이미 일어난 생각은 이어지지 않도록 하고 아직 일어나지 않은 생각은 일어나지 않도록 하면 그대들이 10년 동안 행각行脚하는 것보다 좋을 것이다. 나의 생각에는 불법佛法에는 복잡한 것이 없다. 단지 평상시에 옷 입고 밥 먹으며 일 없이 시간을 보내는 것이다.

「임제어록」

중국 당대의 선승인 임제는 과거나 미래에 집착하지 말고 현재를 영위하라고 가르친다. 과거에 대한 집착이나 미래에 대한 염려는 '지금 그리고 여기' 펼쳐지는 현재의 삶을 돌보지 못하게 하고, 현재의 행복을 누릴 수 없게 한다. 임제의 가르침은 영화 〈죽은 시인의 사회〉에서 키팅 선생이 학생들에게 역설하는 장면과 절묘하게 겹친다. "카르페 디엠Carpe diem"은 '현재를 잡아라'라는 뜻의 라틴어로 '현재의 삶에 충실하라'는 의미다. 임제는 이를 "단지 평상시에 옷 입고 밥 먹으며 일 없이 시간을 보내는 것"이라고 표현했다.

물론 20년 이상 근무한 회사에서 퇴직해야 할 것인가를 고민하는 김 팀장의 입장이 전혀 이해되지 않는 것은 아니다. 그러나 엄밀히 따져 보면, 김 팀장에게 불안감을 불러일으키는 미래란 염려(기대)하는 순간, 즉 '현재의 미래'에 불과하다. 임제는 미래에 대한 지나친 염려 때문에 현재의 삶을 부정해서는 안 된다고 역설한다. 과거에 대한 집착도, 미래에 대한 지나친 염려도 현재를 역동적으로 살아가는 데 장애가 될 뿐이다.

임제의 가르침은 단도직입적이다. "현재의 삶을 충실히 살아라!" 그럴 때에만 삶이 자유로울 수 있다. '지금 그리고 여기'에서 자유로워지면, 진정으로 현재의 삶에 충실하면 과거에 대한 집착에서도, 미래에 대한 고민과 걱정으로부터도 자유로워진다. 고대 철학자 헤라클레이토스Heraclitus는 "같은 강물에 두 번 발을 담글 수 없다"라고 말한 바 있다. 이것이 현재의 삶에 충실해야 하는 이유다. 지금 이 순간이란 두 번 다시 가질 수 없는 소중한 시간이기 때문이다.

7일
남들보다 뒤처진 자신이
한심하게 느껴질 때

나가르주나 『중론』
현재의 '있는 그대로의' 삶을 긍정하라

　홍 과장은 요즘 심란하다. 이번에 발표된 정기 인사에서 부장으로 승진하지 못했기 때문이다. 사실 홍 과장을 더욱 힘들게 하는 이유는 다른 데 있다. 부장 승진에서 누락된 것은 그렇다 쳐도, 동기인 손 과장과의 경쟁에서 졌다는 사실은 그를 초라하게 만들었다. 같은 사업부의 유일한 동기인 손 과장만 이번 인사에서 부장으로 승진했다. 과장 진급 때만 해도 홍 과장은 동기들 중에서 가장 먼저 승진해서 동기들의 부러움을 샀는데, 이번에는 상황이 완전히 역전된 것이다.
　평소 홍 과장은 손 과장보다 능력이나 성과 면에서 결코 뒤지지 않는다고 생각했다. 따라서 이번에 한 사람만 승진하게 된다면 자신이 그 주인공일 것이라고 내심 기대했다. 하지만 예상치 못한 결과로 홍 과장은 크게 낙심했고, 직장 생활에 대한 회의마저 들었다.
　부장 진급에 실패한 홍 과장은 어떻게 해야 할까?

"나도 한때는 잘나갔어"라며 과거를 들먹이곤 하는 사람이 있다. 그런 사람은 과거의 모습을 자랑스럽게 여기며, 다른 사람들도 자신의 과거를 기억해 주기를 바란다. 그런 사람들의 현재 모습은 어떠할까? 사람마다 차이는 있겠지만 한 가지 확실한 점은 현재의 모습이 과거보다 못하다는 사실이다. 그렇다 보니 현재의 모습보다는 과거의 모습을 더 자주 이야기하는 것이다.

현재보다 과거의 모습이 더 화려했던 사람에게 현재의 삶은 만족스러울까? 그렇지 않을 것이다. 화려했던 과거의 모습을 기억하고 있는 한 현재의 모습은 초라할 수밖에 없다. 여기에서 현재의 삶을 만족스럽게 살아갈 수 있는 방법을 한 가지 확인할 수 있다. 과거의 삶과 현재의 삶을 비교하지 않고 오롯이 현재만을 바라보는 태도다. 즉, 과거에 대한 집착을 버리는 것이 현재의 삶을 만족스럽게 살아갈 수 있는 방법이다.

삶을 살아가면서 마음의 고통을 치유하는 방법을 찾고자 할 때 불교의 가르침에 주목할 필요가 있다. 불교에서는 어떤 가르침으로 우리의 마음을 고통에서 벗어나게 해 주는가? 『법구경』에서는 인간의 고통에 대한 싯다르타의 가르침이 네 가지의 성스러운 진리, 즉 사성제四聖諦로 요약되어 있다.

생사의 '고통(苦)', 이 고통의 원인인 '집착(集)' 그리고 이 모든 고통을 이미 떠난 '소멸(滅)'과 그 소멸로 나아가는 여덟 가지 '방법(道)', 이 네 가지 가르침은 우리를 여러 고통으로부터 건져 줄 것이다.

법구法救, 「법구경」

사성제, 즉 '고집멸도苦集滅道'의 가르침은 얼핏 보면 별개처럼 보이지만 사실 모두 하나로 연결되어 있다. 인간의 마음에는 불가피하게 '고통'이 찾아오는데, 그 고통의 원인이 '집착'이라는 뜻이다. 다시 말해, '고통'은 결과이고 '집착'은 원인인 셈이다. 그렇다면 마음의 '집착'을 제거하면 '고통'도 사라질까? 불교에서는 마음에 고통이 생기는 이유를 무엇인가에 집착하기 때문이라고 여겼으므로, 집착을 없애면 고통에서도 벗어날 수 있다고 말한다.

사성제에서는 집착을 제거하여 고통이 떠난 상태를 '소멸'이라고 한다. 흔히 '소멸'을 '열반(니르바나, nirvana)'이라고도 부르는데, 이는 '불꽃(vana)이 꺼진다(nir)'는 의미를 가지고 있다. 이는 활활 타오르는 집착의 불꽃이 꺼져서 고통이 사라진다는 것을 뜻한다. 결국 사성제는 집착을 제거하면 고통이 없는 소멸의 상태, 즉 열반에 이르게 된다는 것이다. 싯다르타는 집착을 제거하는 여덟 가지 '방법'을 제안하는데, 이것이 '팔정도八正道'다(팔정도란 고통을 끊는 여덟 가지 방법도를 말한다. 이는 바른 견해正見, 바른 사유正思, 바른 말正語, 바른 행동正業, 바른 생활正命, 바른 노력正精進, 바른 의식正念, 바른 정신 통일正定이다).

부장 진급에 실패한 홍 과장이 겪고 있는 고통의 근원은 집착에서 비롯된 것이다. 반드시 진급해야 한다는 집착, 동기에게 뒤처져서는 안 된다는 집착, 잘나갔던 과거에 대한 집착 등이다. 이러한 집착이 홍 과장에게 현재의 고통을 안겨 준 것이다.

그렇다면 '집착을 제거하라'는 조언만으로 홍 과장은 고통에서 벗어나 열반에 이를 수 있을까? 그렇게 할 수만 있다면 고통으로부터 자유로워지겠지만 말처럼 쉬운 일만은 아니다. 이 대목에서 "모든 것이 공空하다"고 주장했던 나가르주나龍樹의 가르침을 떠올릴 필요가 있다. 나가르주나는 어떻게 하면 집착에서 자유로워질 수 있는지 다음과 같이 『중론』에서 이야기했다.

> 어떤 존재도 인연因緣으로 생겨나지 않은 것이 없다. 그러므로 어떠한 존재도 공하지 않은 것이 없다. …… 만약 모든 존재를 자성을 가진 실체로 본다면 그대는 그 존재가 인연 없이 존재한다고 보는 것이다. …… 사물이 참으로 존재하는 것(有者)이라면 소멸한다는 것은 있을 수 없는 일이다. 존재하면서 존재하지 않을 수는 없기 때문이다. …… 존재하지 않는 것(無者)이 소멸한다는 것도 있을 수 없다. 그것은 머리를 두 번 자르는 일이 있을 수 없는 것과 같다.
>
> 『중론』

불교에서는 모든 존재나 사건들이 인연의 마주침으로 발생한다고 본다. '인因'은 직접적인 원인을 말하며, '연緣'은 간접적인 조건을 가리킨다. 불교에서는 이를 연기緣起라고 부른다. 모든 것은 자성으로 인해 발생하는 것이 아니라, 다른 것에 '의존하여(緣) 일어난다(起)'고 보는 것이다.

'자성이 있다'는 것은 '변하지 않는 실체가 있다'는 뜻이다. 이러한 주장에 어떤 오류가 있는지 다음의 예를 살펴보자.

자식의 능력을 높게 평가하는 부모들이 있다. 만약 아이에게 자성이 있다고 가정하면 부모는 자식에 대해 이렇게 말할 것이다. "우리 아이는 원래 똑똑하다." 부모는 똑똑한 자녀를 둔 것에 대해 무척이나 자랑스러워할 것이다. 하지만 그 아이의 속성은 똑똑할 수도 있고, 아닐 수도 있다. 그 아이의 속성이 '원래 똑똑한 아이'인 경우에 "우리 아이는 똑똑하다"라는 표현은 "똑똑한 아이는 똑똑하다"라는 의미가 된다. 반면 원래 똑똑하지 않은 아이의 경우라면 "똑똑하지 않은 아이는 똑똑하다"가 된다. 전자는 중복 오류이며, 후자는 사실과 다르다. 따라서 "아이가 원래 똑똑하다"는 표현은 아이가 자성을 가진 존재라고 가정한다면 어떻게 표현하더라도 오류가 발생하는 셈이다. 나가르주나가 "어떠한 존재도 공하지 않은 것이 없다"고 말하는 이유는 자성이 있다는 주장들이 결국에는 자기모순에 빠지기 때문이다.

이와는 반대로 아이에게 자성이 없다고 가정한다면 어떻게 될까? 이때는 아무런 문제도 발생하지 않는다. 아이에게 '자성이 없다'고 생각하는 부모는 자녀에 대해 '변하지 않는 실체란 없다'고 보기 때문에 "우리 아이는 원래 똑똑하다"라는 표현을 사용하지 않는다. 그 부모는 아이의 똑똑함은 불변하는 실체가 아니라 언제라도 변할 수 있는 '인연'이라고 보기 때문이다. 그렇기 때문에 성적이 좋을 수도 있고, 나쁠 수도 있다고 여긴다. 한마디로 아이의 성적에 대해 여러 가지 가능성을 인정한다.

모든 존재를 '자성을 가진 실체'로 보는 시각과 '인연의 마주침'으로 보는 시각은 어떤 차이가 있을까? 나가르주나는 어떤 시각을 갖느냐에 따라 고통이 달라진다고 보았다. 자식의 성적이 좋지 못할 경우, '아이의 똑똑함'을 자성, 즉 불변하는 실체로 보는 부모는 현재를 있는 그대로 받아들이기 힘들 것이다. 원래 똑똑한 아이였는데 어떻게 성적이 좋지 않을 수 있겠는가? 이러한 상황에 처하면 자녀의 나쁜 성적은 부모에게 큰 고통을 안겨 줄 것이다.

반면 '아이의 똑똑함'을 자성으로 보지 않는 부모는 자녀의 나쁜 성적에 실망감이 들겠지만 전자의 부모보다는 현실을 있는 그대로 보려고 할 것이다. 이 부모는 아이의 똑똑함을 불변하는 실체로 보지 않기 때문이다. 따라서 자녀의 성적이 나빠질 가능성을 인정한다. 그래서 전자의 부모보다는 고통도 덜할 것이다.

불교에서는 자성이 아닌 인연으로 생겨난 모든 것을 '공하다'고 말한다. 존재하는 모든 것을 공으로 본다는 것은 형이상학적인 실체를 상정하지 않는다는 의미다. 후자의 부모는 자녀의 성적도 '공하다'고 본다. 그렇기 때문에 현실을 있는 그대로 받아들일 수 있다.

나가르주나는 영혼이든 해탈이든 변하지도 않고 사라지지도 않는 실체란 없으며, 실체가 있다는 생각이 집착과 고통을 낳는다고 보았다. 무엇인가 영원불변한 것이 있다고 믿고 있는데 그것이 변하거나 없어져버리면 고통을 느낄 수밖에 없다. 20대의 외모를 변하지 않아야 할 실체로 생각하는 사람은 중년이 되어 늙어 가는 자신의 모습에 고통스러워할 것이다. 외모를 불변하는 실체로 보면 집착이 생기고 고통이 찾아온다.

부장 진급에 실패하여 고통받는 홍 과장은 어떻게 하면 고통에서 벗어날 수 있을까? 결론부터 말하자면, 홍 과장은 집착을 없애야만 현재의 고통에서 벗어날 수 있다. 현재 자신의 모습이 영원할 것이라고 생각하는 것에서부터 벗어나야 한다. 잘나갔던 자신의 모습도,

항상 남들보다 앞서 나가야 한다는 생각도 집착에 불과하다. 홍 과장은 집착에서 벗어나 있는 그대로의 자신을 바라보아야 한다. 그래야 현재의 삶을 긍정하고 새로운 미래를 만들어 갈 수 있다.

우리의 존재와 삶은 불변하는 것이 아니라 인연에 따라 흘러가는 것이다. 미래는 어떻게 변할지 알 수 없다. 불교의 용어를 빌리면 현재의 모습은 '인연이 있어서 잠시 머무는 것'일 뿐이다. 잘나갔던 시절의 모습도, 부장 진급에 실패한 현재의 모습도 불변하는 실체가 아니라 잠시 머무는 인연이다. 모든 것을 인연이 아닌 실체로 볼 때, 그것은 집착이 되고 그로 인해 고통이 뒤따른다. 현실의 삶이 고통스러운가? 그렇다면 '고집멸도'의 가르침을 떠올려라. 모든 것을 불변하는 실체가 아니라 '공한 것'으로 바라보라. 나가르주나의 주장은 허무주의가 아니다. 그것은 '있는 그대로의' 삶을 긍정하고 더 나은 내일을 바라볼 수 있게 해주는 소중한 가르침이다.

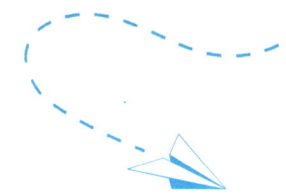

8일
과거에 실패했던 기억이 마음에 걸린다면

니체 『도덕의 계보』
과거의 안 좋았던 기억을 잊고
현재의 삶을 긍정하라

평소 아이디어뱅크로 불리는 홍 과장. 최근 기막힌 사업 아이디어가 떠올랐다. 하지만 홍 과장은 오히려 고민에 휩싸였다. 아이디어를 팀장에게 말해야 할지, 말아야 할지 선뜻 판단이 서지 않기 때문이다. 홍 과장이 망설이는 이유는 과거에 안 좋았던 기억 탓이다.

작년에도 홍 과장은 좋은 아이디어가 떠올라 팀장에게 제안했다. 홍 과장의 이야기를 들은 팀장은 괜찮은 아이디어라고 생각했던지 즉각 경영진에게 보고했고, 급기야 아이디어가 채택되어 실제 사업으로 실행되었다. 그러나 예상치 못한 난관에 봉착하여 회사에 피해만 입힌 채 마무리되었다. 그 일로 인해 팀장과 홍 과장은 가벼운 징계 조치를 받았고, 홍 과장은 팀장으로부터 "앞으로는 괜한 일을 만들지 말라"는 질책을 받았다. 이러한 기억 때문에 홍 과장은 새로운 아이디어를 떠올리고도 말하지 못하고 있는 것이다.

실패의 아픈 기억 때문에 이러지도 저러지도 못하는 홍 과장은 어떻게 하는 것이 좋을까?

　어떤 사람이 지하철을 탔는데 운 좋게 빈 좌석이 하나 있었다. 그래서 자리에 편하게 앉아 신문을 보았다. 다음 역에서 나이 지긋한 중년의 여성이 지하철에 탔는데, 마침 빈자리가 없었다. 중년 여성은 빈자리가 없는 것을 확인하고는 그 사람 바로 앞에 섰다. 그는 중년 여성과 눈이 마주쳤으나, 아무렇지도 않은 듯 다시 신문으로 시선을 옮겼다. 여성은 나이가 들어 보이긴 해도 자리를 양보할 정도는 아니라고 판단했기 때문이다.
　그런데 잠시 후 그의 옆자리에 앉아 있던 젊은이가 그 여성에게 자리를 양보하는 것이 아닌가? 중년 여성은 젊은이가 양보해 준 자리에 앉으면서 그의 얼굴을 무심히 쳐다보았다. 그러자 그는 왠지 모를 죄책감이 느껴졌고, 집으로 가는 내내 불편한 마음이 가시지 않았다. 그는 속으로 '내가 먼저 자리를 양보했어야 했나' 하며 후회했다.
　이와 비슷한 경험을 한 적이 있는가? 이 상황에서 중년 여성에게 자리를 양보하지 못한 그 사람이 느끼는 죄책감이나 불편함의 정체는 무엇일까? 그가 느끼는 죄책감이나 불편한 감정들은 사람들이 통상적으로 갖는 도덕적 규범 때문에 발생한 것이다.
　도덕이란 사회 구성원들의 양심, 사회적 여론, 관습 따위에 비추어 스스로 마땅히 지켜야 할 행동 준칙이나 규범을 말한다. 지하철에서 노약자에게 자리를 양보하는 것은 사회 구성원들이 마땅히 지켜야 할 행동 규범이다. 그렇기 때문에 이를 지키지 못한 경우에 양심의 가책을 느낀다.

그렇다면 도덕적 규범은 항상 명확하게 정해져 있는 것일까? 재미있는 사실은 그가 양심의 가책을 느끼게 된 이유가 자리를 양보하지 않았기 때문이라기보다는 옆자리의 젊은이가 자리를 양보했기 때문이라는 것이다. 만약 아무도 자리를 양보하지 않았다면 그는 죄책감을 느끼지 않았을 것이다.

다시 말해 죄책감이란 자신의 행동 여부보다는 그 행동에 대한 사회적 여론이 어떠한가에 더 큰 영향을 받는다는 것을 알 수 있다. 불편한 감정, 즉 양심의 가책을 촉발시키는 도덕규범은 누가 보더라도 이견이 없을 만큼 명확한 것은 아니다. 도덕규범에 대해 느끼는 감정은 타인의 존재나 시선에 따라 달라지는 것이다. 가령 노상방뇨를 할 때 누가 보느냐, 안 보느냐에 따라 개인이 느끼는 양심의 가책 정도는 달라진다. 결국 도덕적 감정을 지배하는 주체는 자신이 아니라 타자인 셈이다.

그렇다면 행동 준칙이나 규범은 어떻게 생겨난 것일까? 도대체 누가 그렇게 하도록 정한 것일까? 이러한 의문에 대해 쉽게 대답하기는 어려울 것이다. 하지만 대부분의 사람들은 누군가에 의해 정해진 도덕규범을 충실히, 자발적으로 지키면서 살아가고 있다. 이렇게 도덕규범을 언제나 의식하면서 사는 것은 정말 바람직한 일일까?

주목해야 할 점은 도덕규범은 기억 능력과 관련이 있다는 사실이다. 특정한 상황에서는 무엇인가를 해야 한다는 기억이 의식 속에 있기 때문에 자발적으로 그러한 행동을 하는 것이다.

플라톤에서 하이데거에 이르기까지 전통적으로 서양 철학에서는 기억 능력을 중요하게 여겼다. 이는 진리라는 말의 뜻을 풀어 봐도 알 수 있다. 진리를 나타내는 고대 그리스어 '알레테이아aletheia'는 부정어인 '아a'와 망각의 강을 뜻하는 '레테lethe'가 결합된 단어다. 진리란 망각의 강을 거슬러 가는 운동, 즉 기억을 의미한다. 이처럼 인간의 기억 능력을 중시했던 서양과는 달리 동양의 철학에서는 망각의 능력을 중시했다. 나가르주나의 '공' 개념이나 장자의 '허(虛)'나 '망(忘)'의 개념이 바로 그것이다. 장자의 '망'을 살펴보면 동양 철학에서는 기억보다는 오히려 망각이 더 중요한 가치로 여겨진다는 것을 알 수 있다.

사유의 두 가지 상반된 능력, 즉 기억과 망각의 능력 중에서 어느 것이 더 중요할까? 이 대목에서 기억을 중시했던 서양 철학자들과 달리 망각을 긍정적으로 바라본 서양 철학자가 있었던 점에 주목할 필요가 있다. 서양 철학에서 자유정신을 강조했던 니체Friedrich Wilhelm Nietzsche라는 철학자다. 흥미로운 사실은 망각에 대한 니체의 사유가 동양의 불교나 장자의 사유와 공명하고 있다는 점이다. 니체는 기억에 특권적 지위를 부여했던 서양의 사유 전통을 전면적으로 거부했다. 니체는 『도덕의 계보』에서 망각의 능력이 삶에 능동성을 부여한다고 주장했다.

망각이란 천박한 사람들이 믿고 있듯이 그렇게 단순한 타성vis inertiae이 아니다. 오히려 이것은 일종의 능동적인, 엄밀한 의미에서의 적극적인 저지 능력이며 …… 망각이 없다면 행복도, 명랑함도, 희망도, 자부심도, 현재도 있을 수 없다는 것이다. 이러한 저지 장치가 파손되거나 기능이 멈춘 인간은 소화불량 환자에 비교될 수 있다(비교할 만한 것 이상이다). 그는 무엇도 해결할 수 없다. …… 이런 망각이 필요한 동물에게 망각이란 하나의 힘, 강건한 건강의 한 형식을 나타내지만, 이 동물은 이제 그 반대 능력, 즉 망각을 제거하는 기억을 길렀던 것이다.

「도덕의 계보」

전통적으로 기억을 강조하는 사유에서는 망각을 부정적인 정서 상태로 폄하하는 경향이 있다. 망각은 무기력하거나 수동적인 정서 상태라는 것이다. 이에 반해 니체는 망각의 능력을 긍정적으로 보았다. 그는 창조하기 위해서는 과거의 구속에서 벗어나게 하는 망각이 필요하다고 보았다. 인간의 의식은 철저하게 기억의 흔적에 의해 규정되어 있기 때문에, 기억이 의식을 구속 상태에서 벗어나지 못하게 한다. 따라서 의식이 외부의 자극에 능동적으로 반응하기 위해서는 기억의 흔적에 의해 구속된 상태에서 벗어나야 한다. 그러기 위해서는 기억의 흔적을 지울 수 있도록 능동적인 능력, 즉 망각의 능력이 필요하다.

결국 니체의 사유에서 망각은 부정적인 능력이 아니라 능동적인 능력, 다시 말해 우리가 가진 의식의 구속 상태를 멈추게 하는 '저지 장치'인 셈이다. 니체는 저지 장치가 파손되거나 기능하지 못하는 사람을 소화불량 환자에 비유한다. 한번 먹은 음식물을 소화시키지 못하기 때문에 더 이상 새로운 것을 먹을 수도 없으며, 소화되지 않은 경험으로 인해 괴로워하면서 되새김질만 반복해야 하기 때문이다.

니체는 정신도 육체와 마찬가지로 보았다. 의식 안에 과거의 기억들이 가득 차 있다면, 새로운 것을 받아들일 수 없다. 의식이 이미 소화불량 상태이기 때문이다. 실수로 교통사고를 일으켜 인명 피해를 낸 사람이 그 기억 때문에 다시는 운전대를 잡지 못하는 경우가 있다. 이러한 상황은 과거의 나쁜 기억으로 인해 의식이 소화불량에 빠진 상태인 셈이다.

이처럼 과거의 기억에 사로잡힌 상태로 살아가는 사람은 현재를 온전하게 살아가기 어렵다. 과거에 집착하는 사람들은 새로운 것을 낯선 것으로, 그래서 불편한 것으로 느낀다. 당연히 변화보다는 불변을 원하고, 새로운 것보다는 익숙한 것에 의존할 수밖에 없다.

니체는 망각이 단순한 타성이 아니라 적극적인 억압의 능력이며, 그것 없이는 정신적 질서나 평형이 불가능하다고 주장했다. 망각이 없다면 희망과 자부심, 행복과 명랑함을 모두 박탈당한 채 자신에게 발생한 모든 과오를 짊어지고 허덕여야 한다.

그렇다고 해서 니체가 기억 능력 자체를 완전히 제거하자고 주장한 것은 아니다. 인간에게서 기억을 완전히 없애는 일은 불가능한 일이다. 섭취한 음식물은 위장에서 어느 정도 머물러 있어야 하듯이, 의식도 일정 시간 동안 기억의 상태를 유지해야만 건강한 삶을 영위할 수 있다. 음식물이 위장에서 머무르지 않고 곧바로 배설된다면 몸에 필요한 영양분을 흡수할 수 없다. 니체는 기억이 현재를 향유하고 긍정하도록 돕는 데 어느 정도는 필요한 것으로 보았다. 물론 새로운 선택이 필요한 시점에 도달하면, 과거의 기억은 제거되어야 하겠지만 말이다. 이처럼 새로운 삶을 영위하기 위해서는 과거의 기억을 망각해야 한다. 나쁜 기억일수록 특히 그렇다.

좋은 아이디어를 떠올리고나서도 실패의 기억 때문에 고민하고 있는 홍 과장은 어떻게 해야 할까? 니체의 주장에 공감하는 사람이라면 홍 과장에게 이렇게 조언할 것이다. "과거의 나쁜 기억은 잊어버려라." 실패의 기억에 사로잡혀 있는 사람은 현재의 삶에 충실할 수 없다. 따라서 새로운 미래를 개척하기 힘들다.

니체는 사람들이 기억을 숙명이라도 되는 것처럼 짊어지고 다닌다고 보았으며, 그런 유형의 인간을 '낙타'나 '노예'라고 불렀다. 그는 인간이 능동적인 존재가 되기 위해서는 망각의 역량을 복원해야 하고, 이를 위해 "모든 것을 자신에게 유리하게 바꿀 수 있을 만큼 충분히 건강"해야 한다고 말했다. 잘 망각하기 위해 스스로 건강한 자기 변형의 과정을 거쳐야 한다는 것이다.

홍 과장이 실패의 기억을 잊고 새로운 아이디어를 제안하고, 또 그 제안이 팀장에게 채택되기 위해서는 아이디어도 중요하지만 홍 과장이 그동안 얼마나 자기 변형의 과정을 거쳤느냐, 다시 말해 얼마나 변화했느냐가 더 중요할 수 있다. 홍 과장이 실패한 이후로 충분히 건강한 변화의 과정을 거쳤다면 아이디어는 수용될 가능성이 높을 것이다.

망각을 긍정하는 니체의 사유는 오래된 상처를 치유하고 과거의 굴레에서 벗어날 수 있도록 도와준다. 망각은 과거의 기억을 잊고 현재의 삶을 긍정하게 하는 건강한 의식이다. 삶에서 마주치는 사건들을 결코 불운이나 죄책감으로 해석해서는 안 된다. 삶을 건강하게 만들지 못하는 기억이라면 차라리 잊는 편이 낫다. 아니, 잊어야 한다.

9일
상사의 지시대로 한 행동에
내 책임은 없을까?

칸트 『실천이성비판』, 사르트르 『존재와 무』
인간은 자유롭도록 선택받은 존재다

인사팀장인 권 부장은 요즘 사람 만나는 것이 두렵다. 지난주에 발표된 인력 감축안 공고 때문이다. 경영상의 문제로 10년 이상 근무한 사람의 10퍼센트 정도를 감축한다는 내용이었다. 공고가 발표되자 현업 부서에서는 불만이 쏟아졌다. 그동안의 기여는 전혀 고려하지 않고, 회사가 어렵다는 이유만으로 인력을 줄이는 것은 너무 지나친 조치라는 시각이 지배적이었다. 따라서 이번 인력 감축안을 기획한 것으로 알려진 인사팀장이 사람들의 입방아에 오르게 되었다.

사실 권 부장도 지금 당장 인력 감축안을 시행해야 할 정도로 회사의 경영 상태가 나쁘다고 생각하지는 않았다. 하지만 새로 부임한 사장의 의지가 워낙 완고해서 어쩔 수 없었다. 그러니 시키는 대로 할 수밖에. 하지만 인력 감축안을 발표한 후 권 부장에게 돌아온 것은 사람들의 원망 섞인 눈초리였다. 직장 동료들은 권 부장에게 책임을 추궁하는 듯했다. 권 부장은 사실상 아무런 권한도 없는 자신에게 책임을 묻는 것이 억울했다.

이러한 상황에서 권 부장에게는 정말 아무런 책임이 없는 것일까?

빅토르 위고의 유명한 소설 『레미제라블』에 나오는 주인공 장발장은 어린 조카를 위해 빵을 훔친 죄로 5년 형을 선고받는다. 이 소설을 읽은 대부분의 독자는 장발장이 저지른 잘못에 비해 그에게 선고된 형벌이 지나치게 가혹하다고 느꼈을 것이다. 빵을 훔친 죄가 가벼워서라기보다는 범죄를 저지른 배경에는 불가피한 면이 없지 않다고 보기 때문이다.

이렇게 특정한 행동에 대한 잘잘못을 평가할 때 행위 자체보다는 그 행위를 하게 된 배경에 주목하는 경우가 많다. 누군가가 남의 발을 밟았다고 치자. 이때 고의로 밟았다면 그에게 책임을 따져 물을 것이다. 하지만 버스 안에서 차가 흔들리는 바람에 어쩔 수 없이 발을 밟았다면 이때는 어떻게 할 것인가? 발을 밟은 사람에게 책임을 물을 수 있을까? 물론 사람에 따라 차이가 있겠지만 후자의 경우에는 전자보다는 정상을 참작할 여지가 많다. 버스가 흔들리는 바람에 어쩔 수 없이 발을 밟게 된 것이라고 판단하기 때문이다. 다시 말해 그에게는 발을 밟은 행위 외에 다른 선택을 할 '자유'가 없었던 셈이다.

누군가에게 책임을 물을 때에는 그에게 '자유'가 있었는지를 함께 고려하는 것이 일반적인 통념이다. 그리고 행위자에게 자유가 없었다면 책임을 묻기 어렵다.

사실 자유와 책임의 관계는 일상과 깊숙이 연관되어 있다. 법정에서의 상황을 한번 떠올려 보자. 판사는 피의자에게 범죄 행위에 대해 법률에 적시된 대로만 형을 부과하지는 않는다. 판결에 앞서 판사는 전반적인 상황을 확인한 후, 종합적으로 판단하여 최종적으로 선고를 내린다.

이때 판사는 범죄 행위만이 아니라 행위의 배경, 즉 범죄 행위를 저지를 때 자유가 있었는지 여부를 더 중요하게 생각한다. 범죄를 저지른 피의자라도 자유가 없는 상태에서 행해진 것으로 판단된다면 판사는 정상을 참작하여 판결을 내리게 된다.

이러한 상황은 재판장에서만 일어나지 않는다. 일상생활에서도 자유와 책임의 관계를 따진다. 이 대목에서 자유와 책임의 관계를 통찰했던 한 철학자를 떠올릴 수 있다. "자유가 없다면 책임도 없다"고 주장했던 독일의 철학자 칸트 Immanuel Kant다. 먼저 그의 주장을 들어 보자.

이성이 자신의 행동에 대한 순수하고 실천적인 법칙을 수립할 수 있다는 것이 적극적 의미에서의 자유다. 그러므로 도덕 법칙은 다름 아닌 순수 실천 이성, 다시 말해 자유의 자율을 표현한다.

『실천이성비판』

3대 비판서인 『순수이성비판』, 『실천이성비판』, 『판단력비판』으로 이전까지의 서양 철학을 한 번에 총정리한 칸트는 『실천이성비판』에서 인간의 윤리적 행위는 자유로울 때에만 의미가 있다고 주장했다.

아무리 큰 잘못을 저질렀더라도 다른 선택을 할 수 있는 자유가 없다면 책임을 물을 수 없다는 것이 칸트의 기본적인 윤리관이다. 예를 하나 들어 보자.

기관사가 열차를 운전하고 있는데 선로 앞에 갑자기 사람이 나타났다고 치자. 놀란 기관사는 황급히 경적을 울리고는 브레이크를 잡았지만 결국 기차를 멈추지 못하고 사람을 치어 죽이고 말았다. 이러한 상황에서 기관사에게 책임을 물을 수 있을까? 칸트라면 기관사에게 아무런 책임이 없다고 할 것이다. 실제로 그런 일이 일어나면 현실에서도 기관사에게 법적 책임을 묻지 않는다. 기관사에게는 자유가 없었다고 보기 때문이다. 이처럼 "자유가 없으면 책임도 없다"는 칸트의 도덕법칙은 생활 깊숙이 자리 잡고 있다.

하지만 자유가 없으면 책임도 물을 수 없다는 칸트의 주장은 모든 경우에 해당이 될까? 달리 질문해 보자. 행위자에게 자유가 있는지, 없는지의 여부는 항상 명백하게 밝혀질까? 그렇지는 않을 것이다.

쓸쓸히 살고 있는 독거노인이 있다. 그런데 그에게는 아들이 한 명 있다. 하지만 아들은 생활비를 보내 주기는커녕 한 번도 찾아오지 않는다. 한마디로 '나 몰라라' 하고 있는 것이다. 주위 사람들은 "왜 연로한 부모를 봉양하지 않고 내버려 두느냐?"며 자식에게 책임을 묻는다. 아들은 "부모를 봉양하고 싶지만, 부모를 봉양할 만한 경제력이 없다"고 항변한다. 이런 경우, 자식에게 책임을 물을 수 있을까? 애매한 상황이다. 이 같은 상황에서는 우선 자식에게 부모를 봉양할 만한 경제력이 없는 것이 사실인지도 판단하기가 쉽지 않다.

뿐만 아니라 부모를 봉양하는 데 반드시 경제력이 필요한 것인지, 필요하다면 어느 정도여야 하는지에 대해서도 논란의 여지가 많다.

앞의 예는 "자유가 없다면 책임도 없다"는 칸트의 윤리 기준만으로는 해결할 수 없는 현실적인 문제가 있음을 보여 준다. 여기에서 자유에 대해 칸트와는 다른 윤리 기준을 제시한 철학자의 말을 살펴보자. 그가 바로 프랑스 실존주의 철학자 사르트르다. 그는 인간을 "자유롭도록 저주받은 존재"로 규정했다. 먼저 인간의 자유에 대한 그의 말을 들어 보자.

사람의 일생에는 우발적인 사건 같은 것은 존재하지 않는다. 갑자기 폭발하는, 그리고 나를 끌어넣는 사회적 사건도 밖으로부터 오는 것이 아니다. 만약 내가 어떤 전쟁에 동원된다고 하면, 그 전쟁은 나의 전쟁이다. 이 전쟁은 내 모습과 닮았으며, 나는 이 전쟁을 할 가치가 있다. 이 전쟁이 가치가 있다는 것은 내가 자살이나 탈출에 의해 언제고 전쟁에서 벗어날 수 있기 때문이다. 이와 같은 궁극적인 가능성은 상황을 직시해야 하는 문제가 생길 때 언제나 우리에게 나타나는 것이다. 나는 그 전쟁으로부터 스스로 도망치지 못했기 때문에 그 전쟁을 선택한 것이다. 그것은 무기력 때문일 수도 있고, 때로는 앞의 비겁함 때문일 수도 있고, 또 내가 전쟁을 거부하는 것보다 다른 가치를 선택한 때문일 수도 있다.

「존재와 무」

인간의 자유에 대한 사르트르의 사유는 칸트와 큰 차이를 보인다. 칸트는 인간이 가진 자유의 범위 안에서만 책임을 물을 수 있다고 보았다. 물론 사르트르도 자유와 책임의 관계를 부정한 것은 아니다. 하지만 사르트르는 인간의 자유를 극한까지 추구함으로써 책임도 무한한 것으로 보았다. 즉, 인간에게 자유는 무한하기 때문에 책임도 무한하다는 것이다.

그는 전쟁조차도 자유에 의해 선택한 것이라고 주장했다. "전쟁에서 무고한 희생자는 없다"는 주장이 바로 그것이다. 그에 따르면, 인간은 누구나 원치 않는 전쟁에서 벗어날 자유가 있기 때문에 전쟁에 참여한 이상 자신에게도 책임이 있다. 그의 표현을 빌리자면 "자살이나 탈출에 의해" 전쟁을 선택하지 않을 자유가 있기 때문에 전쟁으로부터 스스로 도망치지 못한 사람은 "전쟁을 선택한 것"이다.

인간의 자유를 극한까지 추구한 사르트르의 주장에 동의할 수 있는가? 물론 사람에 따라 다를 수 있겠지만 사르트르의 주장에 선뜻 동의하기는 쉽지 않을 것이다. 어쩌면 거부감이 들지도 모르겠다.

그러나 사르트르의 주장에서 중요한 점은 인간 존재의 사실성은 직접적으로 자각할 수 있는 것이 아니라 "상황을 직시해야 하는 문제가 생길 때", 즉 인간의 자유를 가로막는 장애물과 만나는 순간 나타난다는 사실이다. 다시 말해 인간에게 무한히 주어진 것 같은 자유는 항상 주어지지 않으며 자신을 가로막는 장애물을 만났을 때 비로소 나타난다는 의미다. 이 말은 무슨 뜻일까? 언뜻 이해가 가지 않을 수도 있겠지만, 찬찬히 생각해 보면 사르트르의 남다른 통찰에 고개를 끄떡이게 된다.

퇴근하는 상황을 생각해 보자. 항상 정시에 퇴근하는 사람은 퇴근하는 행위에서 자유를 느끼기 어려울 것이다. 반복적인 일상이기 때문이다. 반면 항상 밤늦게까지 야근하는 사람이라면, 정시에 퇴근할 수 있는 자유가 주어지기를 간절히 바랄 것이다. 그런 그에게 모처럼 정시에 퇴근할 기회가 주어졌다고 치자. 회사 근처의 술집에서 동료들과 술잔을 기울이며 즐거운 시간을 보낼 것이다. 바로 이 순간, 그는 그토록 갈망하던 자유가 주어졌다는 사실을 인식하고 자유를 만끽한다. 이처럼 자유는 그냥 주어지는 것이 아니라 자신을 가로막는 장애물이 있을 때에만 비로소 드러난다.

아울러 자신의 목표나 미래를 위해 무엇인가를 하기로 자유롭게 선택했다면, 그 과정에서 부딪히게 되는 장애물까지도 이미 선택한 셈이다. 예를 들어 약한 몸을 건강한 몸으로 바꿀 수 있는 것은 산을 오르기로 선택했기 때문이다. 건강할 자유는 산이라는 장애물을 피하지 않고 올라가기로 선택했기 때문에 가능한 일이다.

험준한 절벽을 오르는 일이 힘들다고 생각해서 방 안에 앉아서 산을 바라보는 것으로 만족하기로 선택했다면, 그에게 절벽은 이미 장애물이 아니다. 결국 산이나 절벽은 자유로운 선택에 따라 장애물이 될 수도, 심미적인 즐거움의 대상이 될 수도 있다. 이처럼 자유를 선택할 기회란 삶에서 절벽(장애물)을 만났을 때에만 주어지는 것은 아닐까?

자신도 원하지 않았던 인력 감축안을 발표하고서 직원들의 따가운 시선을 의식하고 있는 인사팀장에게로 눈을 돌려 보자. 자신에게는 책임이 없다고 주장하는 그에게 책임을 물을 수 있는가? 칸트의 주장대로라면 그는 사장이 시키는 대로 했기 때문에, 다시 말해 자유가 없었기 때문에 책임도 물을 수 없다. 반면 사르트르라면 인사팀장에게 책임을 물을 것이다. 사르트르가 보기에 인력 감축안을 기획한 사람은 사장이 아니라 인사팀장이다. 그에게는 원치 않던 인력 감축안을 기획하는 일로부터 벗어날 수 있는 자유가 있었기 때문이다.

칸트와 사르트르의 상반된 주장 중에 어느 쪽이 더 설득력이 있다고 생각하는가? 이 물음에 대한 답변은 그에게 어느 정도까지 자유가 주어지는지 판단하는 데 따라 달라질 것이다.

자유에 대한 칸트와 사르트르의 입장이 대립하지만, 잊지 말아야 할 점은 조직 생활을 하다 보면 자신의 자유를 가로막는 장애물을 무수히 만나게 된다는 사실이다. 자신의 의사와 대립하는 장애물을 만날 때마다 그것을 뛰어넘을 만한 자유가 없다고 위안하는 삶의 태도는 과연 올바를까? 그런 식으로 자신의 행동을 정당화할 수 있을까?

여기에서 자유와 책임에 대해 더 적극적으로 사유한 철학자를 한 사람 더 만나 보자. 20세기 대표적인 독일의 여성 철학자인 한나 아렌트Hannah Arendt는 1962년 예루살렘에서 열린 나치 전범 재판 과정에서 유대인 학살에 핵심적으로 관여했던 아이히만이라는 인물을 지켜본 후, 전체주의의 기원을 확인하려 했다. 『예루살렘의 아이히만』을 살펴보자.

아이히만은 이아고도, 맥베스도 아니었고, 또한 리처드 3세처럼

"악인임을 입증하기로" 결심하는 것은 그의 마음과는 전혀 동떨어진 일이었다. 자신의 개인적인 발전을 도모하는 데 각별히 근면한 것을 제외하고는 그는 어떤 동기도 갖고 있지 않았다. 그 근면성 자체는 결코 범죄적인 것이 아니다. …… 그는 단지 자신이 무엇을 하고 있는지 결코 깨닫지 못한 것이다. …… 그는 어리석지 않았다. 그로 하여금 그 시대의 엄청난 범죄자들 가운데 한 사람이 되게 한 것은 결코 어리석음과 동일한 것이 아닌 철저한 무사유sheer thoughtlessness였다.

『예루살렘의 아이히만』

당초 아렌트는 수백만 명의 유대인을 학살한 아이히만이라는 범죄자의 악마성을 파헤칠 생각이었다. 그러나 재판 과정에서 본 아이히만은 예상과는 달리 흔히 보는 평범한 이웃집 아저씨와 다를 바가 없었다. 그래서 『예루살렘의 아이히만』에는 '악의 평범성에 대한 보고서'라는 부제가 달려 있다. 그만큼 아이히만은 보통 사람들과 같은 평범한 인간에 불과했던 것이다. 어떻게 수많은 유대인을 거리낌 없이 학살했던 아이히만이 악마가 아닌 평범한 사람일 수 있을까?

아렌트의 관찰에 따르면 그는 대부분의 관료들과 마찬가지로 최고 통치권자의 지시를 충실히 이행하는 평범한 독일인에 지나지 않았다. 그저 시키는 대로 묵묵히 자신의 역할을 수행했을 뿐이다. 최고 통치권자가 히틀러가 아니라 선한 의지를 지닌 인격자였다면, 아이히만은 훌륭한 관료로 역사에 기록되었을지도 모를 일이다.

위에서 시키는 대로 했을 뿐인, 다시 말해 자유가 없이 행동한 아이히만에게 죄가 없는 것일까? 물론 그렇지 않다. 아렌트는 수많은 유대인을 학살하는 데 관여한 아이히만에게 죄를 물었다. 다만 그의 죄목을 달리 표현했다. 그녀는 아이히만의 "철저한 무사유"가 학살의 근본 원인이라고 주장했다. 그녀는 아이히만의 죄가 타인의 입장에서 생각하지 못하는 것이라고 생각했다. 결국 자신에게 행동의 자유가 없었더라도 타인의 입장에서 생각하지 않았다면 책임을 물을 수 있다고 본 것이다.

그렇다면 『예루살렘의 아이히만』을 통해 아렌트가 전하고 싶은 메시지는 무엇일까? 그것은 바로 누구나 아이히만이 될 수 있다는 경고였으리라. 행동할 때 자유가 없었다는 이유만으로 사유조차 하지 않는다면 누구라도 아이히만이 될 수 있다. 아렌트는 아이히만의 사례를 통해 우리에게 항상 사유할 것을 요구한다. 특히 자신의 선택이 타인에게 어떤 영향을 미칠지에 대해 먼저 생각한 후에 행동하라고 주장한다. 혹시 인력 감축안을 내놓은 인사팀장은 현대를 살아가는 또 다른 모습의 아이히만은 아닐까?

10일
출세 지향적인 사람을 욕하지 마라

공자 『논어』, 니체 『차라투스트라는 이렇게 말했다』
자신을 부정하고 극복하라
순종하기보다 명령하라

박 차장은 상사인 엄 부장 때문에 피곤하다. 엄 부장의 업무 스타일이 팀원들을 힘들게 하기 때문이다. 임원 승진을 앞둔 탓인지, 팀원들에게 지나치게 과중한 일을 맡기고 별로 중요해 보이지 않는 일까지 시킨다. 그뿐만이 아니다. 경영진으로부터 좋은 평가를 받기 위해 수시로 새로운 일을 만들기 일쑤다. 그러다 보니 엄 부장 밑에서 일하는 팀원들은 죽을 맛이다. 야근은 필수고, 주말 근무도 밥 먹듯이 한다. 팀원들은 엄 부장에 대해 불만이 많지만 누구도 선뜻 나서서 불만을 토로하지 못하고 그저 따를 뿐이다. 박 차장은 엄 부장이 출세욕 때문에 팀원들을 지나치게 혹사시키고 있다고 생각한다.

반면 박 차장은 엄 부장과는 반대다. 박 차장은 자신보다는 타인을 먼저 생각하고 배려한다. 누군가가 도움을 요청하면 아무리 바빠도 거절하는 법이 없다. 아무리 경쟁 사회라지만 누군가는 타인을 위해 헌신하고 봉사해야 한다고 생각하기 때문이다. 이러한 헌신적인 자세 덕분에 주위 사람들과 좋은 관계를 유지하고 있다.

출세 지향적인 엄 부장과 인간 지향적인 박 차장 중에서 누가 더 바람직한 조직 생활을 하고 있다고 생각하는가?

'과유불급過猶不及'이라는 말이 있다. 『논어』의 「선진先進」편에 나오는 말이다. 공자의 제자 자공子貢이 "사(師, 공자의 제자 중 '자장'을 말함)와 상(商, 공자의 제자 중 '자하'를 말함)은 누가 더 어진 사람입니까?"라고 묻자 공자가 대답하기를, "사는 지나치고 상은 미치지 못한다"라고 대답했다. "그러면 사가 낫단 말씀입니까?" 하고 반문하자, 공자는 "지나친 것은 미치지 못한 것과 같다"라고 말했다. '자장'과 '자하'를 모두 비판한 것이다.

공자의 제자 중에서 자장子張과 자하子夏는 매우 대조적인 인물이다. 자장은 기상이 활달하고 생각이 진보적인 반면, 자하는 매사에 조심하며 모든 일을 현실적으로 생각했다. 공자가 말한 "지나친 것은 미치지 못한 것과 같다"는 말은 중용中庸의 중요성을 강조한 말로 해석할 수 있다. 공자는 사람이 한쪽으로 치우치거나 극단적이면 원하는 것을 이루지 못한다고 판단했다.

공자와 제자들이 춘추시대가 아닌 현대에서 조직 생활을 한다고 가정해 보자. 활달하고 진보적인 자장과 매사에 조심하면서 현실적인 자하 중에 누가 현대에 잘 어울릴까? 이 질문의 답은 조직 구조나 업무 특성, 조직 구성원의 특성이나 상호 관계 등에 따라 달라질 것이다.

『논어』의 「선진」에 나오는 자장과 자하가 어딘지 모르게 엄 부장과 박 차장을 닮지 않았는가? 매사에 활달하고 진보적인 자장을 출세욕 넘치는 엄 부장에 비유한다면, 매사에 조심스럽고 현실적인 '자하'는 타인에게 헌신적인 박 차장의 모습과 닮았다고 할 수 있다. (『논어』에 나오는 자하의 실제 성격이 타인을 배려하고 헌신적이었다고 볼 만한 근거는 없다. 다소 거칠게 분류하긴 했지만, '출세욕'이 강한 것을 기준으로 구분했다).

춘추시대를 풍미했던 공자가 현대로 재림한다면, 자장과 자하 모두를 비판했던 것과 마찬가지로 출세욕이 강한 엄 부장과 인간적인 박 차장을 모두 비판하지 않았을까? 하지만 조직 생활에서 적극적이고 출세 지향적인 성향이나 소극적이고 인간 지향적인 성향 모두를 비판하는 공자의 태도가 옳다고 볼 수만은 없다.

그렇다면 조직에서는 어떻게 행동하는 것이 옳을까? 개념을 명료하게 하기 위해 논리를 단순화해 보자. 조직 생활에서는 엄 부장처럼 출세 지향적인 성향이 좋은가, 아니면 박 차장처럼 인간 지향적인 성향이 좋은가? 둘의 차이는 '의지'의 차이에서 기인한다고 볼 수 있다. 의지란 '어떤 일을 이루고자 하는 마음'을 말한다. 그렇다면 엄 부장과 박 차장 중에서는 누구의 의지가 더 강할까? 대부분의 사람들은 인간적인 박 차장보다는 출세 지향적인 엄 부장의 의지가 더 강하다고 생각할 것이다.

정말로 엄 부장이 박 차장보다 출세에 대한 의지가 더 강한 것일까? 달리 말하자면, 박 차장에게는 정말로 출세에 대한 의지가 없는 것일까? 이 대목에서 "살아 있는 모든 생명체에게는 권력 의지가 있다"라고 주장한 '힘의 철학자' 니체의 주장을 들어 보자.

생명체를 발견할 때마다 나는 권력 의지도 함께 발견했다. 심지어 누군가에게 복종하고 있는 자의 의지에서조차 주인이 되고자 하는 의지를 발견할 수 있었다. 더 약한 자가 더 강한 자에게 봉사해야 한다며 약한 자는 자기 자신을 설득하는데, 그 약한 자는 자기보다 더 약한 자의 주인이 되고자 한다. 이 기쁨만은 그 약한 자의 의지로도 끊을 수가 없다.

「차라투스트라는 이렇게 말했다」

니체는 "생명체를 발견할 때마다 권력 의지를 발견했다"고 주장함으로써 권력 의지가 모든 생명체의 본질적인 특성임을 강조한다. 심지어 그는 권력 의지가 주인에게서만 나타나는 것이 아니라 하인, 약한 자의 복종에서도 나타난다고 했다. 이에 따르면 출세 지향적인 엄 부장만이 아니라, 인간 지향적이고 헌신적인 박 차장도 권력 의지를 가지고 있다.

니체의 주장을 듣고 나면 '정말로 남들을 배려하고 헌신하는 박 차장이 권력 의지를 가졌다고 볼 수 있을까?'라는 의구심이 들 것이다. 니체는 그러한 의문에 대해 『즐거운 학문』에서 이렇게 말한다. "기쁨을 주거나 고통을 줌으로써 우리는 타인에 대해 자신의 권력을 행사한다." 니체의 해석에 의하면, 출세 지향적인 엄 부장은 "고통을 줌으로써", 반면 인간 지향적인 박 차장은 "기쁨을 줌으로써" 타인에게 권력을 행사하고 있는 셈이다. 니체의 입장에서 보면 인간적이고 타인에게 헌신적인 박 차장도 자신에게 예속된 사람들에게 기쁨을 주고 호의를 베풂으로써 권력을 증대시키려 하는 것이다.

그렇다면 타인에게 기쁨을 주는 행위로 어떻게 권력을 증대시킬 수 있을까? 니체의 의하면 기쁨을 주는 행동도 결국에는 상대방이 "자신들의 상황에 대해 더 만족하게 되어, 권력에 대항하는 적대자들에게 한층 더 적의를 품게 되고 투지를 불태우게 되기 때문"에 권력을 증대시킨다는 것이다. 가령 박 차장이 팀원들에게 호의를 베풀면 팀원들이 만족하게 되고, 만족한 팀원들이 엄 부장에게 적의를 품게 되므로 궁극적으로는 박 차장의 권력이 증대된다는 논리다. 결국 강자든 약자든, 주인이든 하인이든, 엄 부장이든 박 차장이든, 그들을 움직이게 하는 것은 권력 의지인 셈이다.

권력 의지는 나쁜 것일까? 니체가 말하는 권력 의지는 흔히 생각하는 정치권력이나 지배욕과는 다르다. 그는 권력 의지를 부정적으로 여기지 않았다. 권력 의지는 살아 있는 생명체라면 모두 가지고 있는 본질적인 특성이므로, 긍정이나 부정의 잣대로 재단할 수 없다. 그는 심지어 아메바에게도 권력 의지가 있다고 주장했다. 즉, 누구에게나 권력 의지가 있는 셈이다.

폭력적인 남편에게 맞아 가면서도 가정을 지키는 아내가 있다고 치자. 주위 사람들은 그녀에게 "그렇게 살 바에야 차라리 이혼해라"라고 말하기도 한다. 그러나 그녀는 자식들 때문에라도 이혼할 수 없다며 참고 산다. 심지어 폭력적인 남편에게 헌신적이기까지 하다. 그런 그녀에게는 권력 의지가 없는 것일까?

니체라면 남편에게 맞으면서 같이 사는 아내에게도 권력 의지가 있다고 본다. 그녀가 참고 살아가는 과정도 사실은 권력을 획득하는 과정일 수 있다. 다만 그녀는 약자로서의 권력 의지를 가질 뿐이다. 즉, 강자에게 순종하는 약자에게도 권력 의지는 있는 셈이다. 그런 그녀도 언젠가 타인(남편)에게 고통을 줄 수 있는 힘(권력)을 획득하게 되면 강자로서 권력을 행사할지도 모른다. 최근 들어 증가하고 있는 황혼이혼 풍조도 이런 관점에서 해석할 수 있지 않을까?

그렇다면 권력 의지는 어떻게 드러나는 것일까? 니체에 의하면 권력 의지는 타자를 정복하고 지배하는 '극복'과 관련이 있다. 극복이란 타자를 이겨내고 올라가는 것을 말한다. 고전문헌학에도 조예가 깊었던 니체는 고대 그리스인을 높이 평가했다. 고대 그리스인들은 타자를 극복하고 그들 위에 서는 행위를 반복함으로써 위대한 길을 갈 수 있었다고 보았다. 다시 말해, 고대 그리스인들이 타자를 극복하려는 권력 의지가 강했기 때문에 그들만의 고귀한 문화를 꽃피울 수 있었다고 여긴 것이다.

한편, 타자를 극복하고 그 위에 서기 위해서는, 먼저 자기 자신을 극복하여 자기 위에 서는 것이 선행되어야 한다. 자기 자신도 극복하지 못하는 사람이 타자를 극복할 수는 없기 때문이다. 이런 의미에서 타자를 극복하는 것은 결국 자기 자신을 극복하는 과정이라고도 할 수 있다. 니체는 『차라투스트라는 이렇게 말했다』 2부의 '자기극복을 위하여'라는 장에서 권력 의지와 자기극복의 긴밀한 관계를 설명하고 있다.

그리고 삶은 내게 다음과 같은 비밀도 직접 말해 주었다. "보라, 나는 항상 자기 자신을 극복해야 하는 존재다." …… 내가 무엇을 창조하든, 그리고 그것을 얼마만큼 사랑하든, 나는 곧 내가 창조한 것과 그 창조한 것에 대한 나의 사랑에 대항하는 적이 되지 않을 수 없다. 그렇게 되기를 나의 의지가 원하는 것이다. 그리고 인식하는 자여, 너마저도 내 의지가 가는 길의 오솔길이며 발자국에 지나지 않는다.

「차라투스트라는 이렇게 말했다」

니체는 자기극복이 권력 의지를 지닌 생명체의 내적 본성이라고 여겼다. 낙엽이 진 후에 나무에 새로운 생명이 자라나듯이, 자신을 희생하여 더 많은 자신으로 거듭나야 한다는 것이다. 생명체의 창조 행위는 자기극복을 통해서만 가능하다. 자신이 먼저 창조했던 것에 대항할 때, 다시 말해 기존에 자신이 창조했던 것을 극복할 때 비로소 새로운 창조가 이루어진다.

여기서 창조 행위란 사물에 새로운 가치를 부여하는 것을 말한다. 즉 "가치 평가가 곧 창조 행위"이며, 더 나아가서는 사물의 가치에 대한 평가를 바꾸는 것을 뜻한다. 따라서 창조하는 자가 되려면 기존의 가치를 부수고 그 위에 새로운 가치를 세워야 한다. 이런 관점에서 보면 창조자가 되려면 먼저 파괴자가 되어야 하는 셈이다.

결국 권력 의지란 자기극복을 통해 새로운 가치를 창조할 수 있는 원동력이다. 니체 철학을 깊이 연구했던 들뢰즈는 권력 의지에 대해 다음과 같이 표현했다. "권력 의지는 무언가를 격렬하게 원하고 '획득하는' 데 존재하는 것이 아니라, '창조하고 산출하는' 데 존재한다." 들뢰즈가 해석한 권력 의지도 그 핵심은 지배욕이 아니라 '창조하는 능력'에 있다.

니체의 권력 의지를 이해하게 되었다면, 출세 지향적인 엄 부장도, 인간 지향적인 박 차장도 모두 권력 의지를 지니고 있다는 사실을 알게 되었을 것이다. 그렇다면 두 사람의 권력 의지에는 아무런 차이가 없는 것일까? 니체는 "순종보다 명령이 어렵다"라고 말했다. 그 이유는 "명령하는 자가 순종하는 자 모두의 짐을 져야" 하기 때문이다.

순종보다 명령이 어려운 이유는 단지 짐의 무게 때문만이 아니다. "모든 명령에는 시도와 모험이 따르기 때문"이다. 니체의 말처럼 명령에는 그것이 가져올 결과에 대한 책임도 함께 포함되어 있기 때문에, 명령하는 자는 언제나 시도와 모험을 하는 셈이다. 엄 부장과 박 차장의 권력 의지는 어떠한가? 엄 부장은 주로 명령하고, 박 차장은 주로 순종한다. 권력 의지를 나타내는 방식이 다른 것이다. 엄 부장은 명령을 내림으로써 결과에 대해 책임을 져야 하는 부담도 함께 진다. 반면 박 차장은 순종함으로써 그러한 부담으로부터 어느 정도 자유롭다.

명령을 내릴 때 감내해야 하는 위험성은 자기 자신에 대한 명령에서도 나타난다는 사실을 잊지 말아야 한다. 내가 자신에게 명령하는 것은 언제나 무언가를 거는 행위여서, 얻을 수도 있고 잃을 수도 있는 주사위놀이와 같다. 결과가 좋을 수도, 나쁠 수도 있다. 최악의 경우에는 자신의 존재 전체를 잃을 수도 있다.

중요한 점은 순종하기보다 명령하는 행위에서 자기극복이 더 많이 일어난다는 사실이다. 순종하기보다는 명령하는 자가 더 많은 모험과 위험에 뛰어드는 법이다. 니체는 "모험과 위험에 뛰어들고 죽음을 건 주사위 놀이를 하는 것, 그것이 가장 큰 자의 헌신이다"라고 말했다. 결국 순종하는 박 차장보다는 명령하는 엄 부장이 자기 극복을 더 잘하고 새로운 가치를 창조할 가능성이 더 높다고 볼 수 있다.

    니체는 권력 의지를 통해 현대를 살아가는 우리에게 의미 있는 통찰을 제공한다. 즉, 끊임없이 자기 자신을 극복해야 한다는 것, 그리고 목숨을 걸고 새로운 모험에 나서서 새로운 가치를 창조해야 한다는 사실이다. 니체는 우리에게 말한다. "자신을 부정하라! 목숨을 걸어라! 그리고 극복하라!"

3부

변신하고 진화하지 않는 자, 유죄!

11일
나에게는 왜 재능이 없을까?

다윈 「종의 기원」
지금 당장 변화를 시작하라
그것이 다음 진보의 출발점이 된다

최 대리는 동기인 남 과장을 보면 질투를 넘어서 경외심마저 느낄 때가 있다. 남 과장은 동기 100명 중에 유일하게 과장으로 특진했다. 그렇지만 어느 누구도 그 결과를 이상하게 여기는 사람이 없다. 남 과장의 능력은 다방면에서 뛰어나다. 전공 지식이나 외국어 실력뿐만 아니라 역사, 문학, 철학 등 인문학적 지식도 풍부하다. 뿐만 아니라 음악과 예술 분야의 소양까지 두루 갖추고 있다.

남 과장은 최 대리와 같은 나이인데 '언제 저런 것을 다 익혔을까?' 하는 의문이 들 정도다. 천재라는 말밖에 표현할 길이 없다. 최 대리도 나름 똑똑하다고 자부하고 살아왔지만, 남 과장만 보면 왠지 모르게 주눅이 든다. 자신과는 격이 달라 보인다. 솔직히 남 과장처럼 되고 싶지만 도저히 엄두가 나질 않는다.

모든 분야에서 뛰어난 남 과장의 천재성은 타고난 것일까? 아니면 자신의 노력으로 이루어낸 결과일까? 최 대리도 노력하면 남 과장처럼 될 수 있을까?

"천재는 타고난다"라는 말이 있다. 천재란 보통 사람에 비해 뛰어난 정신 능력을 선천적으로 가진 사람을 말한다. 말 그대로 뛰어난 능력을 '타고난' 사람이다. 반면에 태어나면서부터 능력을 타고나진 않았지만 각고의 노력 끝에 무언가를 잘하게 된 사람들은 흔히 '노력파'라고 부른다. 그렇다면 선천적으로 타고난 능력 덕분에 남들보다 덜 노력하고도 성공하는 것이 가능할까?

굳이 인류학자들의 연구 결과를 언급하지 않더라도 역사적으로 여러 분야에서 탁월한 능력을 보였던 수많은 천재들을 어렵지 않게 떠올릴 수 있다. 르네상스 시대에 활동했던 레오나르도 다 빈치나 라파엘로는 '타고난 천재'라고 한다. 그들이 천재라는 사실에 이견을 보이는 사람은 없을 것이다. 흔히 그들의 능력은 노력에 의한 것이라기보다는 타고난 것으로 인식한다.

독일 철학자 칸트는 예술에 있어서 천재성을 옹호하기도 했다. 그는 예술에서 미적 취미를 '주관적 일반성'이라 보고, 규칙 미학보다 천재 미학이 우월하다고 주장했다.

그렇다면 예술 분야에서 탁월한 작품을 남긴 천재들은 모두 선천적으로 재능을 타고난 것일까? 당신은 어떻게 생각하는가? 단순해 보이는 이 질문도 사실은 생명의 기원에 대한 오래된 논쟁과 관련이 있다. 생명의 기원에 대한 '창조론'과 '진화론'의 논쟁이 바로 그것이다. 인간을 포함한 생명의 탄생이 '설계자에 의한 것인가(창조론)' 아니면 '스스로 진화한 것인가(진화론)' 하는 논쟁은 지금까지도 명확히 결론이 나지 않은 가장 오래된 사상 투쟁의 주제이기도 하다.

이 대목에서 생명이 설계자에 의해 창조되었다는 기존의 '개별적 창조 이론'을 부정하고, 모든 생명체가 자연선택에 의한 진화의 산물이라고 주장한 찰스 다윈Charles Robert Darwin의 이야기에 귀 기울일 필요가 있다.

다윈이 진화론을 주장하기 전까지는 개별적 창조 이론이 정설로 여겨졌다. 개별적 창조 이론에 의하면 현존하는 모든 생명체의 조상은 현재와 매우 유사하며, 모든 현생종現生種은 각자 개별적인 기원을 갖는다고 보았다. 다시 말해, 각각의 생명체는 신에 의해 초자연적으로 창조된 것이다.

다윈은 이러한 개별적 창조 이론에 반대하며, 모든 생명체는 자연선택에 의해 진화한 결과라고 주장했다. 그에 따르면 모든 생명체는 공통 조상에서 갈라져 나왔으며, 현재의 종은 누군가에 의해 창조된 것이 아니라 진화의 결과다. 당시로서는 혁명적인 주장이었던 다윈의 이야기를 들어 보자.

완벽하고 복잡한 기관들. 눈은 흉내 내기 어려울 정도로 완벽한 장치로서 여러 거리에 초점을 맞추고 빛을 받아들인다. 구면수차와 색수차를 함께 고려해 보면 눈이 자연선택에 의해 형성되었다고 가정하는 것은, 고백하건대, 정말로 어색하기 짝이 없다. 그러나 다음과 같은 추리는 가능하다. 완벽하고 복잡한 눈으로부터 불완전하고 단순한 눈에 이르는 단계를 무수히 나누었을 때 각각의 단계가 그 구조를 갖고 있는 동물에게 그 나름대로 유용한 기능을 제공한다는 사실을 보일 수 있다. 더 나아가 눈은 아주 조금씩 변하고, 이러한 변이가 유전된다는 것 또한 사실이다. ……완벽하고 복잡한 눈이 자연선택으로 형성된다는 것을 상상하기는 여전히 어렵기는 하지만, 그렇다고 전혀 불가능한 것은 아니다.

「종의 기원」

이처럼 다윈은 당시로는 정설로 여겨졌던 개별적 창조 이론과는 대비되는 '자연선택에 의한 진화론'을 주장했다. 하지만 다윈의 이야기를 들어 보면 진화론을 주장하는 데 있어서 이론적으로 어려움을 겪었음을 눈치챌 수 있다. 그는 신이 인간을 창조했다는 사실은 부정하면서도, 인간의 눈과 같이 복잡한 기관이 진화의 결과라고 주장하기에는 아무래도 논거가 부족하다고 느꼈던 것 같다. 그렇기 때문에 완벽하고 복잡한 기관이 "자연선택에 의해 형성되었다고 가정하는 것이 아무래도 어색"하다고까지 고백했던 것이다.

기존의 창조론자들은 다윈이 걱정했던 바로 그 지점을 공격했다. 창조론자들은 다음과 같이 주장한다. "가령 시계와 같이 특별한 기계를 볼 때 우리는 누군가가 시계를 만들었다고 추측할 수 있다. 이렇게 복잡한 기계를 보면서 설계자의 존재를 유추할 수 있듯이, 우리는 자연 속에서 복잡한 생물체를 보면 신이 존재한다고 판단할 수 있다." 다윈은 자신의 이론을 반대하는 창조론자의 주장에 대해 그 견해를 무시하거나 주의를 다른 곳으로 돌리지 않고 진지하게 사고했다. 그 결과 그는 인간의 눈처럼 복잡하고도 완벽한 기관에 대해서 자연선택에 의한 진화론의 가정이 쉽게 수긍되지 않음을 인정했다. 그러나 그는 자신의 이론을 지지하는 사례뿐만 아니라 난처하게 만드는 사례까지 꼼꼼히 수집함으로써 창조의 과정이 자연선택에 의한 진화의 결과임을 밝히려 노력했다.

자연선택에 의한 진화론을 주장하는 『종의 기원』은 1837년부터 연구를 시작하여 무려 22년 후인 1859년에야 출간된 역작이다. 다윈은 오랫동안 수많은 사례를 수집하고 연구하면서, 눈은 설계자에 의해 창조된 것이 아니라 수백만 년에 걸쳐 조금씩 만들어진 것이라는 결론에 도달했다(이러한 다윈의 주장은 눈의 진화에 대한 최근의 연구를 통해 지지되었다).

다윈은 눈과 같은 복잡한 기관의 진화가 우리의 상상력을 넘어서는 엄청난 사건이지만 실제로 일어날 수 있다고 주장했다. 이전에는 다윈의 진화론을 인정한다고 하더라도, 눈이 지금과 같이 진화하기까지는 엄청나게 많은 변화의 단계를 거쳐야 하므로 상상하기 힘들만큼 긴 시간이 필요한 것으로 여겨졌다. 그러나 1990년대에 이르러 눈의 진화에 관한 전 과정이 50만 세대에 걸쳐 일어날 수 있는 것으로 밝혀졌다.

다윈은 진화라는 것이 '상상력의 문제'이지 '추리의 문제'가 아니라고 했다. 다시 말해, 진화론적 주장을 받아들이기 힘든 이유가 '우리의 상상력이 따라가지 못해서' 그렇다는 것이다. 자연선택이 그러하듯이 상상하기 힘든 변화도 그 결과가 누적되기 때문에 강력하다는 것이 그의 주장이다. 복잡한 눈의 변화를 상상하기는 힘들지만, 매 세대마다 미세한 변화가 여러 세대에 걸쳐 누적되면 결국에는 가능해진다.

진화에 대한 다윈의 주장을 받아들인다면, 상상하기 힘든 진화도 미세한 변화의 과정이 누적되면 가능할 수 있다는 사실을 인정해야 한다. 이러한 미세한 변화의 누적 과정을 다윈은 "미소 변이의 점진적인 축적"이라고 표현했다. 주목해야 할 대목은 상상하기조차 힘든 큰 변화도 미소 변이, 즉 조그마한 변화들이 쌓여서 결국에는 이루어진다는 사실이다. 이 말을 달리 해석한다면, 큰 변화는 작은 변화로부터 시작된다는 지극히 평범한 진리로 귀결된다. 그렇기 때문에 작은 변화를 시작하는 것이 중요하다. 복잡한 진화 과정도 첫 단계가 진행되면 그것이 다음 진보를 위한 시작점이 되기 때문이다.

탁월한 능력을 보이는 남 과장 앞에서 주눅이 든 최 대리의 입장으로 돌아가 보자. 남 과장에게 왠지 모를 위축감을 느끼는 최 대리의 심정이 전혀 이해되지 않는 것은 아니다. 하지만 다윈의 시선으로 보면 현재의 남 과장이 가진 우월성은 타고난 것이 아니라 진화의 결과일 뿐이다. 타고난 능력이라면 노력해도 따라가기 힘들겠지만, 진화의 결과라면 최 대리에게도 기회는 있다. 자신도 그와 같이 진화하면 되는 것이다.

물론 천재가 가진 역량과 자신의 역량을 비교했을 때 그 차이가 너무 커 보인다면 진화론만으로는 위로가 되지 않을 것이다. 그러나 다윈이라면 이렇게 말할 것이다. "상상하기는 어렵겠지만 전혀 불가능한 것은 아니다"라고. 천재와 자신의 차이가 너무 커 보여서 따라잡는 것이 불가능해 보이지만 그것은 상상력의 문제일 뿐이다. 아무리 큰 차이가 있더라도 그 차이를 무수히 많은 단계로 나눈 후 한 단계씩 이루면 된다. 이것이 다윈이 말한 진화의 핵심이다.

사실 다윈은 『종의 기원』에서 '진화evolved'라는 표현을 거의 쓰지 않았다. 책의 맨 마지막에 조심스럽게 단 한 번 사용했을 뿐이다. 다윈은 진화라는 표현보다는 "변화를 수반하는 유래"라는 말을 주로 사용했다. 다윈에 따르면 단계를 밟아서 조금씩 변화하는 것이 진화다. 하지만 조금의 변화도 강력한 것이다. 자연선택이 그러하듯 변화는 그 결과가 항상 누적되기 때문이다.

처음의 질문으로 돌아가 보자. 당신은 천재가 어떻게 태어난다고 생각하는가? 창조론인가, 아니면 진화론인가? 다윈의 주장에 수긍이 간다면 자신보다 뛰어난 능력을 타고난 것처럼 보이는 사람을 보더라도 위축되거나 주눅 들지 말자.

우리가 천재에게서 경외감을 느껴야 할 부분은 그가 가진 탁월성이 아니라, 그가 지금의 수준으로 진화하는 과정에서 쏟은 노력과 땀이다. 천재처럼 탁월해지고 싶은가? 천재의 재능이 부럽다면 지금 당장 변화를 시작하면 된다. 첫 단계를 시작하는 것이 중요하다. 아무리 작은 변화일지라도 그 출발이 다음의 진보를 위한 시작점이 되기 때문이다.

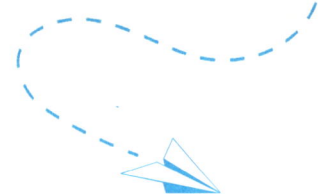

12일
칼퇴근이 눈치 보이는 이유

니체 『차라투스트라는 이렇게 말했다』
끊임없이 변신하여 새로운 가치를 창조하라

    최근 총무팀에서 영업지원팀으로 자리를 옮긴 강 과장은 고민이 생겼다. 총무팀에 있을 때부터 다니기 시작한 야간 대학원이 문제가 된 것이다. 야간 대학원에 가려면 정시에 퇴근해야 하는데, 새로 옮긴 팀에서는 야근이 많아서 정시 퇴근이 어려웠다. 하지만 자기계발을 위한 공부가 더 필요하다고 여긴 강 과장은 팀장과 동료들의 눈총에도 불구하고 정시에 퇴근하여 대학원을 다녔다. 그러자 어느 날 팀장이 노골적으로 불만을 나타냈다. "강 과장, 공부가 아무리 중요해도 업무가 우선인 걸 몰라? 더구나 다른 팀원들은 모두 늦게까지 남아서 야근하는데 매일 혼자서만 정시에 퇴근하는 것이 미안하지도 않아?"

    사실 강 과장도 동료들을 뒤로하고 혼자 정시에 퇴근하는 것이 미안하다. 하지만 대학원 문제만큼은 양보할 수가 없다. 더구나 정해진 근무 시간보다 일찍 퇴근하는 것도 아니고 정시에 퇴근하는 것 아닌가? 강 과장은 예상 외로 단호한 태도를 보이는 팀장에 대해 어떻게 대응해야 할지 고민이다. 팀장의 말을 따르면 대학원에 다닐 수 없고, 대학원을 다니자니 팀장과의 관계가 나빠질 것이 불을 보듯 뻔하다.

이럴 때 강 과장은 어떻게 하는 것이 좋을까?

자녀에게 헌신적인 한 아버지가 있었다. 아버지는 항상 자신보다는 자녀가 우선이었다. 자녀를 위해서라면 아무리 힘든 일도 마다하지 않고 묵묵히 해냈다. 아버지는 자녀를 위하느라 정작 자신을 위해서는 아무것도 하지 못했다. 일 이외에는 어떤 취미도 누리지 못했고, 심지어 남들 다 가는 휴가조차 가지 않았다. 자신을 위해 투자하는 시간을 아껴서 자녀를 위해 철저히 헌신했다.

때로는 아버지도 삶이 힘겹고 지칠 때가 있었지만, 자신의 희생으로 자녀들이 잘 자라는 모습을 보면 힘이 났다. 그런 아버지에게 가장 큰 행복이란 당연히 자녀가 잘되는 것이었다. 자녀들도 아버지에 대해 항상 고마운 마음을 가지고 있었으며, 주위 사람들도 아버지의 헌신적인 모습을 높게 평가했다. 당신이라면 이러한 아버지를 어떻게 평가하겠는가?

많은 사람들이 자녀에게 헌신적인 부모의 모습을 미덕으로 여긴다. 하지만 자신의 삶보다는 타인을 위해 살아가는 삶의 태도를 보고 아름다운 덕행이라고 말하는 것이 옳은 것일까? 이 질문에 대답하기 전에, 위의 아버지와 같이 자녀를 위해 자신을 희생해야 하는 삶을 살아야 한다면, 당신은 어떻게 하겠는가? 자신의 삶에 만족할 수 있겠는가?

물론 개인차는 있겠지만 대부분의 사람들은 자신의 삶을 만족스럽게 생각하지 않을 것이다. 아버지도 결국 한 사람의 인간이기에 자녀에게 행복할 권리가 있듯이 아버지에게도 행복한 삶을 누릴 권리가 있기 때문이다. 그런데도 현실에서는 자녀를 위해 자신을 기꺼이 희생하는 아버지의 모습을 어렵지 않게 발견할 수 있다. 물론 자녀를 위해 헌신하는 아버지들에게도 그 나름대로의 이유와 목적이 있음을 부정할 수는 없다. 하지만 어떤 이유에서건 타인을 위해 자신을 희생하는 삶을 사는 사람이 행복하다고 말하기는 어렵다.

그렇다면 어떤 삶이 올바른 것일까? 이 질문에 답하기 위해 먼저 삶의 본질에 대해 생각해 볼 필요가 있다. 삶의 본질에 대해 온전하게 사유하기 위해서는 '인간이 어떻게 하면 자신의 삶을 살아갈 수 있는가?'라는 명제를 고민했던 니체의 말을 경청할 필요가 있다. 그의 책 『차라투스트라는 이렇게 말했다』는 상징과 비유를 많이 사용한 잠언 형식의 문체여서 한번에 이해하기 어렵지만, 어떻게 하면 자신만의 삶을 살 수 있을지에 대한 실마리를 엿볼 수 있다.

나는 그대들에게 정신의 세 가지 변화에 대해서 말하고자 한다. 어떻게 하여 정신이 낙타가 되고, 낙타는 사자가 되며, 사자는 마침내 아이가 되는가를. …… 내면에 외경심이 깃들어 있는 강력한 정신, 인내심 많은 정신은 무거운 짐을 잔뜩 지고 있다. 그 정신의 강인함은 무거운 짐을, 가장 무거운 짐을 요구하는 것이다. 무엇이 무겁단 말인가? 인내심 많은 정신은 이렇게 물으며 낙타처럼 무릎을 꿇고는 짐을 가득 싣고자 한다.

「차라투스트라는 이렇게 말했다」

니체는 우리가 올바른 자아를 찾기 위해서는 세 단계의 변신 과정을 거쳐야 한다고 주장했다. '낙타'에서 '사자'로, '사자'에서 '어린아이'로의 변신이다.

낙타는 무엇을 의미하는가? 낙타는 강력한 정신과 인내심을 바탕으로 무거운 짐을 지고 꿋꿋하게 걷는 사람을 의미한다. 앞의 사례에서 자녀를 위해 자신을 기꺼이 희생하는 아버지는 낙타에 비유할 수 있다. 낙타는 아무리 무거운 짐이라도 견뎌낸다. 그렇기 때문에 "짐깨나 지는 정신은 더없이 무거운 짐을 모두 마다하지 않고 짊어진다"고 표현한 것이다. 낙타는 자신에게 주어진 짐을 숙명처럼 여기고 묵묵히 복종하는 자를 뜻한다. 낙타에게는 자유나 창조가 없고, 오로지 복종만 있을 뿐이다. 하지만 외롭기 짝이 없는 사막에서 두 번째 변화가 일어난다. 사자로 변신한 것이다. 그렇다면 사자는 누구인가?

새로운 가치의 창조, 이것은 사자도 아직 이루지 못하는 일이다. 그러나 새로운 창조를 위한 자유의 획득. 이것은 사자의 힘이 할 수 있는 일이다. 자유를 쟁취하고 의무 앞에서도 서슴지 않는 부정, 이를 위해서는, 형제들이여, 사자가 되어야 한다. …… 어린아이는 순진무구요, 망각이며, 새로운 시작, 놀이, 스스로의 힘에 의해 돌아가는 바퀴이며 최초의 운동이자 거룩한 긍정이다. 그렇다. 형제들이여, 창조의 놀이를 위해서는 거룩한 긍정이 필요하다. 이제 정신은 자신의 의지를 원하고, 세계를 상실한 자는 자신의 세계를 획득한다.

『차라투스트라는 이렇게 말했다』

낙타에서 변신한 사자는 자유정신을 나타낸다. 사자는 낙타처럼 묵묵하게 의무를 견디는 자가 아니다. "사자가 된 낙타는 이제 자유를 쟁취하여 그 자신이 사막의 주인이 되고자 한다." 사자는 의무에서 벗어나 자유를 쟁취하려 한다. 그래서 사자는 마지막 주인인 용을 찾아가 일전을 치른다. 사자의 정신은 용의 당위성에 맞서서 "나는 하고자 한다"라는 의지와 욕망을 내세운다. 사자는 결국 용과 싸워 이겨서 자유의지의 주인이 된다. 이때 용은 기존의 관습, 진리, 도덕, 가치 체계 등 '당연히 따라야 한다고 여겨지는 의무'를 뜻한다.

사자는 의무와 싸워 이김으로써 자유를 얻는다. 낙타가 의무감에 사로잡힌 노예라면, 사자는 자유정신과 의지를 가진 주인이다. 그렇다고 해서 사자가 곧 가치의 창조자인 것은 아니다. "새로운 가치의 창조, 사자도 아직 이루지 못하는 일이다." 사자가 자유의 투사일 수는 있으나 창조자일 수는 없다고 차라투스트라는 말한다. 사자가 창조자가 되기 위해서는 또 한 번의 변신이 필요하다. 즉, 사자는 어린아이가 되어야 한다.

니체는 놀이에 몰두하는 어린아이의 모습에서 진정한 창조자의 모습을 발견했다. 어린아이는 순진무구함과 긍정, 새로운 시작의 상징이다. 창조자가 되려면 언제든 과거를 망각 속으로 던져버리고 새로운 것을 향해 유쾌한 기분으로, 마치 즐거운 놀이를 하는 기분으로 시작해야 한다. 니체는 낙타에서 사자로, 사자에서 어린아이로의 변신을 통해 삶을 긍정하고 새로운 것을 창조하라고 가르친다. 이를 통해 진정한 자아를 찾을 수 있다는 것이다.

대학원 문제로 팀장과 갈등을 겪고 있는 강 과장은 어떻게 해야 할 것인가? 단순하게 보면 강 과장 앞에는 두 가지의 선택이 놓여 있다. 야근을 하느냐, 아니면 야근을 하지 않고 대학원에 가느냐 하는 것이다. 먼저 팀장의 의견을 수용하여 다른 동료처럼 야근하기로 한다면 강 과장은 대학원에 다닐 수 없다. 이것은 강 과장의 입장에서 최선의 선택일까? 그렇지 않다.

대학원 대신 야근을 선택하면 팀장과의 불편한 관계는 다소 좋아지겠지만 마음 한구석에 미련이 남을 것이다. 니체라면 이런 선택을 한 강 과장을 '낙타'라고 부르리라. 그가 자신의 의지를 부정하고 타인의 기대에 복종하는 삶을 선택했기 때문이다. 이러한 선택으로 팀장과의 관계는 좋아질지 모르겠지만, 자신이 원하는 삶을 살기는 힘들다.

니체라면 강 과장에게 정시에 퇴근해서 대학원에 다니라고 권했을 것이다. '사자'가 되라고 말이다. 사자는 "나는 하고자 한다"는 의지와 욕망으로, 이를 가로막는 용과 싸우는 존재다. 강 과장에게는 대학원에 다니는 것을 가로막는 팀장이 용인 셈이다. 니체의 주장을 극단적으로 받아들이면 강 과장은 팀장과 싸워 이겨서 자유를 쟁취하고, 삶의 주인이 되어야 한다.

팀장에게 복종하지 말고 싸워서 이기라는 니체의 말에 쉽게 동의할 수 있는가? 사람들은 니체의 과감한 주장에 대해 자칫 부정적인 인상을 갖기가 쉽다. 이러한 면모 때문에 사람들은 니체를 '전복의 철학자'라고 부르기도 한다. 과연 그는 항상 투쟁하라고만 주장하는 것일까? "복종하지 말고, 싸워서 자유를 쟁취하라"는 말을 통해 니체가 하고 싶은 이야기는 무엇이었을까?

이는 조직 생활에서 누군가가 정해 놓은 순리대로만 살게 될 경우, 자신만의 삶을 살지 못할 수도 있다는 경고다. 니체는 상사와의 관계를 투쟁 일변도의 부정적인 관계로 만들어 가라고 주장하는 것이 아니다. 그가 하고 싶은 말은 타인의 뜻대로만 사는 삶이 우리의 자아를 잃게 할 수도 있다는 것이다. 그런 상황이라면 복종하지 말고 투쟁하여 자유를 쟁취해야 한다. 그 투쟁의 대상이 상사라고 할지라도 말이다.

니체의 주장을 수긍하더라도 강 과장에게는 아직 해결해야 하는 현실적인 문제가 남아 있다. 투쟁을 선택함으로써 생긴 상사와의 불편한 관계다. 조직 생활을 해 본 사람이라면 팀장과 투쟁하여 자유를 쟁취한 강 과장이 무척이나 걱정스러울 것이다.

그렇지만 너무 단정하지는 말자. 강 과장에게 투쟁할 것을 조언한 니체는 한 가지를 더 주문한다. 강 과장이 '사자'로 변신하여 팀장과 맞서 싸우고 대학원에 다니는 것만으로 문제가 완전히 해결된 것은 아니다. 궁극적으로 강 과장이 팀장과의 불편한 관계를 해소하기 위해서는 또 한 번의 변신이 필요하다. '어린아이'로의 변신을 통해 새로운 가치를 만들어내야 한다.

강 과장은 남들과 똑같이 야근을 할 것이 아니라, 대학원 공부를 통해 남들이 보여 주지 못하는 새로운 가치와 가능성을 만들어내야 한다. 다시 말해 야근이 아닌 질적인 업무 성과로 자신의 가치를 보여 주어야 한다는 뜻이다. 남들과는 다른 새로운 가치를 창조해내야만 자신의 의지대로 살면서도 팀장과의 관계도 회복할 수 있다.

니체는 현대를 살아가는 우리들에게 기존의 가치나 의무감에 얽매이지 않고 끊임없이 변신해야 한다는 중요한 가르침을 준다. 그래야 타인의 뜻대로 사는 것이 아니라, 진정으로 자신만의 삶을 살아갈 수 있기 때문이다. 사실 강 과장이 대학원을 다니려고 했던 이유도 팀장에게서 벗어나기 위해서가 아니라 더 나은 자신이 되기 위해서가 아니었던가? 그렇다면 그 선택을 통해 새로움을 창조해야 한다.

니체가 차라투스트라를 통해 말하고 있는 세 가지의 변신이 현대를 살아가는 우리에게 소중한 이유는 무엇일까? 그것은 많은 사람들이 타인이나 스스로에 의해 의무감을 지고 낙타처럼 살아가기 때문은 아닐까? 니체는 묻는다. "당신은 지금 어떤 모습으로 자신의 삶을 살아가고 있는가?" 어린아이인가, 사자인가, 아니면 낙타인가?

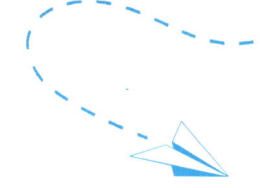

13일

자신 없는 업무 앞에서
망설여질 때

베르그송 『창조적 진화』
자신의 약점을 외부로 드러내고 단련하라

    요즘 홍 과장은 부서 이동 때문에 고민하고 있다. 미래에 대비하여 경력을 관리할 필요성을 느꼈기 때문이다. 최근 회사가 성장세에 있는 중국 시장에 전략적으로 관심을 두고 있는 터라, 아무래도 중국 지사에서 근무하는 것이 경력에 도움이 되리라고 판단했다. 하지만 문제는 외국어다. 부족한 외국어 실력 때문에 홍 과장은 결심을 망설이고 있다.

    사실 대리 시절에도 비슷한 경험이 있었다. 홍 과장에게 미국 지사에서 근무할 기회가 왔었는데 유창하지 못한 영어 실력 때문에 지원을 포기했었다. 홍 과장이 포기한 미국 지사 자리에는 당시 대리였던 손 과장이 지원하여 근무하게 되었다. 홍 과장은 동기인 손 과장이 미국 지사 근무를 지원했다는 사실에 당혹감을 느꼈다. 손 과장의 영어 실력은 홍 과장보다도 못했기 때문이다. 그로부터 10여 년이 지난 지금, 손 과장은 회사에서 손꼽히는 외국어 실력자가 되었고, 중요한 해외 비즈니스에는 항상 회사를 대표하여 나서는 핵심 인재가 되었다. 손 과장을 보면서 홍 과장은 자신이 미국 지사에서 근무했더라면 지금과는 상황이 완전히 달라졌을 것이라고 생각한다.

외국어 실력 때문에 중국 지사 근무를 망설이는 홍 과장은 어떤 선택을 해야 하는가?

흔히 "약점을 감추고 강점은 살리라"는 말을 자주 한다. 자신이 잘 못하는 분야에서의 경쟁은 되도록 피하고, 자신이 잘할 수 있는 분야에서 경쟁하는 것이 전략적이라는 뜻이다. 하지만 약점을 감추고 강점을 살리는 태도가 항상 옳은 것일까?

이 대목에서 '전략적'이라는 말의 의미를 숙고해 볼 필요가 있다. '전략(戰略, Strategy)'은 전쟁에서 자주 사용하는 표현으로, 사전적으로는 '전쟁에서의 승리를 위해 여러 전투를 계획·조직·수행하는 방책'이라고 정의한다. 즉, '어떤 목표에 도달하기 위한 최적의 방법'인 셈이다.

그렇다면 '약점을 감추고 강점을 살리는 태도'는 목표에 도달하기 위한 최적의 방법일까? 외국어에 약한 홍 과장이 약점을 감추는 것은 목표에 도달하는 데 도움이 될까? 만약 홍 과장이 중국 지사에서 근무하게 되면 그의 약점이 백일하에 드러날 것이다. 하지만 외국 지사 근무를 지원하지 않고 국내에서만 근무하면 약점은 드러나지 않을 것이다. 그렇다면 굳이 약점이 드러날 가능성이 높은 외국 지사 근무에 지원할 필요가 있을까?

홍 과장의 선택에 대한 판단은 자신의 목표를 무엇으로 삼느냐에 따라 달라진다. 단기적으로는 외국 지사 근무를 피함으로써 부족한 외국어 실력을 드러내지 않는 편이 좋을 수도 있다. 반면 장기적인 관점에서는 외국 지사 근무를 자청하여 자신의 약점을 드러낸 후, 부족한 외국어 실력을 높이는 편이 낫다.

그렇다면 대부분의 사람들은 중요한 선택의 순간에 자신의 약점을 드러내는 쪽을 선택하는가? 현실적으로는 자신의 약점을 드러내는 선택을 하기가 생각처럼 쉽지 않다. 하지만 약점을 드러낼 것인가, 아니면 감출 것인가의 선택에 진화의 비밀이 숨겨져 있다. 선택의 기로에 서 있는 홍 과장의 고민에 도움을 줄 수 있는 철학자가 있다. 프랑스의 현대 철학자인 앙리 베르그송 Henri Louis Bergson이다. 베르그송의 『창조적 진화』는 데카르트 이후 빼앗겼던 서양 철학의 무대를 프랑스로 되돌려 놓은 책으로, 생명의 진화에 대해 깊이 생각해 볼 만한 이야깃거리를 제공한다.

극피동물의 단단한 석회질 피부, 연체동물의 껍질, 갑각류의 딱지, 고어류의 경린硬鱗으로 된 갑옷은 적대적 종들로부터 스스로를 보호하려는 종들의 노력을 공동의 기원으로 하고 있을 것이다. 그러나 동물이 피신처로 삼은 이 갑옷은 동물이 운동하는 것을 방해하고 때로는 그것을 마비시키기도 한다. …… 성곽이나 갑옷 속에 갇힌 동물은 반수면 속에 빠지게 된다. 극피동물이나 심지어 연체동물은 오늘날에도 여전히 이러한 마비 상태로 살고 있다. 절지동물과 척추동물도 마찬가지로 그러한 위협을 받았을 것이다. 그러나 그것들은 그 위험에서 벗어났고, 이 다행스러운 상황으로 인해 오늘날 생명의 가장 고차적 형태를 꽃피울 수 있게 되었다.

「창조적 진화」

평소 생명체의 진화에 대해 관심이 많았던 베르그송은 생명 진화의 역사를 추적하는 과정에서 특이한 점을 포착했다. 그는 동물의 진화가 크게 두 가지 방향에서 대비된다는 사실을 발견했다. 동물의 진화는 각자 '전문화'의 길을 가면서 분화하는데, 이때 진화 방향에서 큰 차이가 난다는 것이다. 약점을 외부로 드러내는가, 아니면 안으로 숨기는가의 차이가 바로 그것이다.

먼저 극피동물·연체동물·갑각류·고어류 등은 약한 살을 보호하기 위해 두터운 갑옷을 두르기로 선택했다. 그들은 위험에 대비하여 '안전'을 최우선으로 택한 것이다. 반면 절지동물과 척추동물은 이들과 정반대의 선택을 했다. 그들은 약한 살을 외부에 드러내는 대신 '이동'하기로 했다. 전자는 약점을 안으로 숨겼고, 후자는 약점을 외부로 드러나게 한 셈이다.

결과는 어떻게 되었을까? 약점을 안으로 숨긴 채 단단한 갑옷을 피신처로 삼은 동물들은 외부의 침입으로부터 연약한 살을 보호할 수는 있었지만 빠르게 이동하지는 못했다. 그들에게 안전함을 제공했던 갑옷은 한편으로는 이동을 어렵게 만드는 요인으로 작용한 것이다.

반면, 약점을 밖으로 드러낸 동물들은 위험을 감수할 수밖에 없었다. 하지만 자유롭게 운동할 수 있었고, 운동 능력 덕분에 위험으로부터 벗어날 수 있게 되었다. 결론적으로 보자면 약점을 숨기고 안전을 택했던 동물보다는 약점을 밖으로 노출시킨 채 이동을 선택한 동물들이 더 안전해진 셈이다.

이처럼 모든 선택에는 양면성이 존재한다. 햇볕이 있으면 그늘도 있는 법. 안전이냐, 이동이냐의 선택의 기로에서는 어느 쪽이 더 좋다고 단정적으로 말하기 어렵다. 어느 쪽을 선택하든 반대급부가 뒤따르기 때문이다. 자신의 약점을 단단한 껍질 속에 숨긴 갑각류가 안전함을 얻은 대신 지불한 대가는 처절했다. 빠르게 이동하지 못하는 탓에 평생을 어둡고 침침한 곳에서 조용히 숨죽이고 살아가는 운명에 처한 것이다.

반면 가장 약한 살을 단단한 뼈의 외부에 두른 척추동물의 경우에는 안전을 포기한 대신 이동성을 선택했다. 새롭게 얻게 된 이동의 능력은 많은 위험으로부터 벗어나게 함은 물론, 가장 고차원적인 형태로 진화할 수 있는 원동력이 되었다. 결국 약점을 숨길 것인가, 아니면 드러내고 단련할 것인가에 따라 진화의 수준이 결정된다. 고차원적인 진화는 약점을 외부로 드러내어 이를 단련할 때만 가능하다. 약점을 숨기는 순간, 그 약점은 영원히 개선할 수 없는 것이 되고 만다.

베르그송은 책의 제목에서 볼 수 있듯이 창조와 진화라는 모순된 개념을 화해시킨다. 그에 따르면 생명체는 "눈덩이가 구르며 커지듯이" 과거를 껴안는 방식으로 지속되며, 매 순간 새로움이 창조되는 과정에서 진화가 이루어진다는 것이다. 그러나 여기에서 말하는 창조는 기독교에서 말하는 무로부터의 창조가 아니라, "연속적인 변화 속의 질적 비약"을 의미한다. 베르그송은 생명 진화의 역사를 추적하면서 인간의 삶과 세계가 진행되는 과정에서 결정론을 부정하고, 자유로운 변화 가능성을 발견했다. 그에 의하면 인간의 진화는 결정된 것이 아니라, 연속적인 변화 속에서 질적인 비약을 이루어낸 것이다.

이 부분에서 눈여겨보아야 할 대목은 "질적인 비약은 연속적인 변화 속에서만 이루어질 수 있다"는 점이다. 연속적인 변화가 없다면 질적인 비약은 발생하지 않는다. 즉 진화하지 않는 것이다. 그렇다면 연속적인 변화는 어떻게 만들어지는가? 앞에서 살펴보았듯이 자신의 약점을 드러내는 용기와 관련이 있다. 약점이 없는 사람은 변화할 필요성을 느끼지 못한다. 약점이 없는 완벽한 사람이 굳이 변화해야 할 이유가 있겠는가? 약점이 하나도 없는 사람은 존재하지도 않겠지만, 그런 사람이 있다손 치더라도 변화를 멈춘 사람일 뿐이다. 그 사람에겐 더 이상의 진화도 없다.

그러므로 부족한 외국어 실력 때문에 중국 지사 근무를 망설이는 홍 과장은 자신의 약점을 기꺼이 드러내고 연속적인 변화에 몸을 내던져야 한다. 그래야 질적인 변화를 이루어낼 기회를 갖게 된다. 약점을 감출수록 갑각류처럼 퇴화할 뿐이다. 당장은 안전해 보이지만 장기적으로는 결코 안전하지 않다. 척추동물처럼 약점을 외부로 드러내야 한다. 그래야 약점이 단련되어 위험에서 벗어날 수 있다.

자신의 약점을 외부로 드러낼 때 한 단계 더 진화할 수 있고, 더 나은 미래로 도약할 수 있다. 동기인 손 과장은 이미 그렇게 해 오지 않았던가? 그 결과 지금의 손 과장은 홍 과장보다 고차원으로 진화했다. 옛말에 "노련한 뱃사공은 거친 파도가 만든다"는 말이 있다. 위험을 무릅쓰고 거친 파도에 맞선 사람만이 노련해질 수 있다.

　베르그송은 치열하게 현대를 살아가는 우리에게 고마운 가르침을 선사한다. 더 나은 모습으로 진화하고 싶은가? 그렇다면 기꺼이 자신의 약점을 밖으로 드러내라! 연속적으로 변화하라! 그리고 진화하라!

14일
존경하던 선배의 말이
거슬리기 시작한다면

임제 「임제어록」
선배의 그늘에서 벗어나라

　주병철 대리에게 최근 들어 고민이 생겼다. 선배인 박 팀장과의 관계가 예전 같지 않기 때문이다. 사실 주 대리와 박 팀장은 각별한 사이였다. 박 팀장은 주 대리가 신입사원으로 입사했을 때부터 이끌어 준 아버지와도 같은 존재다. 주 대리는 박 팀장에게 항상 고마워했으며, 그를 멘토로 삼아 열심히 배웠다.

　그런데 요즘 들어 팀에서 중요한 업무를 하거나 의사결정을 할 때 의견 충돌이 발생하곤 한다. 주 대리의 입장에서는 자신의 주장을 관철시키고 싶지만, 상대가 다른 사람도 아닌 박 팀장이라서 고민이다. 박 팀장의 의견을 따르자니 만족스럽지 않고, 주장을 끝까지 밀고 나가자니 선배와 갈등을 빚게 된다. 다른 사람 같으면 별 고민 없이 자신의 주장을 내세웠을 것이다. 하지만 박 팀장은 주 대리의 멘토라서 함부로 대할 수도 없다. 한마디로 이러지도 저러지도 못하는 난처한 입장이다. 지난해까지도 두 사람은 다른 사람들이 부러워할 정도로 손발이 맞는 사이였다. 그러던 둘 사이가 최근 들어 틈이 생기기 시작한 것이다.

존경하는 선배와의 의견 충돌이 잦은 주대리는 어떻게 행동해야 할까?

'롤 모델role model'은 미국의 사회학자 로버트 머튼Robert K. Merton이 처음으로 사용한 말로 '어떤 사람을 표본으로 정하여 자신이 성숙할 때까지 모델로 삼는 것'을 뜻한다. 우리나라도 전통적으로 같은 분야에서 지위나 나이, 학예學藝 따위가 자기보다 많거나 앞선 사람을 '선배'라고 칭하고 그를 본받는 것을 미덕으로 여겼다.

무언가를 배우거나 깨우치는 데 롤 모델이나 선배로부터 도움을 받는 편이 효과적이라는 점에 대해서는 이의를 제기하는 사람이 없을 것이다. 자신의 부족함을 알고 깨우치려는 사람에게 아낌없이 가르침을 베푸는 사람이 있다는 사실은 그 자체로 축복이다. 그렇기 때문에 사람들은 자신에게 가르침을 주는 롤 모델이나 선배에게 기꺼이 존경과 감사를 표한다.

하지만 과연 롤 모델이나 선배는 영원한 존재일까? 다시 말해 한번 선배는 영원한 선배일까? 선배로 불리는 이유가 조직에 먼저 들어왔거나 그 일을 먼저 시작했기 때문이라면 선배는 영원할 수밖에 없다. 입사 순서는 한번 정해지면 바뀔 수가 없는, 절대적인 요소이기 때문이다.

군대에서는 선배를 '고참'이라는 호칭으로 부른다. 고참이란 '오래 전부터 한 직장이나 직위에 머무른 사람'을 뜻하는 말이다. 만약 당신이 누군가를 '고참'이라고 부른다면 그 이유는 단 한 가지다. 그가 당신보다 먼저 그 자리에 있었기 때문이다. 이러한 사실은 세월이 지나거나 노력한다고 해서 바뀌지 않는 절대적인 것이다. 그렇기 때문에 군대에서는 "한번 고참은 영원한 고참"이라고 말한다.

반면, 조직에서 누군가를 '선배'라고 부른다면 그 이유는 자신보다 먼저 그 조직에 있었기 때문만은 아니다. 조직에서 누군가가 선배인 까닭은 그가 가진 능력이나 지위, 전문성 등의 가변적인 요소에 기인하는 경우가 더 많다. 그렇기 때문에 조직에서의 선배–후배의 관계는 군대에서의 고참–후임의 관계처럼 영원할 수 없다. 능력이나 지위의 높낮이가 달라지는 순간, 관계도 달라지기 때문이다.

"이제 하산하거라." 스승에게 가르침을 받던 제자가 스스로 깨우침을 얻었거나 스승과 비슷한 경지에 이르면 스승이 제자에게 건네는 말이다. 스승은 더 이상 가르칠 것이 없는 제자에게 하산을 명함으로써 기존의 사제 관계를 마무리한다.

그러나 사제 관계를 마무리한다고 해서 스승과 제자 사이의 관계 자체가 완전히 사라지는 것은 아니다. 엄밀히 말하면 '가르침을 주고받는' 관계에서 각자 '스스로 깨우치는' 관계로 발전되었다는 뜻이다. 스승은 제자의 독립성을 인정함으로써 기존의 관계에서 벗어나 새로운 관계로 나아가려 한다. 그렇다면 스승으로부터 "이제 더 이상 가르칠 것이 없으니 하산하거라"는 명령을 받은 제자의 마음은 마냥 기쁘기만 할까? 유교적인 윤리 관념이 뿌리 깊게 각인된 사람이라면 스승의 명령이 기쁘기는커녕 청천벽력처럼 들릴 것이다.

이 지점에서 존경하는 선배와의 의견 충돌 때문에 고민하고 있는 주 대리의 내적 갈등과 겹쳐진다. 스승이나 선배와의 관계 설정을 어떻게 해야 할 것인가? 이 대목에서 임제의 이야기에 귀 기울일 필요가 있다.

> 안이건 밖이건 만나는 것은 무엇이든지 바로 죽여버려라. 부처를 만나면 부처를 죽이고, 조사를 만나면 조사를 죽이고, 나한을 만나면 나한을 죽이고, 부모를 만나면 부모를 죽이고, 친척을 만나면 친척을 죽여라. 그렇게 한다면 비로소 해탈할 수 있을 것이다.
>
> 「임제어록」

임제는 왜 "부처를 만나면 부처를 죽이고, 부모를 만나면 부모를 죽여라"라고 말했을까? 부처나 부모를 죽이면 "비로소 해탈에 이를 수 있다"는 이야기는 도대체 무슨 의미인가? 불교에서는 집착이 모든 고통의 원인이라고 보았다. 임제의 외침은 살생을 하라는 것이 아니라 집착으로부터 벗어나라는 의미다. 임제는 부처나 부모 등 모든 권위가 집착을 낳는다고 보았다. 그렇기 때문에 일체의 권위로부터 벗어나야만 비로소 해탈에 이를 수 있다고 말한 것이다.

해탈이란 '속세적인 모든 속박으로부터 벗어나 자유로운 상태'를 말한다. 임제의 눈에는 부처나 부모도 집착을 낳는 속박의 일종일 뿐이다. 그렇기 때문에 죽이라는 것이다. 불교에서 말하는 최고의 경지인 해탈에 이르려면 모든 집착에서 벗어나야 한다. 임제는 우리가 만나는 모든 것이 집착일 수 있음을 경고한다. 부처도, 조사도, 나한도, 부모도, 친척도 모두 집착이다. 이러한 집착에서 벗어나야만 해탈에 이를 수 있고, 그래야 자신의 삶을 살아갈 수 있는 것이다.

임제는 또한 "이르는 곳마다 주인이 되면 그가 서 있는 곳이 모두 참되다[隨處作主 立處皆眞]"라고 말한다. 삶의 주인이 되려면 권위로부터 벗어나야 하며, 그렇지 않으면 아무리 학식이 뛰어난 사람이라도 참된 삶을 살 수 없다.

이런 까닭에 중국의 철학자 탁오 이지李贄는 그의 책『분서』에서 맹자를 거침없이 비판했다. "공자의 학설을 배우기 원했던 것이야말로 맹자가 맹자로 그칠 수밖에 없었던 까닭입니다." 그에 따르면 스승의 권위에서 벗어나지 못한다면 제아무리 학식이 뛰어난 맹자라도 참된 삶을 산다고 볼 수 없다.

서양에도 임제가 그랬던 것처럼 스승을 넘어서라고 주장했던 철학자가 있다. 니체는 자서전 성격의 책『이 사람을 보라』에서 스승을 넘어서야 제자의 도리를 다한다고 주장한다. "영원히 제자로만 머문다면 선생에 대한 도리가 아니다. 너희는 어찌하여 내가 쓰고 있는 월계관을 낚아채려 하지 않는가?" 그는 스승으로부터 가르침을 받는 제자가 스승을 넘어서지 못한다면 그 제자는 올바른 가르침을 받은 것이 아니며, 스승 또한 제대로 가르친 것이 아니라고 말한다.

"부처를 만나면 부처를 죽이라"는 임제나 "선생이 쓰고 있는 월계관을 낚아채라"는 니체의 주장에 선뜻 동의하기 어려울 것이다. '군사부일체君師父一體'나 "스승의 그림자도 밟아서는 안 된다"고 가르치는 유교적인 교육을 충실히 받은 사람일수록 왠지 모를 거부감이 들 것이다. 하지만 곰곰이 생각해 보면 그들의 말이 옳다.

가령 모든 인류가 '제자가 스승을 넘어서는 안 된다'고 생각한다면 인류는 발전할 수 있을까? 예를 들어 어떤 제자가 스승에게 열심히 배운다. 하지만 그는 스승보다는 약간 못 미친다. 왜? 스승을 넘을 수 없으니까. 그 제자가 스승이 되어 또 누군가를 가르친다. 그의 제자는 또 그보다도 약간 못 미친다. 이런 식으로 가다 보면 결국 제자는 점점 바보가 될 수밖에 없다. 교육을 받아도 덜 떨어진 인간만을 양산할 뿐이다. 교육이 그런 결과를 원하는 것은 아니지 않은가? 스승을 넘어서지 않는 한 인류에게 발전은 없다. 따라서 "스승을 넘어서라"는 그들의 주장은 '전복의 철학'이 아니라, 미래지향적인 '발전의 철학'인 셈이다. 임제는 우리에게 "무위진인無位眞人"으로 살라고 이야기했다. 이는 '자리가 없어야 참다운 사람'이라는 말이다. 이처럼 모든 자리, 즉 일체의 권위에서 벗어나야 비로소 참된 사람이 될 수 있다.

존경하는 선배와 갈등을 겪고 있는 주 대리는 어떻게 해야 할까? 임제라면 이렇게 조언할 것이다. "선배를 죽여라!" 지금의 주 대리에게는 존경하는 선배도 권위이자 집착에 불과하다. 엄밀히 말하자면 주 대리는 선배와 새로운 관계 설정이 필요한 시기에 접어든 것이다.

과거와 달리 선배와의 의견 충돌이 잦아진 것은 결코 나쁜 신호가 아니다. 이는 성숙의 단계, 다시 말해 스스로 살아갈 수 있는 단계에 접어들었다는 신호다. 처음에는 선배에게 많은 도움을 받을 수 있을지 모르지만, 자신이 진정으로 성장하기 위해서는 선배의 그늘에서 벗어날 필요가 있다.

자신을 성장시킨 선배, 즉 롤 모델의 유효기간은 무한하지 않다. 그 기한은 자신이 성숙할 때까지다. 위의 주 대리처럼 선배의 뜻을 따를지 자신의 주장을 내세울지 고민하고 있다면 임제의 가르침을 떠올려 보자. 선배의 가르침을 뛰어 넘어 자신이 깨달은 바를 실천하며 사는 것이야말로 참된 삶일 것이다.

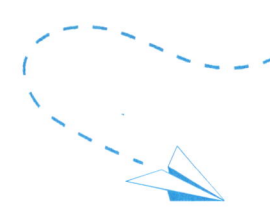

15일
10년차 직장인, 이제 와서 꿈을 꿔도 되는 걸까?

사르트르 「존재와 무」
꿈꾸지만 마라
꿈을 이루기 위해 부단히 노력하라

총무팀에 근무하는 구본길 과장은 사장이 되는 것이 꿈이다. 사장이 되겠다는 꿈은 입사 때부터 지금까지 변함이 없다. 그는 꿈을 이루기 위해 여러 가지 계획을 세워 두었다. 학부에서 사회학을 전공한 그는 경영대학원에 진학하여 공부도 계속하고, 영업부서와 해외 지사 근무 등을 통해 다양한 경력을 쌓을 계획이었다.

하지만 현실은 계획과는 달랐다. 입사한 지 10년이 지나도록 계획은 별로 진척되지 않았다. 총무팀에서의 과다한 업무로 인해 대학원에 다닐 만한 시간을 낼 수 없었다. 현재 자신이 맡고 있는 업무를 대체할 사람이 없어서 자신이 원하던 영업부서나 해외 지사 업무를 할 기회도 갖지 못한 채, 벌써 총무 업무만 10년째다. 조직에서 원하는 대로 경력 관리를 하기가 생각처럼 쉽지 않다. 하지만 구 과장은 실망하지 않았다. 구 과장은 아직도 꿈을 버리지 않고 있다는 사실에 자부심을 느낀다. 꿈은 초라한 현실에서도 장밋빛 미래를 꿈꾸게 함으로써 현재의 삶을 긍정할 수 있도록 하기 때문이다.

아직도 꿈을 버리지 않고 있는 구 과장의 태도는 바람직한 것일까? 그리고 과연 자신의 꿈을 이룰 수 있을까?

"난 꿈이 있었죠. 버려지고 찢겨 남루하여도. 내 가슴 깊숙이 보물과 같이 간직했던 꿈 …… 그래요, 난 꿈이 있어요. 그 꿈을 믿어요. 나를 지켜봐요. 저 차갑게 서 있는 운명이란 벽 앞에 당당히 마주칠 수 있어요. 언젠가 나 그 벽을 넘고서 저 하늘을 높이 날 수 있어요. 이 무거운 세상도 나를 묶을 수 없죠. 내 삶의 끝에서 나 웃을 그날을 함께해요."

〈거위의 꿈〉이라는 노래에 나오는 가사의 일부다. 노래가사에서도 볼 수 있듯이 꿈은 남루한 현실도, 차가운 운명과도 당당하게 마주칠 수 있는 힘을 준다. 언젠가는 그 벽을 넘어 꿈을 이루게 되는 날, 하늘 높이 날 수 있기 때문이다. 그래서 꿈을 가진 사람은 미래에 대한 희망을 가지고 현재를 살아간다. 사람들은 꿈이 주는 힘 때문에 누구나 꿈을 가져야 한다고 충고한다. 주위 사람들을 보더라도 꿈을 가진 사람이 그렇지 못한 사람보다 삶을 긍정하고, 미래에 대해 낙관적인 경향을 보이는 것은 부인할 수 없는 사실이다.

그렇지만 꿈을 가진 사람들의 삶은 항상 긍정할 만한 것일까? 어떤 이에게 꿈은 현실에서 겪는 삶의 고통을 치유해 주는 치료제가 아니라, 고통을 완화시키는 진통제에 불과하다. 진정한 변화는 이루지 못한 채 거짓 위안만 주는 진통제 말이다. 꿈은 현실이 아니다. 그것은 현재 시점에서의 기대, 즉 생각에 불과하다. 꿈을 이룬다면 현실이 생각에 도달한 것이지만, 영원히 꿈을 이루지 못했다면 현실이 영원히 기대나 생각에 이르지 못한 셈이다.

대부분의 사람들은 자신이 생각한 대로 현실이 이루어지는, 다시 말해 생각과 현실이 일치하는 삶을 살아가고 있을까? 이 대목에서 "인간이 생각과 현실의 불일치 때문에 스스로를 속인다"고 주장하는 철학자의 이야기에 주목할 필요가 있다. 인간의 존재 방식에 있어서 '자기기만' 행위가 만연해 있다고 주장하는 실존주의 철학자 사르트르는 자기기만 행위를 설명하기 위해 카페 종업원의 사례를 든다.

> 카페 종업원을 생각해 보자. 그는 민첩하지만, 좀 지나칠 만큼 정확하고 약삭빠르다. 그는 좀 지나치게 민첩한 걸음으로 손님 앞으로 다가온다. 그는 약간 지나칠 정도로 정중하게 인사한다. 즉, 그의 목소리, 그의 눈은 손님의 주문에 좀 지나칠 만큼 주의를 기울이는 듯하다. 마침내 그가 돌아온다. 그는 자신의 걸음걸이에서 어딘지 모르게 로봇과 같이 딱딱하고 빈틈없는 태도를 보이려고 애쓰면서 곡예사같이 경쾌하게 접시를 가져온다. 접시는 항상 불안정하고 균형을 잃은 상태가 되지만, 종업원은 그때마다 팔과 손을 가볍게 움직여 균형을 다시 잡는다. 그의 모든 행위가 우리에게는 하나의 놀이처럼 보인다. …… 그는 카페 종업원이라는 연기를 하고 있다. …… 카페의 종업원은 자신의 신분을 가지고 놀며, 자신의 신분을 '실현한다'.
>
> 「존재와 무」

『존재와 무』에 나오는 카페 종업원은 얼핏 보기에 꽤나 숙련된 종업원으로 비춰진다. 하지만 사르트르는 카페 종업원이 보이는 숙련되고 과장되어 보이기까지 하는 행동은 실제가 아니라 연기일 뿐이라고 주장한다. 그래서 "그는 카페 종업원이라는 연기를 하고 있다"고 말한다. 마치 무대에서 햄릿을 연기하는 배우가 아무리 감정에 몰입하더라도 햄릿이 되지 않는 것과 마찬가지다. 그는 여전히 연기를 하고 있는 배우일 뿐, 햄릿은 아니기 때문이다.

카페 종업원도 마찬가지다. 그는 지금 자신에게 주어진 배역을 연기하고 있을 뿐이다. 물론 카페를 찾은 손님들에게 그는 종업원에 불과하다. 하지만 그는 그 자신에게마저 종업원은 아니다. 손님들에게는 카페 종업원으로 보일지 몰라도, 그의 의식은 그 사실을 부정한다. 그렇기 때문에 그는 연기를 하고 있는 것이다. 그것도 능숙해 보이도록 말이다. 사르트르는 그런 종업원을 "자신의 신분을 가지고 놀며, 자신의 신분을 실현한다"고 표현한다.

사르트르는 카페 종업원의 이야기를 통해 '자기기만'을 말하고자 한다. 어떤 사람들은 사르트르의 이야기에 나오는 카페 종업원의 행동이 자기기만이 아니라 타인을 기만하는 행동이라고 생각할 수도 있다. 하지만 사르트르는 카페 종업원이 스스로를 속이고 있다고 주장한다.

자기기만은 스스로를 속이는 행위를 말하는데, 이는 허위와는 구분된다. 허위와 자기기만은 둘 다 속인다는 측면에서는 동일하지만, 허위와는 달리 자기기만에는 역설이 존재한다. '속이는 주체'와 '속는 주체'가 동일인이라는 점이다. 즉 자기기만이란 한 개인이 스스로를 속이면서, 동시에 자신이 속고 있다는 사실을 알아차리지 못하는 상태다. 도대체 그런 일이 가능한 것일까? 다소 의아한 생각이 들기도 하겠지만 논의를 조금 더 이어가 보자.

인간은 왜 자기기만 행위를 통해 자신을 속이는 것일까? 이는 인간의 실존이 갖는 '불안'과 관련이 있다. 사르트르를 비롯한 실존주의자들은 "실존이 본질에 앞선다"고 주장한다. 이 말은 인간이 먼저 세계 속에 실존하고, 인간으로 정의되는 것은 그 이후의 일이라는 의미다. "나는 원래 착한 사람(본질)이기 때문에 남을 돕는 행동(실존)을 하는 것"이 아니라, "남을 돕는 행동(실존)을 잘하기 때문에 내가 착한 사람(본질)"이 되는 것이다. 실존이 먼저고, 본질은 그다음이다. 즉, 실존주의에서는 인간의 고유한 본성이란 존재하지 않으며, 인간은 자신의 실제 행동을 통해 스스로를 만들어 가는 존재다.

그렇다면 인간은 왜 실존에 있어서 '불안'을 느끼는가? 그에 따르면, 인간이라는 존재는 계속해서 무엇인가를 만들어 가는 과정에서 모든 것을 혼자 주관하고 감내해야 하기 때문에 불안을 느낀다. 한마디로 인간은 미래를 향해 기투企投하는 과정에서 자신의 자유 앞에서, 가능성 앞에서, 아직 다가오지 않은 미래 앞에서 불안을 느끼는 것이다. 이때 대다수의 사람들은 일상생활에서 느끼는 실존의 불안에서 벗어나려는 유혹에 빠지게 되는데, 불안에서 벗어나는 방법이 바로 자기기만이다.

사르트르는 인간과 사물의 존재 방식을 구분했다. 그는 사물의 존재 방식을 '즉자卽自'로, 인간의 존재 방식을 '대자對自'로 명명했다. 즉자 존재인 사물은 무의미한 우연적 존재인 데 반해, 대자 존재인 인간은 우연성에 의미를 부여하고 근거를 만드는 존재다. 그러므로 인간은 자신의 존재 방식을 스스로 선택할 수 있다.

사르트르에 의하면 인간 존재가 불안에서 벗어나기 위해 행하는 자기기만은 자신을 즉자 존재, 즉 사물과 동일시하는 방법으로 이루어진다. 그는 『존재와 무』에서 자기기만의 예를 다양하게 들고 있는데, 이해를 돕기 위해 애인과 데이트 중인 정숙한 처녀의 예를 살펴보자.

정숙한 처녀는 혼전에 남자에게 손을 잡히는 것에 대해 죄의식을 느낀다. 그런데 어느 날 그녀의 애인이 데이트 중에 그녀의 손을 잡았다. 그녀의 마음 한구석에서는 손을 허락하는 것이 나쁜 행위라고 생각하면서도, 한편으로는 애인과 손을 잡고 있는 것이 즐겁기도 하다. 지금 그녀의 마음은 이중적이다. 이러한 상황에서 그녀는 어떻게 해야 할까?

그러나 이제 남자는 여자의 손을 잡는다. 여인과 대화를 나누던 남자의 이러한 행위는 그녀로 하여금 어떤 직접적인 결단을 내리게 함으로써 상황을 변화시킬 위험을 안고 있다. 이 남자에게 자신의 붙잡힌 손을 내맡긴다는 것은 사랑의 유희에 동의하며 거기에 참여한다는 것을 의미한다. 손을 뺀다는 것은 그런 시간의 매력이라고 할 수 있는, 분명치 않고 흔들거리고 있는 조화를 깨뜨려버리는 것이다. …… 사람들은 그때 무엇이 일어나고 있는지를 안다. 그녀는 남자에게 손을 맡기지만, 그녀는 자신이 손을 그 남자에게 맡긴다는 사실을 알아채지 못한다. …… 그녀는 삶 일반과 그녀 자신의 삶에 관해 이야기한다. …… 그러는 사이에 육체와 영혼은 분리된다. 그녀의 손은 남자의 따뜻한 두 손 사이에서 조금의 움직임도 없이, 즉 동의도 하지 않고 그렇다고 반항도 하지 않은 채 놓여 있다. 그 손은 하나의 사물이다.

「존재와 무」

지금 정숙한 처녀는 남자에게 잡힌 손을 그냥 두지도, 빼지도 못한 채 불안에 싸여 있다. 하지만 그녀는 이 상황에서 간단히 벗어난다. 남자에게 붙잡힌 손은 그대로 둔 채, 정신은 그것을 알아차리지 않는 방법으로 불안에서 벗어났다. 지금 그녀의 손은 동의하는 것도 아니고 저항하는 것도 아닌, 하나의 '사물'에 불과하다.

그녀는 남자의 행위에 대해 스스로 사물로 존재함으로써 그 불안에서 탈출한 것이다. 바로 이때 자기기만이 이루어진다. 그녀는 자신의 몸을 사물처럼 수동적인 대상(즉자 존재)으로 존재하게 함으로써 죄의식에 빠지지도 않고, 현재의 조화도 깨뜨리지 않은 채 쾌락을 허락했다. 이처럼 자기기만은 자신을 '즉자 존재'와 동일시함으로써 불안에서 벗어나는 수단이다.

다시 카페 종업원의 이야기로 돌아가 보자. 당신은 카페 종업원이 자기기만을 하고 있다는 사실을 눈치챘는가? 카페 종업원은 지금 불안하다. 손님에게는 단지 종업원에 불과한 존재이지만, 자신은 그것을 부정하고 있기 때문이다. 하지만 그는 카페 종업원의 신분에서 벗어나지 못한다. 카페 종업원의 신분을 벗어버릴 용기가 없기 때문이다. 손님에게 종업원으로 인식되는 현실과 종업원이라는 사실을 부정하는 의식의 괴리가 바로 그가 느끼는 불안의 실체다.

그는 종업원을 연기함으로써 이러한 불안에서 벗어난다. 다시 말해 그는 로봇처럼 연기함으로써 자신을 즉자 존재로 환원해버린 것이다. 그 연기에 빠진 종업원은 '사물'에 지나지 않는다.

사르트르에 따르면, 인간은 존재론적으로 대자인 자신을 스스로 기만하는 방식을 통해 즉자의 양태로, 즉 사물로 존재하는 것처럼 생각하려는 경향이 있다. 쉽게 말해서 인간이 아닌 사물로 존재하는 것처럼 생각한다는 뜻이다. 인간은 자기 자신을 "심각한 정신을 통해서, 또는 결정론적 변명을 통해서 자신들의 완전한 자유를 스스로에게 숨기려고 하는" 비겁자로 여긴다.

이처럼 인간이 불안을 회피하고 자신의 자유를 스스로에게 감추기 위해 의존하는 방식이 자기기만이다. 그래서 사람들은 "내가 원하던 대로 하지 못한 것은 그때 환경이 좋지 못했기 때문이야", "위대한 사랑을 하지 못했던 것은 그럴 만한 상대를 만나지 못했기 때문이야", "좋은 책을 쓰지 못한 이유는 책을 쓸 만한 시간이 없었기 때문이야", "내게는 여러 가지 소질과 가능성이 남아 있는데, 아직 기회가 주어지지 않았던 거야"라고 이야기하곤 한다.

하지만 사르트르에게 이런 표현은 모두 자기기만에 따른 변명에 불과하다. 그는 결정론적 변명을 통해 자신들의 완전한 자유를 숨기려고 하는 사람들을 '비겁자'라고 불렀다. 비겁자들은 자신이 원하는 바를 이루지 못한 뒤에 이렇게 말한다. "그때 내가 실제로 할 수 있는 일은 없었어"라고.

사르트르는 자기기만의 예를 통해 인간의 실존에 대한 근원적인 물음을 던진다. "과연 인간의 존재 방식은 어떠해야 하는가"라고 인간의 존재 방식은 사물과는 다르다. 실존은 주체적으로 살아가는 인간, 가능한 것을 향해 스스로를 던지는 인간, 다시 말해 미래를 향해 기투하는 인간이다.

실존주의에 의하면, 인간은 원래 이유도 없이 이 세상에 던져진 존재, 즉 피투被投된 존재이며, 본래적이라고 할 만한 본질이 없는 존재다. 그렇기 때문에 인간은 절대적으로 자유로운 존재이기도 하다. 사르트르의 표현대로라면 "인간은 자유롭도록 선고받은" 존재다. 따라서 인간은 절대적인 자유를 지니고 미래의 다양한 가능성에 직면하여 스스로 선택하고 기투한다. 그러므로 현재를 넘어서 미래를 향해 스스로를 던짐으로써 자신의 삶을 만들어 나가야만 인간으로 살아간다고 볼 수 있다. 그렇지 않다면 '사물'로 살아가고 있는 것이나 다름없다.

꿈은 있으나 현실에서는 아무것도 실행하고 있지 못하는 구 과장은 자신의 꿈을 이룰 수 있을까? 알 수 없다. 미래는 누구도 알 수 없는 법이다. 구 과장이 꿈을 가지고 있다는 사실은 축복일까? 만약 사르트르가 구 과장을 본다면 자기기만을 하고 있다고 비판할지도 모르겠다. 현재를 넘어서 미래를 향해 스스로를 던지지 않는 사람이 꾸는 꿈은 거짓 위안을 위한 속임수에 불과하기 때문이다. 지금 그가 꾸는 꿈은 그곳에 이르게 하는 영양제가 아니라, 비루한 현실의 고통을 조금이라도 완화시켜 주는 진통제에 불과하다.

사르트르는 꿈을 가지는 것을 부정하지는 않았다. 삶에서 꿈이 의미를 가지기 위해서는 그것을 이루기 위한 노력과 실천이 전제되어야 한다는 점을 강조했을 뿐이다. 무작정 목표만을 세워 두고 이런 저런 핑계를 대며 실천하지 않는다면 자기기만에 빠진 로봇과 다를 바가 없다. 노력이 뒷받침되지 않는 꿈은 단지 무너진 꿈으로, 이루지 못한 희망으로, 쓸데없는 기대로 점철되고 만다.

　인간의 실존에 대한 사르트르의 통찰은 현실의 장애물과 타협하기 쉬운 우리에게 소중한 가르침을 준다. 인간은 아무것도 정해지지 않은 자유로운 존재이기에 스스로를 만들어 나가야 한다. 여기에서 오는 불안을 인정하고 미래를 향해 자기 자신을 던지며 부단히 노력하는 것이 우리가 존재하는 이유이자 살아가야 할 이유인 것이다.

4부

타자와의
마주침은
기쁨인가
슬픔인가

16일
박 대리의 축의금이 괘씸할 때

데리다 『주어진 시간』
아무런 대가 없이 주어라

　최진오 대리는 얼마 전 결혼식을 올렸다. 신혼여행을 다녀온 후 최 대리는 축의금 내역을 확인하다가 당혹스러움을 느꼈다. 친한 회사 동기인 박 대리가 낸 축의금 액수 때문이었다. '박명철 5만 원'이라는 내역을 보는 순간, 최 대리는 3개월 전 박 대리의 결혼식에 자신이 낸 축의금 액수가 10만 원이었던 사실이 불현듯 떠올랐다. '박 대리도 내가 낸 축의금 액수를 모르지는 않았을 텐데?'라는 생각이 들자, 서운한 마음과 함께 박 대리가 결혼식장에서 건넨 축하의 말이 진심으로 느껴지지 않았다.
　왜 최 대리는 박 대리가 낸 축의금 액수를 확인하는 순간, 자신이 낸 축의금 액수가 떠오른 것일까?

　우리는 흔히 기념일이나 축하할 일이 있으면 가까운 사람들끼리 선물을 주고받는다. 만약 자신의 생일날 친구로부터 선물을 받았다면, 자신도 그 친구의 생일에 선물을 주어야 된다고 생각한다. 받았기 때문에 주는 것은 당연하다고 여긴다. 이처럼 우리의 관념 속에는 '주면 받을 것'을 기대하고, '받았으면 언젠가는 주어야 한다'는 상호 교환의 원리가 강하게 자리 잡고 있다.

그렇다면 선물은 항상 '서로 주고받아야만' 하는 것일까? 선물을 주거나 받을 때 상호 교환의 원리를 고려하는 것은 올바를까? 여기에서 '선물'과 '뇌물'의 차이를 구분할 필요가 있다. 알다시피 선물은 아무런 '대가를 바라지 않고' 주는 것이라면, 뇌물은 '대가를 기대하면서' 주는 것을 말한다.

실제 생활에서는 선물이나 뇌물을 구분하는 것이 말처럼 쉽지만은 않다. 누군가에게 물건을 건넬 때, 그것이 선물인지, 아니면 뇌물인지 명확히 구분되는가? 최 대리가 박 대리의 결혼식에 낸 축의금 10만 원은 선물인가, 뇌물인가? 처음에는 미혼인 최 대리가 동기인 박 대리의 결혼을 진심으로 축하하는 마음에서 기꺼이 10만 원을 '선물'로 주었을지도 모른다. 하지만 박 대리의 축의금 액수를 본 순간, 자신이 낸 축의금 액수와 비교하게 된 것이다.

이 지점이 순수했던 선물이 뇌물로 변하는 순간이다. 박 대리가 낸 축의금의 액수를 확인하는 순간, 최 대리는 자신도 모르는 사이에 과거에 주었던 선물(박 대리의 결혼식에 낸 축의금)이 사실은 선물이 아니라 뇌물에 가깝다는 사실을 깨닫게 된 것이다.

이와 같은 사례는 우리 주변에서 흔히 볼 수 있다. 우리는 선물을 받으면 그 액면가에 상응하는 선물을 고르는 것이 일상적인 관례처럼 익숙하다. 이는 주고받는 대부분의 선물이 명목상으로만 선물일 뿐, 그 이면에는 뇌물의 논리가 자리 잡고 있음을 보여 준다.

이처럼 순수한 마음에서 건넨 선물이라고 생각했지만, 사실은 무엇인가 대가를 바라고 건넸다는 사실을 깨닫게 되는 경우가 많다. 그것은 엄밀하게 말하면, 선물이 아니라 뇌물에 가깝다. 대가를 바라는 순간, 선물의 순수성은 사라져버리기 때문이다.

여기에서 선물과 관련된 우리의 허위의식을 뿌리 깊이 통찰한 철학자의 말에 주목할 필요가 있다. 해체주의 철학자로 잘 알려진 자크 데리다 Jacques Derrida 는 선물에 대해 이렇게 이야기했다.

> 선물이 주어지는 조건으로서의 '망각'은 선물을 주는 쪽에서만 근본적인 것이 아니라, 선물을 받는 쪽에서도 근본적인 것이다. …… 사실 선물은 주는 쪽에게 의식적이거나 무의식적인 측면 모두에서 선물로 드러나지도, 선물로 의미되지도 않아야만 한다.
>
> 「주어진 시간」

"선물은 주는 쪽에서든 받는 쪽에서든 망각해야만 한다"는 데리다의 주장은 고개를 갸우뚱하게 만든다. 선물을 주는 쪽에서 선물을 주고 그 사실(선물을 준 사실)을 망각한다는 것은 언뜻 이해가 되지 않는다. 물론 데리다가 선물 자체를 부정하는 것은 아니다. 그가 말하는 논점은 다음과 같다. 우리는 누군가에게 선물을 준다. 그러나 그것이 진정한 선물이 되기 위해서는 선물을 주었다는 사실 자체를 망각해야 한다.

신혼부부의 예를 들어 보자. 아내는 아침에 출근하는 남편을 위해 아침 식사를 준비한다. 이날 아침 남편은 아내로부터 정성스러운 식사를 '선물'로 받은 셈이다. 남편이 식사를 선물로 받고 더욱 행복한 이유는 아내가 아무런 대가를 바라지 않고 식사를 차렸다는 사실 때문이다. 이와 반대로 월급날이 되면 남편은 아내를 위해 월급봉투를 선물로 제공한다. 이때에도 남편은 아무런 대가를 바라지 않고 아내에게 선물(월급봉투)을 건넨다. 아내는 남편의 월급봉투가 자신이 제공한 식사의 대가로 제공된 것이 아님을 잘 알고 있다.

이처럼 선물을 주고도 대가를 바라지 않는 태도에 신혼부부가 느끼는 설렘과 행복의 비밀이 숨어 있다. 그들은 서로 대가를 바라지 않고 순수하게 선물을 주고받는다. 아니, 정확히 말하면 그들은 선물을 주고받았다는 사실 자체를 인식하지 못한다. 사랑하는 사람을 위해 식사를 준비했고 사랑하는 사람을 위해 월급봉투를 건넸을 뿐이다. 그렇기 때문에 그들은 행복하다.

이처럼 선물은 선물을 주는 쪽에서 '선물을 주었다'는 사실조차 망각할 때 가능하다. 그러나 데리다의 주장처럼 선물을 주고서는 주었다는 사실을 깡그리 잊는다는 것이 현실적으로 쉽지 않다.

그렇다면 신혼부부는 세월이 지난 뒤에도 여전히 선물을 주고받을 수 있을까? 불행히도 대부분의 부부는 그렇지 않다. 시간이 지나면서 아내는 남편의 월급을 자신의 수고에 대한 대가로 여기게 되고, 남편도 돈을 벌어다 주는 자신을 위해 아내가 식사를 준비하는 것쯤은 당연한 일로 생각한다. 이렇게 되면 그들이 주고받는 것은 선물이 아니라, 상대에 대한 의무가 되고 시간이 흐르면서 어느새 선물은 뇌물로 변해버린다.

신혼부부의 설레는 사랑, 선물을 주고받았던 살가운 관계는 어느덧 각자의 역할에 따른 의무로 변해서 증발해버렸다. 신혼부부의 사랑을 유지시켰던 선물의 논리가, 식사와 월급이 교환되는 뇌물의 논리로 바뀌어버린 셈이다. 이쯤 되면 부부의 사랑은 예전만 못해지고, 서로에 대한 설렘도 시들해진다.

조직에서는 "월급 받는 만큼 일해야 한다"는 말을 할 때가 있다. 상사는 부하에게 월급에 상응하는, 또는 그 이상의 노력이나 기여를 요구한다. 이러한 논리는 타당해 보인다. 하지만 '받는 만큼 주어야 한다'는 주장은 선물이 아닌 뇌물의 논리가 지배하고 있음을 보여 줄 뿐이다. 뇌물의 논리가 지배하는 한 상사와 부하의 관계는 사랑이 식어버린 부부만큼이나 의무적이다. 상대에게 제공한 뇌물(선물이 아닌)에 대해 채권과 채무의 관계만 존재할 뿐이다. 더 이상 상대방에 대한 살가움이나 설렘은 없다.

리더십의 이론도 선물과 뇌물 중 어떤 논리가 지배하는가에 따라 구분할 수 있다. 정치학자 번스Burns는 리더십의 유형을 '거래적 리더십Transactional Leadership'과 '변혁적 리더십Transformational Leadership'으로 구분했다. 거래적 리더십은 상사와 부하의 관계를 교환 관계로 여기며, 상사가 부하의 이해관계를 자극함으로써 부하의 행동을 촉구한다. 리더는 부하에게 주로 임금 인상이나 특권을 제공하고, 부하는 그 대가로 상사가 기대하는 행동으로 보답한다. 한마디로 뇌물이 오가는 관계인 셈이다. 반면 변혁적 리더십에서는 상사와 부하는 교환 관계가 아니며, 원대한 목표를 달성하기 위해 의식을 고양시킴으로써 영향력을 발휘한다. 변혁적 리더는 부하에게 높은 수준의 욕구를 자극함으로써 더 나은 모습으로 변혁transform하도록 돕는다. 이를 통해 부하뿐만 아니라 리더도 변혁을 경험한다.

상사와 부하의 관계를 선물과 뇌물의 논리로 구분한다면, 거래적 리더십은 뇌물의 논리가, 변혁적 리더십은 선물의 논리가 지배하는 관계다. 상사와 부하와의 관계에서 뇌물이 오가는가, 선물을 주고받는가에 따라 질적인 차이가 난다. 뇌물을 주고받는 사이에서는 헌신이나 배려가 있을 수 없다. 받은 만큼만 주면 된다고 생각하기 때문이다.

반면 선물을 주고받는 사이에서는 상대에 대한 헌신이나 배려가 가능하다. 그들은 준 만큼 받을 것을 기대하지 않는다. 결국 뇌물이 아닌 선물을 주고받는 관계에서만 상사와 부하가 서로를 위할 수 있고 서로가 서로에게 당당한 관계로 자리매김할 수 있다. 당신이 속한 조직은 선물을 주고받는 관계인가, 아니면 뇌물을 주고받는 관계인가?

데리다의 논의는 인간관계에서 행복한 삶을 만들기 위한 의미 있는 관점을 제시한다. 뇌물이 아닌 선물의 논리가 작용할 때에만 진정한 상호 관계가 이루어질 수 있고, 선물을 주고받는 사이에서만 사랑과 행복의 감정이 싹틀 수 있다는 사실이다.

어쩌면 데리다는 진부하다고 생각했던 지혜로운 성인들의 가르침을 반복하고 있는지도 모르겠다. "아무런 대가 없이 네가 가진 것을 주어야만 한다." 가정에서든 조직에서든, 뇌물이 아닌 선물을 주는 지혜를 고민해야만 한다. 그래야 설레는 사랑과 진정한 행복의 가능성이 열리기 때문이다.

17일
왜 진심을 아무도 몰라줄까?

메를로 퐁티 『지각의 현상학』, 비트겐슈타인 『논리철학논고』
진심은 말하지 않아도 드러난다

홍 과장은 지금 무척이나 답답한 심정이다. 후배들이 자신의 진심을 너무나도 몰라주기 때문이다. 홍 과장은 그동안 후배들에게 조언해 주려고 노력해 왔다. 하지만 후배들은 홍 과장의 조언을 간섭이라고 느끼고 반기지 않는 눈치다.

사실 홍 과장도 후배들이 알아서 하도록 내버려 둘까 생각했다. 그러나 일이 잘못되어 팀 전체에 피해가 갈 수도 있고, 제대로 못하고 있는 후배를 보고도 모른 체하는 것이 선배로서의 도리가 아니라고 생각했다. 홍 과장이 후배였던 시절을 생각해 봐도 선배의 조언은 당장은 불편하지만 시간이 지나고 나면 자신을 성장시키는 데 도움이 되었다. 그런 홍 과장의 마음을 후배들이 몰라주니 답답할 따름이다.

한 번은 홍 과장이 후배들을 모아 놓고 솔직하게 이런 마음을 털어놓기도 했다. "이건 진심에서 하는 말인데, 내가 사사건건 참견을 하는 이유는 다 너희가 잘되라고 그러는 거야." 이렇게 솔직하게 자신의 속내를 이야기해도 후배들은 시큰둥했다.

후배들이 자신의 진심을 몰라주는 상황에서 홍 과장은 어떻게 해야 할까?

생텍쥐페리의 소설 『어린 왕자』에 이런 구절이 나온다. "가장 중요한 것은 눈에는 보이지 않아. 마음으로 보이지." 어린 왕자가 여우에게 작별 인사를 할 때 여우가 건넨 말이다. 중요한 것은 마음으로 보인다는 말은 도대체 무슨 의미인가? 마음에 눈이라도 달려 있다는 말인가?

사랑하는 이에게 마음을 전하려 할 때 반드시 눈에 보이는 무언가(예를 들면 값비싼 선물)를 주어야만 하는 것은 아니다. 오히려 수줍게 건넨 편지 한 통이나 다정하게 잡은 손만으로도 마음을 충분히 전할 수 있다. 사랑을 해 본 사람이라면 눈에 보이지는 않지만 마음으로 전해지는 것이 존재한다는 사실을 어렵지 않게 이해할 수 있다.

그렇지만 한편으로는 "중요한 것은 눈에는 보이지 않아"라는 표현이 마음을 나타낼 때 말로 표현하는 일이 쉽지만은 않다는 사실을 반증하는 것은 아닐까?

흔히 자신의 생각을 말로 다 표현하기 힘들다고 느끼곤 한다. 언어 표현의 한계로 인해 생각을 전부 말로 나타낼 수 없다는 것이 일반적인 통념이다. 이는 타자가 존재하기 때문이다. 자신의 속내를 말로 표현했을 때, 불행히도 타자가 말의 의미를 오해할 수도 있고, 아니면 절박하게 받아들이지 않을 수도 있다.

어떤 사람이 마음에 드는 이성에게 사랑의 감정을 말로 표현했다고 치자. 그는 이성에게 처음으로 자신의 속내를 솔직하게 털어놓았다. 그런데 불행히도 상대방으로부터 거절당했다면, 그는 크게 좌절할 것이다. 상대가 진심을 몰라주었다는 사실에 실망할 뿐만 아니라, 마음을 말로는 다 나타내지 못하는 언어 표현의 한계를 절감하게 될 것이다.

그렇다면 타자가 없는 상황에서도 자신의 생각을 말로 표현하는 것이 어렵다고 느낄까? 타자가 없이 혼자 생각하는 경우에는 언어의 한계를 자각하기 어렵다. 타자의 존재를 가정하지 않는다면 자신의 생각을 말로 표현하기 어렵다는 느낌조차 갖기가 어려운 법이다. 프랑스 현상학자인 메를로 퐁티 Maurice Merleau-Ponty 는 다음과 같이 말했다.

> 말하는 사람은 말하기에 앞서 생각하지 않으며, 말하는 동안에도 생각하지 않는다. 말하는 사람의 말이 생각 자체인 것이다.
>
> 「지각의 현상학」

메를로 퐁티는 앞에서 우리가 갖는 일반적인 통념과는 반대되는 주장을 펴고 있다. "말하는 사람은 말하기에 앞서 생각하지 않는다"라는 말은 생각과 말에 대해 매우 중요한 통찰을 제공한다. 생각 자체가 말, 즉 언어를 통해서만 가능하다는 점이다. 다시 말해 말이 곧 생각이다. 따라서 말하는 동안에 생각할 필요가 없다고 주장한다. "말하는 사람의 말이 생각 그 자체"이기 때문이다.

메를로 퐁티의 이러한 주장에도 우리는 말하기에 앞서 생각이 순수하게 존재한다는 느낌을 지울 수가 없는데, 이는 무엇 때문일까? 메를로 퐁티에 의하면 말을 하면서 생각을 떠올리는 순간, 이 생각이 자신도 모르게 말과는 무관한, 순수한 생각이라고 오인하기 때문이다.

그렇다면 "자신의 생각을 말로 다 표현할 수 있을까?" 하는 질문은 그 자체가 잘못된 질문일 수도 있다. 메를로 퐁티에 따르면 어떤 생각이든 말을 통해 등장하므로, 이 질문은 "자신의 생각을 타자가 오해하지 않게 표현할 수 있을까?"라고 바뀌어야 할 것이다.

의사소통에서 타자의 존재는 우리를 언제든 절망에 빠지게 한다. 자신의 생각이나 고민을 타자에게 말로 표현할 때 타자가 거부하거나 오해함으로써 우리를 좌절시킬 수 있기 때문이다. 처음으로 이성에게 자신의 감정을 고백하고도 거절당한 사람처럼 말이다. 이처럼 자신의 생각이 상대에 의해 좌절될 가능성은 항상 존재한다. 그래서 어떤 사람은 좌절을 예방하기 위한 방법으로 의사소통을 거부한 채 침묵을 선택하기도 한다. 그렇다고 해서 언제나 타자와의 의사소통을 완전히 거부하면서 살 수는 없다.

이 대목에서 현대 철학자 비트겐슈타인 Ludwig Joseph Johann Wittgenstein을 만나 볼 필요가 있다. 청년 시절, 그는 『논리철학논고』라는 책을 통해 타자에게 말할 수 있는 것과 말할 수 없는 것을 구분하려고 했다. 책 마지막에 나오는 이야기를 들어 보자.

말할 수 없는 것이 있다. 이것은 드러난다. 그것은 신비스러운 것이다. 말해질 수 있는 것, 그러므로 자연과학의 명제들, 철학과는 아무런 상관이 없는 어떤 것 이외에는 아무것도 말하지 말고, 다른 어떤 사람이 형이상학적인 어떤 것을 말하려고 할 때는 언젠가, 그가 그의 명제들 속에 있는 어떤 기호들에도 아무런 의미도 부여하지 못하였음을 입증해 주는 것, 이것이 본래 철학의 올바른 방법일 것이다. …… 말할 수 없는 것에 대해서는 침묵해야 한다.

「논리철학논고」

비트겐슈타인에 따르면 인간은 말할 수 있는 것을 말하기도 하고, 말할 수 없는 것을 말하기도 한다. 그렇다면 말할 수 있는 것과 없는 것은 무엇인가? 그에 의하면 말할 수 있는 것은 일종의 자연과학의 명제이며, 말할 수 없는 것은 철학, 즉 윤리적, 종교적 혹은 미적 문제와 같이 내면과 관련된 주제다.

그의 주장에 따르면, 이런 내면적인 문제는 말할 수 없는 것이므로 말해서는 안 된다. 내면과 관련된 문제는 말을 하더라도 타자가 이해하지 못할 뿐만 아니라 오해할 수도 있기 때문이다. 이런 의미에서 그는 "말할 수 없는 것에 대해서는 침묵해야 한다"고 주장한 것이다.

비트겐슈타인의 주장을 인정하더라도 말할 수 없는 것에 대해 침묵으로 일관한다면 상대방과 의사소통 자체가 불가능해지는 것은 아닐까? 그 점에 대해 지나치게 걱정할 필요는 없을 것 같다. 비트겐슈타인은 이 점에 대해서도 잊지 않고 한마디 덧붙였다. 말할 수 없는 것에 대해서 침묵하더라도 그것은 신비스럽게도 "드러난다".

어떤 사람이 상대방을 생각해서 특별히 배려했다고 치자. 이때 그 사람은 상대방에게 "내가 당신에게 얼마나 애정을 가지고 배려하는지 당신은 상상도 못할 거야"라고 말할 수 있다. 비트겐슈타인에 따르면 이 말은 '말할 수 없는 것'에 속한다. 따라서 말하지 않아야 한다. 내면적인 문제는 말하더라도 상대방이 이해하지 못할 수도 있고 오해할 수도 있기 때문이다.

그렇다면 비트겐슈타인의 조언을 받아들여 침묵했다고 치자. 그렇다면 상대방은 그가 베푼 배려를 전혀 알아채지 못할까? 그렇지 않다. 내면적인 문제, 즉 '말할 수 없는 것'에 대해서는 침묵하더라도 '드러나기' 때문에 말할 필요가 없는 것이다. 아니, 말해서는 안 된다.

"진심으로 하는 말인데 말이야"라고 말하면서 자신의 속내를 드러내는 경우가 종종 있다. 비트겐슈타인에 의하면 이런 표현은 말하지 않아야 하는 것에 속한다. 말하지 못한다고 속상해할 필요는 전혀 없다. 침묵한다고 해서 진심이 전해지지 않는 것은 아니기 때문이다. 비트겐슈타인의 표현을 빌리자면 진심은 "말해지는" 것이 아니라 "드러나는" 것이다.

후배들이 자신의 진심을 몰라준다고 속상해하는 홍 과장은 어떻게 해야 할까? 어떻게 하면 후배들이 자신의 진심을 알게 할 수 있을까? 비트겐슈타인이라면 침묵하라고 조언할 것이다. 홍 과장이 가진 진심은 '말할 수 없는 것'에 속하기 때문이다.

말할 수 없는 것이기 때문에 말을 하더라도 상대방이 이해하기 어렵고, 오해할 가능성도 높다. 오히려 "왜 혼자 잘난 척하느냐"고

뒷말이나 듣기 십상이다. 이런 상황에서는 차라리 침묵해야 한다. 비록 말하지 않아도 홍 과장이 후배를 생각하는 만큼 대한다면 홍 과장의 진심은 자연스럽게 드러난다. 다만 시간이 걸릴 뿐이다. 그의 진심을 후배들이 알아 줄 때까지 기다리는 것이 최선이다.

    비트겐슈타인은 의사소통의 문제에 어려움을 겪는 우리들에게 소중한 통찰을 제공한다. 말할 수 없는 것에 대해서는 침묵해야 한다는 것, 침묵하더라도 진심은 언젠가 반드시 드러난다는 사실이다.

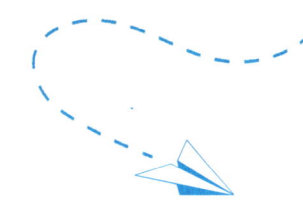

18일
우리는 누구나 가슴에 사표를 품고 산다

가라타니 고진 「탐구 I」
타인과 위태로운 사랑을 즐겨라

홍 과장은 지금 당황스럽다. 사건은 지난주에 있었던 팀 회의에서 일어났다. 최 대리가 자신의 주장을 강하게 어필하는 바람에 팀장과 얼굴까지 붉혀 가며 논쟁을 벌인 것이다. 홍 과장이 보기에는 사소한 입장 차이였다. 그 일로 인해 회의는 중단되었고 서로 감정만 상한 채 마무리되었다. 그리고 두 사람은 그날 이후로 말도 하지 않게 되었다.

그러던 중, 최 대리가 사직서를 들고 나타났다. 홍 과장은 평소 아끼던 후배가 극단적인 선택을 하는 것이 안타까워서 타이르기도 하고 만류해 보았으나, 최 대리는 좀처럼 결심을 바꾸려 하지 않았다.

결자해지 結者解之라는 말이 있듯이 문제를 일으킨 사람이 매듭을 풀어야 한다고 생각한 홍 과장은 팀장에게 현재의 상황을 설명하고, 최 대리가 마음을 돌릴 수 있도록 도움을 요청했다. 최 대리가 자기주장이 강해서 그렇지, 팀에서는 꼭 필요한 인재라는 의견도 함께 전했다. 그런데 홍 과장의 기대와는 달리 김 팀장의 입장은 단호했다. 아무리 능력 있는 사람이라도 팀의 방침에 따르지 않는 사람과는 함께 일할 수 없다는 것이었다. 그러니 당장 사표를 수리하라고 호통을 쳤다. 하지만 홍 과장은 최 대리가 팀에 꼭 필요한 존재이며, 현재 업무를 하는 데 그만한 적임자가 없기 때문에 사표 수리만은 막아야 한다고 생각했다.

왜 최 대리를 바라보는 홍 과장과 팀장의 생각이 다른 것일까?

젊은 부부에게 사랑하는 아들이 태어났다. 주위에서 모두 축하해 주었다. 아이는 부부의 사랑을 듬뿍 받으면서 무럭무럭 잘 자랐다. 그런데 부부에게 불행한 일이 일어났다. 아이가 병에 걸려 태어난 지 1년 만에 세상을 떠난 것이다. 하늘이 무너지는 것 같았다. 부부는 아이를 잃은 슬픔으로 아무 일도 할 수 없었다.

힘들어 하는 부부를 조용히 지켜보던 친구가 위로의 말을 전했다. "슬프겠지만 너무 상심하지 마. 아직 젊으니까 얼마든지 아이를 낳을 수 있잖아. 그만 슬퍼하고 원래의 모습으로 돌아와." 그렇지만 친구의 위로는 부부에게 전혀 도움이 되지 않았다. 젊은 부부에게 죽은 아이는 다른 무엇과도 바꿀 수 없는 것이기 때문이다. 부부는 새로운 아이를 낳는다 하더라도 그 아이가 절대 죽은 아이가 될 수 없다는 사실을 잘 알고 있다.

여기에서 아이를 바라보는 서로 다른 시선을 확인하게 된다. 아이를 '교환 가능하다'고 보는 친구의 시선과 '교환 불가능하다'고 보는 부부의 시선이다. 부부에게 있어서 새로운 아이는 결코 이전에 죽었던 첫 번째 아이를 대신할 수 없다. 아이의 죽음을 목도한 부부는 좀처럼 행복해질 수 없을 것처럼 느낀다. 부부에게 아이란 '교환 불가능한 존재', 즉 '단독자單獨者'이기 때문이다.

이와 마찬가지로, 최 대리를 바라보는 시선은 서로 다르다. 최 대리를 교환 불가능한 존재로 바라보는 홍 과장의 안타까운 시선과 최 대리를 교환 가능한 존재로 바라보는 김 팀장의 단호한 시선이 있다. 둘 중 누구의 시선이 올바를까? 혹시 홍 과장의 시선이 더 인간적이라고 느끼지 않는가? 대부분의 사람들은 단호한 김 팀장보다는 정감 넘치는 홍 과장에게로 마음이 기울 것이다. 하지만 조직 생활에서 이런 것이 반드시 좋다고만 할 수 있을까? 섣부른 결론은 금물이다. 조금 더 숙고해 보자.

서로 상반된 시선을 보이는 홍 과장과 김 팀장의 속내를 좀 더 이해하기 위해 인간 존재에 대해 깊이 성찰할 필요가 있다. 타자의 문제를 깊이 성찰했던 일본의 철학자이자, 현대의 일본 지성을 상징하는 가라타니 고진柄谷行人은 비트겐슈타인의 철학적 통찰을 계승하면서 흥미진진하게 타자론을 전개한다. 먼저 그의 주장을 들어 보자.

> 나는 자기 대화 또는 자신과 동일한 규칙을 공유하는 사람과의 대화를 대화라고 부르지 않는다. 대화는 언어 게임을 공유하지 않는 사람들 사이에서만 존재한다. 그리고 타자 역시 언어 게임을 공유하지 않는 사람이어야만 한다.
>
> 「탐구 I」

흔히 두 사람 이상이 모여서 서로 의견을 주고받으면서 이야기하는 것을 보고 '대화를 나눈다'라고 표현한다. '대화'는 말 그대로 '마주 대하여 말을 주고받는다'는 의미다. 하지만 가라타니 고진의 시각에서는 말을 주고받는다고 해서 모두 대화인 것은 아니다. 그의 주장에 따르면 하나의 동일한 규칙을 공유하고 있는 두 사람 사이에서 진행되는 이야기는 겉으로만 대화로 보일 뿐, 대화라고 할 수 없다. 기존의 것과는 다른, 새로운 정보가 들어올 수 없기 때문이다. 가라타니 고진의 관점에서 대화는 자신과는 다른 규칙을 가진 사람, 다시 말해 언어 게임을 공유하지 않는 사람끼리만 가능하다는 논리다. 당신은 가라타니 고진의 주장에 동의할 수 있는가?

가라타니 고진의 주장은 흔히 조직에서 효율적인 회의 진행을 위해 사전에 그라운드 룰Ground rule을 정해 두는 일반적인 모습과는 다른 듯하다. 그렇지만 당황할 필요는 없다. 그의 주장은 대화의 외형이 아니라 대화의 본질에 대한 성찰이니까 말이다.

그는 타자론에서 다음과 같이 주장한다. "타자는 언어 게임을 공유하지 않는 사람이어야 하며, 그런 타자와의 관계는 비대칭적인 것이다." 이것은 또 무슨 말인가? 흔히 자신과 생각을 같이하는 사람을 편하게 생각하고 그런 사람을 가까이하려고 한다. 반면 자신과 생각이 다른 사람은 불편하게 생각하고 배척하거나 피하려는 경향이 있다. 하지만 가라타니 고진이 말하는 타자론은 타인을 바라보는 일반적인 생각과는 다르다.

그는 자신과 생각이 다른 사람을 '타자'로 인식한다. 결국 타자는 자신과 생각이 다른, 달리 표현하자면 삶의 규칙이 다르고 언어 게임을 공유하지 않는 사람을 말한다. 이런 의미에서 가라타니 고진은 "타자와의 관계는 비대칭적인 것"이라고 표현했다. 규칙이 다르고 언어 게임을 공유하지 않기에 나와는 다른, 다시 말해 비대칭적인 관계일 수밖에 없다. 그는 이러한 비대칭적인 관계에 있는 타자와 비로소 대화가 가능하다고 주장했다.

최 대리가 사직서를 제출하게 된 결정적인 계기가 된, 팀 회의에서의 팀장과의 의견 충돌은 사실 가라타니 고진의 관점에서 보면 오히려 올바른 대화로 볼 수 있다. 최 대리는 김 팀장과 언어 게임을 공유하지 않았으며, 비대칭적인 관계에 서 있는 사람이기 때문이다. 가라타니 고진의 주장이 재미있게 느껴지겠지만, 실제로 자신과 언어 게임을 공유하지 않는 사람과 비대칭적 관계에 서서 대화한다면 기꺼이 상대방을 인정하면서 그의 주장을 받아들이기는 쉽지 않다.

가라타니 고진은 집단의 형태를 공동체community와 사회society로 구분했다. 공동체가 "하나의 언어 게임으로 닫혀 있다"면, 사회란 "최소한 두 가지 이상의 언어 게임이 마주치는 공간"이라고 할 수 있다. 공동체는 오직 하나의 언어 게임만 존재하는 공간이므로, 공동체에서는 겉으로는 대화하는 것처럼 보이지만 사실 생명력을 잃은 말만이 오갈 뿐이다. 이견도 반론도 없다. 그렇기 때문에 다툼도 없다. 단 하나의 게임 규칙에 의해 통일되어 있기 때문이다. 대표적인 공동체가 바로 '군대' 조직이다. 군대에서는 다른 규칙은 허용되지 않는다. 따라서 대화는 없으며, 명령과 복종만 있을 뿐이다.

반면 사회는 서로 다른 삶의 규칙을 가진 타자와 위태로운 언어 게임을 즐기는 공간이다. 나의 언어와 타자의 언어가 다르다. 사회에서는 나와 타자는 위험한 도약 혹은 비약을 감행하는 공간이기도 하다. 가라타니 고진은 두 가지 이상의 언어 게임 규칙이 존재하는 사회에서만 대화가 가능하다고 보았다. 사회에서는 언어 게임의 규칙이 동일하지 않기 때문에 다툼이 자주 일어난다. 하지만 주고받는 말에는 생명력이 있다. 대화가 이루어지는 것이다.

가라타니 고진의 공동체와 사회에 대한 개념을 남녀 간의 결혼과 연애에 비유했다. 수십 년을 함께 살아온 노부부의 결혼 생활이 공동체라면, 지금 막 사귀기 시작한 남녀의 연애 생활은 사회에 비유할 수 있다.

수십 년을 같이 산 노부부는 서로에 대해 잘 알고 있으며, 결혼 생활의 규칙에도 익숙하다. 그래서 반론도 다툼도 없다. 동일한 언어 게임을 하고 있기 때문이다. 한마디로 그들은 지극히 일상적인 삶을 살고 있다. 반면 지금 막 연애를 시작한 남녀는 노부부와는 상황이 다르다. 그들은 서로에 대해 잘 모른다. 그래서 가끔은 의견 충돌이 발생하기도 하고, 그로 인해 다투기도 한다. 그들이 지금까지 서로 다른 언어 게임의 규칙을 가지고 살아 왔기 때문이다. 하지만 다른 규칙 때문에 상대방과의 대화에 더 집중하게 된다.

결혼이 '공동체적인 것'이라면 연애는 '사회적인 것'이라고 할 수 있다. 결혼과 달리 연애는 나의 맹목적인 기대가 상대방에 의해 거부당할 수 있는 위험성을 내포하고 있다. 흥미로운 점은 이런 위험 때문에 연애 기간 동안의 사랑이 열정적일 수 있다는 사실이다. 노부부간의 사랑은 위험이 없는 대신 열정도 없다.

이제 우리의 모습으로 돌아가 보자. 조직에서 공동체를 원하는가, 아니면 사회를 원하는가? 당신은 조직 구성원과 결혼 생활을 하고 있는 중인가, 아니면 연애 중인가? 자신이 속한 조직이 '공동체'가 되기를 원하는 리더라면 구성원들에게 자신과 동일한 언어 게임을 요구할 것이다. 그리고 자신과 다른 규칙을 가진 사람이 자신의 규칙에 따르도록 바꾸려 할 것이다. 이때 상대가 자신의 규칙을 바꾸지 않으면 어떻게 될까? 규칙이 달라서 의견 충돌이 잦을 것이다 (고진의 입장에서는 '대화가 이루어지는 순간이다). 이런 상황이 되면 리더는 자신의 규칙을 따르지 않는 사람은 공동체에서 배제하려 할 것이다. 공동체를 지향하는 사람은 상대방을 '교환 가능한 존재'로 보기 때문이다.

반면 조직이 '사회'가 되기를 기대하는 리더는 자신과 언어 게임을 공유하지 않는 사람과도 기꺼이 대화를 해 나갈 것이다. 언어 게임을 공유하지 않는 사람에 대해서도 그의 '타자성'을 인정하고, 자신과 다른 의견에 귀를 기울일 것이다. 이러한 태도는 상대방을 '교환 불가능한 존재'라는 인식이 전제되었기 때문에 가능한 일이다.

공동체를 원하는가, 아니면 사회를 원하는가? 공동체는 안정적이다. 그러나 어제와 같은 반복일 뿐이다. 마치 오랜 결혼 생활에 감정이 무뎌진 노부부처럼. 반면 사회는 위태롭다. 나의 기대가 상대방으로부터 거부당할 위험이 항상 존재한다. 하지만 어제와는 다른 새로움에 대한 희망이 있다. 마치 한눈에 반한 이성에게 목숨을 걸고 돌진하는 젊은이처럼. 그래서 불안하지만 열정이 넘친다.

19일
팀원들이 상사에게 불만을
이야기하지 않는 이유

들뢰즈 「프루스트와 기호들」
사랑에 빠져서 상대가 보내 오는
신호에 민감해져라

김창수 팀장은 요즘 들어 팀원들의 행동이 이상하다고 느꼈다. 업무 방식은 평소와 별 차이가 없었으나, 업무 중에 사적인 대화를 거의 하지 않고 전반적으로 분위기가 가라앉아 있다는 느낌이 든다. 개별적으로 만나서 불만이나 고민이 있는지 물어보아도 별다른 이야기가 없다. 분명히 예전과는 분위기가 다른데, 팀원들이 그 이유를 말하지 않으니 팀장으로서는 답답할 뿐이다.

김 팀장은 팀 전체가 모인 회의 시간에 이 문제에 대해 직접 언급했다. 업무나 팀 운영에 대한 생각이나 불만 등에 대해 개개인의 솔직한 의견을 들어 보기로 한 것이다. "오늘은 팀 운영에 대해 각자가 생각하고 있는 바를 허심탄회하게 이야기하는 시간을 갖도록 합시다. 무슨 이야기라도 상관없습니다. 할 말이 있는 사람은 말해 보세요." 그런데도 팀원들 중에서 선뜻 나서서 의견을 내놓는 사람은 없었고 오히려 분위기만 어색해졌다. 팀원들의 솔직한 생각을 듣고 싶었던 김 팀장은 더 답답해졌다.

　팀원들의 솔직한 생각을 듣기 위해서 김 팀장은 어떻게 해야 하는 것일까?

　서양에서는 아리스토텔레스 이래로 '인간은 생각하는 존재'라고 여겨 왔다. 생각한다는 것, 즉 사유 능력이야말로 인간을 다른 동물과 구별되게 하는 결정적인 기능이다. 그렇다면 인간은 항상 생각하는 것일까? 인간은 분명 동물과는 달리, 생각하는 존재임에는 틀림이 없다. 그러나 재미있는 점은 인간은 '항상' 생각하고 있는 것은 아니라는 사실이다.

　예를 들어 보자. 아침에 일어나서 화장실을 갈 때 '생각하면서' 볼일을 보는가? '밤사이에 내 방광이 오줌으로 가득 찼을 것이다. 따라서 지금 일어나서 소변을 보아야 한다. 먼저 침대에서 일어난 후, 방문 손잡이를 오른쪽으로 돌려 문을 열자. 그다음에는 화장실로 걸어가자. 화장실 문의 오른쪽에 있는 버튼을 눌러 화장실 불을 켠 후, 화장실로 들어가서 변기 뚜껑을 올리고 나서 소변을 보자.' 아마도 이렇게 생각하는 사람은 없을 것이다.

　아침에 깨면 '아무 생각 없이' 일어나서, '아무 생각 없이' 화장실 불을 켜고, '아무 생각 없이' 변기 뚜껑을 열고, '별다른 생각 없이' 소변을 본다. 이러한 일련의 과정에서 생각이 개입되는 경우는 거의 없다. 단지 습관적으로 그렇게 할 뿐이다. 곰곰이 생각해 보면, '항상 생각하지는 않는다'는 명제는 자명한 사실이다. 정확히 말하면 생각을 할 때도 있고, 생각하지 않을 때도 있는 것이다. 그렇다면 언제 생각을 하는가?

"나는 생각한다. 그러므로 존재한다"라는 데카르트의 명제 이후, 신을 중심으로 전개되던 사유가 인간 중심으로 재편되면서 근대 철학이 시작되었다. 데카르트에 의해 인간은 의심할 여지 없이 '생각하는 주체'로 당당히 자리매김하게 된 것이다. 그러나 인간은 '항상' 생각하는 것은 아니다.

그렇다면 인간은 언제 생각하는가? 앞의 사례에서처럼 아침에 일어나서 '아무 생각 없이' 방문을 열고 화장실로 걸어가서 화장실 불을 켜고 변기 뚜껑을 열고 소변을 본다. 이처럼 '정상적인 상황'에서는 생각이 작동하지 않는다. 그렇다면 생각하는 순간은 '정상적이지 않은 상황'이 아닐까?

아침에 일어나 소변을 보려고 방문 손잡이를 돌렸는데 평소와는 달리 방문이 열리지 않는다면, '어! 왜 문이 열리지 않지? 혹시 문이 잠겼나?' 하고 생각하기 시작할 것이다. 화장실 불을 켜려고 버튼을 눌렀는데 평소와 달리 불이 켜지지 않는다면 '어! 불이 켜지지 않네. 정전인가? 아니면 전구가 고장났나?' 하면서 생각의 메커니즘이 작동한다. 이처럼 생각은 '정상적인 상황'에서가 아니라, '정상적이지 않은 상황'을 접했을 때 비로소 하게 되는 것이다.

여기에서 생각을 언제 하게 되는지에 대한 비밀을 엿볼 수 있다. 앞서 살펴본 것처럼 생각은 '항상' 하는 것이 아니라, '오직 기대하지 않았던 사건과 조우할 때만' 하게 된다. 독일 철학자 하이데거는 『존재와 시간』에서 우리가 언제 생각을 하는지 상세히 설명하고 있다.

그에 의하면 생각은 "배려함 Besorgen"이 아니라, 그 반대인 "눈에 띔Auffallen"의 경우에 발생한다. 하이데거의 표현이 익숙하지 않아서 다소 혼란스러울지 모르겠다. 쉽게 표현하자면 '배려함'이란 '특별히 의식하지 않고 어떤 것과 관계하는 상황'을 말한다. 가령 아침에 일어나서 평소처럼 의식하지 않고 소변을 보는 상황은 '배려함'의 상황이다. '배려함'의 상황에서는 특별하게 의식하지 않으므로 생각도 일어나지 않는다.

반면 '눈에 띔'이란 '일상적이지 않고 예외적인 경우'를 의미한다. 생각은 오직 예외적인 사건을 접했을 때, 즉 '눈에 띔'의 상황에서 일어난다. 일상 속에 너무나도 당연하게 존재하기 때문에 새삼스럽게 마음에 두지 않던 것이 어느 순간엔가 눈에 들어올 때가 있다. 이때가 '눈에 띔'의 순간이다. 문을 여는데 평소와 달리 문이 열리지 않거나 불을 켜는데 평소와 달리 불이 켜지지 않는 상황이 바로 그것이다. 이처럼 친숙함이 사라지고 낯섦이 찾아오는 순간, 우리는 생각하기 시작한다.

팀원들로부터 솔직한 생각을 듣고 싶어 하는 김 팀장의 사례로 돌아가 보자. 김 팀장은 왜 팀원들에게서 솔직한 생각을 들을 수 없는 것일까? 김 팀장의 고민에 대해 프랑스의 현대 철학자 질 들뢰즈에게서 도움을 받을 수 있다.

우리가 구체적인 상황과 관련하여 진실을 찾지 않을 수 없을 때에만, 그리고 우리를 이 진실 찾기로 몰고 가는 어떤 폭력을 겪을 때에만 우리는 비로소 진실을 찾아 나선다. 누가 진실을 찾는가? 바로 애인의 거짓말 때문에 고통받는 질투에 빠진 남자다. 우리에게 진실 찾기를 강요하고 우리에게서 평화를 빼앗아가기도 하는 기호의 폭력은 늘 도사리고 있다. 진실은 친화성이나 선의지를 통해 찾게 되는 것이 아니다. 진실은 비자발적인 기호로부터 누설되는 것이다. …… 진리는 어떤 사물과의 마주침에 의존하는데, 이 마주침은 우리에게 사유하도록 강요하고 참된 것을 찾도록 강요한다.

「프루스트와 기호들」

하이데거와 마찬가지로 들뢰즈도 우리의 생각은 기본적으로 예기치 못한 사건과 조우했을 때, 그의 표현대로라면 "어떤 사물과의 마주침"으로부터 "비자발적"으로 나타난다고 말한다. '비자발적'이라는 말은 낯선 상황이 우리로 하여금 생각하도록 강제한다는 의미다.

어느 날 남편이 퇴근했는데, 항상 집에 있던 아내가 오늘따라 보이지 않는다. 아무런 말도 없이 아내가 집을 비운 것이다. 퇴근할 때면 항상 집에 있던 아내가 오늘은 평소와는 달리 집에 없다. 예기치 않게 아내가 집을 비운 사건에 마주친 남편은 비로소 '아내가 어디 갔지?'라는 생각에 빠지게 된다. 비자발적인 낯선 상황이 남편으로 하여금 그런 생각을 하도록 강제한 것이다. 남편이 퇴근했는데 평소와 같이 아내가 집에서 그를 맞아 주었다면, 남편은 아무 생각도 하지 않았을 것이다.

남편과 아내의 이야기를 좀 더 이어가 보자. 남편에게 아무 말도 없이 집을 비운 아내는 자정을 넘긴 시간에 얼굴에 홍조를 띤 채 콧노래를 흥얼거리며 돌아왔다. 지금의 아내는 평소에 익숙하게 보아

왔던 어제까지의 아내와는 분명 다른 사람이다. 남편은 아내가 지금까지 어디에서 무엇을 하다가 왔는지 궁금해진다. "어디서 뭘 하다 온 거야?" 아내는 옆집에 사는 친구와 간단히 맥주 한잔을 하다가 늦었다고 둘러댄다. 밤늦게 들어온 아내의 대답을 남편은 액면 그대로 받아들일 수 없다. 변명처럼 들릴 뿐이다. 아내의 변명 같은 대답을 들은 남편은 갑자기 질투를 느낀다. 평소에는 전혀 느끼지 못했던 감정이다. 아내의 밤늦은 귀가는 남편으로 하여금 평소에 느끼지 못한 감정을 강요하고 있다.

그렇다면 진실은 무엇일까? 남편의 머릿속은 매우 복잡해졌다. 온갖 생각으로 가득 차 있기 때문이다. '이 시간까지 어디서 뭘 하다 가 온 것일까?' 여러 가지 생각으로 머릿속이 복잡해진 남편은 들뢰즈의 설명으로 도움을 받을 수 있다. 들뢰즈는 진실이 '기호 sign'에 있다고 말한다. "애인의 거짓말 때문에 고통받는 질투에 빠진 남자"는 기호를 통해 진실을 찾아야 한다. 애인이 하는 말보다는 기호가 진실을 더 잘 보여 준다는 것이다.

밤늦게 술에 취한 채 귀가한 아내의 홍조 띤 얼굴, 흥얼거리는 콧노래, 미안한 듯한 눈빛 등이 아내가 보내는 '기호'다. 남편은 지금 아내가 보여 주는 기호로부터 질투를 느끼고 있다. 이처럼 남편은 아내의 말보다는 아내가 누설하는 기호로부터 진실을 발견해야 한다. 들뢰즈에 따르면, 우리를 "사유하도록 강요하는 것은 기호"다. 이러한 "기호는 우연한 마주침의 대상"이다. 밤늦게 귀가한 아내가 누설하는 기호는 지금 남편에게 사유하기를 강요한다.

들뢰즈의 분석은 무척이나 흥미롭다. 빠트리지 말아야 할 점은

'기호'보다는 '마주침'이란 요소가 더 중요하다는 사실이다. 아내의 늦은 귀가로부터 사유하도록 강요받은 남편이 마침 그날 야근을 했더라면 술 마시고 늦게 들어온 아내와 마주칠 일도 없었을 것이고, 따라서 그녀가 '누설하는' 기호도 발견할 수 없었을 것이다. 결국 아내에 대한 남편의 생각은 먼저 아내와의 우연한 마주침이 있었기에 가능한 것이다.

팀원들의 솔직한 생각을 듣고 싶어 하는 김 팀장이 알고 싶어 하는 진실은 무엇일까? 회의 자리에서 자유롭게 발언하도록 하는 것으로 김 팀장은 진실을 알 수 있을까? 쉽지 않은 일이다. 현재로서는 김 팀장이 진실을 발견하는 데에는 한계가 있다.

그렇다면 어떻게 해야 하는가? 들뢰즈의 조언대로라면 김 팀장은 팀원들과의 우연한 마주침에서 누설되는 '기호'로부터 진실을 발견해야 한다. 일상에서 팀원들과의 마주침으로부터 기호를 발견하고, 그 기호를 해석해야 하는 것이다. 일방적으로 "허심탄회하게 말해보자"라고 말한다고 해서 진실이 드러나는 것은 아니다.

들뢰즈는 상대가 누설하는 기호를 통해 진실에 더 쉽게 접근할 수 있다고 말한다. "사실 진실은 전달되지 않고 누설된다. 진실은 전달되지 않고 해석된다." 진실은 말보다는 기호에 있다는 들뢰즈의 통찰은 동양의 공자와도 통한다.

『논어』「위정爲政」9장에는 "퇴이성기사退而省其私"라는 대목이 나온다. 공자가 제자 안회와 대화를 나눈 뒤에 "돌아와서 사적인 생활을 살펴보고 나서" 그의 진실을 알았다는 뜻이다. 공자도 안회가 어떤 사람인지에 대한 진실은 대화를 통해 알게 된 것이 아니라, 그가 '사적인 생활에서 어떤 자세로 살아가는지', 즉 사생활에서 누설되는 기호를 통해 더 정확히 알게 된 것이다. 결국 들뢰즈와 공자는 같은 말을 한다고 볼 수 있다. 진실에 접근하기 위해서는 상대방이 누설하는 기호를 잘 해석해야 한다는 것이다.

진실에 접근하는 방법은 진실의 강요가 아니라, 우연한 마주침 속에서 누설되는 기호를 해석하는 것이다. 리더의 입장에서 팀원들이 누설하는 기호를 잘 해석하기 위해서는 무엇이 필요할까?

들뢰즈는 이 물음에 대해서도 좋은 관점을 제시한다. "사랑에 빠진다는 것은 어떤 사람을 그 사람이 지니고 있거나 방출하는 기호들을 통해 개별화시키는 것이다. 즉, 사랑에 빠진다는 것은 이 기호에 민감해지는 것이며, 이 기호로부터 배움을 얻는 것이다." 상대방이 누설하는 기호를 잘 해석하기 위해서는 그와 사랑에 빠져야 한다. 사랑에 빠져야 기호에 민감해지기 때문이다. 사랑을 해 본 사람이라면 쉽게 이해할 수 있을 것이다.

상대의 진실을 알고 싶은가? 그렇다면 상대방이 보내는 기호를 잘 해석해야 한다. 결국 들뢰즈는 너무도 당연하게 여겨 왔던 공자의 말을 반복하고 있는 셈이다. 상대방의 기호에 민감해지기 위해서는 그와 사랑에 빠져야 한다고 말이다. 상대를 진정으로 알고 싶은가? 그렇다면 그와 사랑에 빠져라!

20일
오늘도 퇴근 후 술집을 찾는 당신

스피노자 『에티카』
행복을 원한다면 아무리 힘들어도
현실과 당당히 맞서라

총무팀 강 과장은 월요일 저녁부터 술집에 앉아 있다. 가급적 월요일만큼은 술자리를 가지지 않으려고 했으나, 월요일부터 스트레스 받는 일이 생겼다. 사건의 발단은 팀장이 사장실에 다녀오면서였다. 사장실에 다녀온 팀장은 지난주에 지시했던 '거래처 채권 관리 실태 조사 보고서'를 당장 내놓을 것을 요구했다. 그러나 그 업무의 담당자인 강 과장은 다른 업무 때문에 보고서를 완성하지 못한 상태였다. 그래서 팀장은 사장님께 제때 보고하지 못하게 되었고, 강 과장은 팀원들이 보는 앞에서 크게 꾸중을 들었다. 이 일로 인해 강 과장은 자존심에 큰 상처를 입었다.

강 과장은 팀장의 호통에 아무 대꾸도 하지 못했으나 할 말이 없는 것은 아니었다. 팀장이 업무를 지시하면서 언제까지 완성하라고 말한 적이 없었고, 다른 중요한 업무 처리 때문에 하지 못했다는 사실을 팀장도 알고 있었기 때문이다. 팀장은 이런 상황을 알고도 부하인 자신에게 모든 책임을 떠넘겼다. 강 과장은 지금까지 최선을 다했다고 생각했는데, 이번 일로 팀장에게 꾸중을 들으니 기분이 좋을 리가 없었다. 그날 저녁에 강 과장은 후배인 최 대리와 단골 술집에 앉아서 술잔을 기울이며 이렇게 말했다. "나는 팀장 얼굴만 보면 하루 종일 재수가 없어. 재수가!"

강 과장은 팀장 때문에 생긴 스트레스를 술자리에서 해소할 수 있을까?

서양 철학에서는 예로부터 인간의 본성을 이성적인 것으로 여겼다. 스토아학파의 철학자인 세네카Seneca도 "인간은 이성적 동물이다"라고 했을 정도로 인간이 가진 이성적 사유 능력은 동물과는 구별되는 특별한 능력으로 간주되었다. 다시 말해 다른 동물과는 달리 인간만이 유일하게 이성적으로 사유할 수 있다는 말이다.

인간의 본성에 대한 사유는 근대 철학의 아버지라 일컬어지는 데카르트까지 이어졌다. 코기토cogito 명제가 상징하듯이, 인간은 지극히 이성적으로 사유할 수 있는 존재로 인식되었다. 하지만 인간은 정말로 이성적인 존재일까? 인간이 감성보다는 이성에 의해 지배받는 존재라고 자신 있게 말할 수 있을까?

데카르트를 포함한 많은 철학자들이 인간이 이성을 가진 합리적인 존재라고 생각했던 것과는 달리 파스칼Blaise Pascal은 인간이 '심정coeur'과 '이성raison'이라는 두 가지 마음의 계기를 가지고 있다고 보았다. 이성은 인간이라면 누구나 가지는 잠재적인 능력인 반면, 심정은 개개인이 가지는 직관적 감성과 판단 능력을 의미한다. 파스칼에 따르면 인간의 호오好惡는 이성적 판단에 따른 것이라기보다는 감정에 따른 즉흥적 결과일 뿐이다. "팀장 얼굴만 보면 하루 종일 재수가 없어"라는 강 과장의 평가는 이성적 판단에 의한 결과라기보다는 감정에 따른 즉흥적인 판단으로 이해할 수 있다.

한편, 월요일 저녁부터 술집을 찾을 수밖에 없는 강 과장의 심정은 이해할 만하다. 그렇다면 여기에서 직장이라는 공간이 주는 의미를 생각해 볼 필요가 있다. 대부분의 사람들이 하루 중 가장 많은 시간을 보내는 곳이 바로 직장이다. 그렇다면 직장은 기쁨이나 즐거움을 주는 공간인가, 아니면 고통이나 슬픔을 주는 공간인가?

대개의 경우 직장에는 기쁨과 슬픔이 공존한다. 기쁠 때도 있고 슬플 때도 있다. 하지만 중요한 점은 직장에서 느끼는 개인의 감정이 단독적인 것은 아니라는 사실이다. 직장에서 느끼는 감정은 주로 타자와의 마주침에서 발생한다. 직장에서 상사나 동료 등 타자와의 마주침에서 발생하는 감정은 크게 두 가지의 감정으로 구분된다. 하나는 기쁨의 감정이고, 다른 하나는 슬픔의 감정이다.

타자와의 마주침에서 기쁨 또는 슬픔의 감정이 일어난다는 사실을 받아들인다면, 많은 사람들이 난해하다고 느끼는 스피노자Baruch De Spinoza의 사유를 접해도 좋을 듯싶다. 스피노자는 마주침과 그로 인해 발생하는 감정에 대해 흥미 있는 윤리학을 피력했던 철학자로 유명하다.

그는 기존의 윤리학에서처럼 도덕이나 규범을 강조한 것이 아니라, 기쁨과 유쾌함이라는 전혀 새로운 윤리학의 전통을 확립했다. 『에티카』를 통해 인간의 감정에 대한 그의 사유를 들어 보자.

우리들의 정신이 큰 변화를 받아서 때로는 한층 큰 완전성으로, 때로는 한층 작은 완전성으로 이행할 수 있다는 것을 안다. 이것은 우리들에게 기쁨과 슬픔의 감정을 설명해 준다. 그러므로 나는 아래에서 기쁨을 정신이 더 큰 완전성으로 이행하는 감정으로 이해하지만, 슬픔은 정신이 더 작은 완전성으로 이행하는 감정으로 이해한다. 더 나아가서 나는 정신과 신체에 동시에 관계되는 기쁨의 감정을 쾌감이나 유쾌함이라고 하지만, 슬픔의 감정을 고통이나 우울함이라고 한다.

「에티카」

스피노자의 말처럼 우리는 타자와의 마주침을 통해 "정신이 큰 변화를 받"는다. 이때 자신이 더 완전해진다는 느낌을 받을 수도 있고, 반대로 덜 완전해진다는 느낌을 받을 수도 있다. 쉽게 말해 기분이 좋아질 수도 나빠질 수도 있는 것이다. 친한 친구나 사랑하는 연인을 만나면 충만감을 느끼는 반면, 싫어하거나 위협적인 사람을 만나면 위축된다. 스피노자라면 전자처럼 충만한 느낌을 "기쁨"으로, 후자처럼 위축된 느낌을 "슬픔"이라고 표현할 것이다.

타자와 마주쳤을 때 기쁨을 느낀다면, 그 사람과의 만남을 지속하려 할 것이다. 그와의 만남에서 발생하는 기쁨과 유쾌한 감정이 계속되기를 원하기 때문이다. 반대로 타자와의 만남에서 슬픔의 감정이 느껴진다면 그 사람과의 만남을 지속하지 않고 떠나려고 할 것이다. 슬픔의 감정이 계속되기를 원하는 사람은 없기 때문이다. 이처럼 타자와의 마주침에서 발생하는 감정에 따라 우리의 행동이 달라진다.

한편, 스피노자에게서 인간이 타자와의 마주침을 통해 사유하는 삶의 주체라는 사실을 발견하게 된다. 스피노자에게 삶의 주체란 자신의 삶을 유쾌하고 즐겁게 증진시키려는 의지, 즉 '코나투스 conatus'를 가진 주체라고 할 수 있다. 스피노자는 인간을 비롯한 모든 사물에는 존재를 유지하려는 경향이 있는데, 이 힘을 '코나투스'라고 불렀다.

중요한 사실은 인간이나 사물이 가지고 있는 '코나투스'는 불변하는 실체가 아니라는 점이다. 그것은 타자와의 마주침을 통해 증가하거나 감소할 수 있는 매우 역동적인 힘이다. 우리는 타자와의 마주침을 통해 기쁨의 감정을 느낄 수도, 슬픔의 감정을 느낄 수도 있다. 특히 기쁨, 쾌감 혹은 유쾌한 감정이 발생했을 때에는 삶의 에너지가 증가되었다는 것을 직감할 수 있다. 이러한 상태를 스피노자는 "코나투스가 증진"되었다고 표현한다. 스피노자의 따르면, 인간은 살아가면서 필연적으로 코나투스가 증가되는 방향으로 행동하고 실천하게 된다. 이와 같이 코나투스가 증가하는 쪽으로 행동하는 것이 스피노자 윤리학의 핵심이다.

팀장 때문에 스트레스를 받고 있는 강 과장에게로 시선을 돌려보자. 강 과장은 팀장과의 마주침을 통해 코나투스가 감소했다. 그래서 고통과 우울함이 수반되는 슬픔의 감정을 느낀 것이다. 직장에서 상사로부터 슬픔의 감정을 느끼는 강 과장의 사례는 매우 특이한 경우라고 말할 수 있을까? 그렇지 않다. 이와 같은 사례는 대부분의 직장인이 흔히 겪는 일이다. 많은 사람들이 직장에서의 스트레스 원인으로 '상사와의 관계'를 지목하기도 한다.

그렇다면 직장 생활에서는 코나투스가 증진되는 경우가 많을까, 아니면 감소되는 경우가 많을까? 이 질문에 대한 답변은 개인마다 다를 수 있지만, 직장에서 코나투스가 증가하는 사람보다는 감소하는 사람의 비율이 높다는 데 이견을 보이는 사람은 없을 것이다. 실제로 직장 생활에서 우울하고 슬픈 감정 상태에 빠지는 경우를 종종 목격하게 된다. 하지만 대다수의 사람들은 이곳에서 벗어나려 하지 않는다. 직장이라는 곳은 감정을 따지기 이전에 생계와 직결된 공간이기 때문이다. 그래서 대부분의 사람들은 자신의 생존이나 가족의 생계를 위해 직장에서 얻는 슬픔을 묵묵히 감내해낸다.

스피노자에 의하면 인간은 본능적으로 더 큰 완전성, 기쁨 그리고 쾌활함을 추구하는 존재다. 하지만 현실에서는 기쁨과 행복의 본능을 추구하기보다는 오히려 슬픔과 불행의 상태를 감내하고 있는 경우가 많다. 그렇기 때문에 슬픔을 달래기 위해 퇴근 후에 술집이나 노래방을 찾는 사람이 많은지도 모르겠다. 이런 의미에서 보자면, 퇴근 후에 사람들이 찾는 술집이나 노래방은 유흥을 위한 장소라기보다는 직장에서 얻은 상처를 치유하기 위한 '직장인 치료소'인 셈이다. 퇴근 후 치료소를 찾은 사람들은 음주가무를 통해 슬픔과 우울함으로 얼룩진 상처에 일회용 반창고를 붙인다.

그렇다면 이러한 인스턴트식 처방을 통해 정말로 상처를 치유할 수가 있을까? 현실과는 동떨어진 술집이나 노래방에서의 일회성 기쁨이 개인의 삶에 진정한 행복을 가져다줄 리는 만무하다. 직장, 더 넓게는 자신의 삶에서 만나게 되는 타자와의 마주침, 그로부터 발생하는 자신의 감정을 회피하지 말고 정면으로 응시해야 한다. 그리고 삶의 현장에서 기쁨과 유쾌함을 지키기 위한 노력을 게을리해서는 안 된다.

　이것이 스피노자가 역설했던 '기쁨의 윤리학'의 핵심이다. 물론 삶에서 잃어버린 행복과 기쁨을 되찾는 일은 결코 쉽지 않다. 그렇기 때문에 스피노자는 『에티카』의 마지막 문장에서 다음과 같이 주장했다. "모든 고귀한 것은 힘들 뿐만 아니라 드물다"고. 기쁨의 윤리학을 통해 행복한 삶을 강조했던 스피노자도 행복은 쉽게 찾아오는 것이 아니라고 보았다. 그렇기 때문에 행복을 얻기 위한 노력을 게을리해서는 안 된다는 것이 그의 핵심적인 주장이다. 행복하기를 원하는가? 행복을 원한다면 현실을 회피하지 말고 당당하게 맞서야 한다. 그래야 타인에 의한 삶이 아니라 자신만의 삶과 행복을 향유할 수 있다.

5부

차이를 가로질러
소통의 다리를
놓는 법

21일
어쩌면 당신도 왕따가 될 수 있다

비트겐슈타인 『철학적 탐구』
상대방과 삶의 문맥을 공유하라

모처럼 회사 동료들과 술자리를 가진 홍 과장. 멤버는 동기인 김 과장과 후배인 장 대리다. 오늘은 장 대리가 자주 가는 단골 술집에 가기로 했다. "주인 할머니의 손맛이 끝내준다"는 장 대리의 말에 이끌려 일행이 도착했을 때, 술집은 빈자리가 없을 정도로 사람들로 붐볐다. 일행은 구석에 겨우 자리를 잡을 수 있었고, 장 대리가 알아서 주문했다. 주문한 음식이 나오자 일행은 다 같이 술잔을 기울이며 즐거운 시간을 가졌다.

분위기 좋게 술잔이 몇 차례 오고 가던 중, 홍 과장은 당혹스러운 일을 겪게 되었다. 홍 과장이 주인 할머니에게 시원한 물을 가져다 달라고 하자, 할머니는 "야, 멍청한 놈아, 물은 네가 갖다 먹어야지. 나이 든 내가 가져다주랴?"라며 욕까지 섞어서 호통을 치는 게 아닌가! 하지만 홍 과장을 당황스럽게 만든 것은 주인 할머니의 호통이 아니었다. 김 과장과 장 대리는 할머니의 호통에도 아무렇지도 않다는 표정으로 오히려 즐거워하는 것이 아닌가? 그리고 장 대리가 일어나서 직접 물병을 들고 오기까지 했다. 주인 할머니의 행동에 대해 당황하는 홍 과장에게 장 대리는 빙긋이 웃으면서, "여기가 유명한 욕쟁이 할머니 집이에요"라고 말했다. 장 대리의 설명에도 불구하고 홍 과장은 불쾌한 기분이 떠나질 않았고, 이 가게에는 두 번 다시 오지 않으리라 마음을 먹었다.

 이 상황에서 다른 사람들과 달리 왜 홍 과장만 당혹스러워하는 것일까?

 아리스토텔레스는 "인간은 사회적 동물이다"라고 말한 바 있다. 인간은 혼자서는 살 수 없으며, 여러 사람들이 함께 어울리면서 살아가야 한다. 타인과 여러 가지 수단을 사용하여 상호작용하는 과정을 '커뮤니케이션'이라고 부른다. 사람은 아침에 눈을 뜨면서부터 잠자리에 들 때까지 무수히 많은 커뮤니케이션을 수행한다. 그러나 커뮤니케이션 때문에 발생하는 문제점도 적지 않다.

 커뮤니케이션은 라틴어로 '나누다'라는 의미의 'communicare'에서 유래되었는데, 단순히 타인과의 정보를 교환하는 수준에만 머무르지 않고 화자의 심리적인 부분까지 전달하는 것을 포함하는 개념이다. 커뮤니케이션 과정에서 심리적인 부분까지 전달하기 위해서는 언어뿐만 아니라 몸짓, 표정 등의 비언어적 커뮤니케이션 수단까지 활용할 수 있어야 한다. 그러나 여러 가지 커뮤니케이션 수단을 활용하고 있는데도 실제로는 의사전달이 정확히 이루어지지 못하는 경우가 많다. 상대방에게 말하고자 한 뜻이 정확하게 전달되지 못하고, 오히려 오해를 불러일으키는 경우도 많기 때문이다. 앞의 사례에서 욕쟁이 할머니의 호통에 대해 홍 과장이 불쾌감을 느꼈던 상황도 따지고 보면 커뮤니케이션 오류의 한 유형이다.

일반적으로 커뮤니케이션할 때 상대방에게 메시지가 전달되는 과정에서 자신의 의도와는 무관하게 본래의 의미가 탈락되거나 왜곡되는 현상이 종종 발생한다. 이렇게 되면 화자가 말하고자 한 본래의 뜻이 변질되어 청자가 전혀 다른 의미로 받아들이게 된다. 그러면 말하는 사람의 본래 뜻은 듣는 사람에 의해 이해되지 못하고, 오히려 오해하는 결과로 이어진다.

그렇다면 커뮤니케이션 오류를 발생시키는 주된 원인은 무엇일까? 가장 대표적인 것은 언어 자체가 갖고 있는 불완전성이다. 언어의 기능에는 두 가지 측면이 동시에 존재하는데, 언어의 표면에 나타나는 '표시적 기능denotation'과 언어의 이면에 존재하는 '암시적 기능connotation'이다.

커뮤니케이션 과정에서 상대방의 언어를 해석할 때 표시적 기능의 의미와 암시적 기능의 의미를 동시에 고려하지 않으면 상대방이 애초에 말하고자 했던 의도를 제대로 이해하지 못하는 경우가 생긴다. 언어의 표시적 기능은 겉으로 드러나는 개념을 말하는 것으로, 이는 사전적 의미만 정확히 이해하면 된다. 따라서 기본적으로 언어 교육을 받은 사람이라면 표시적 기능을 이해하는 데에는 어려움을 느끼지 않는다.

하지만 커뮤니케이션 오류는 주로 언어의 암시적 기능에서 발생한다. 암시적 기능은 단어 이면에 숨겨진 개념이기 때문에 사전적 의미를 아는 것만으로는 충분하지 않다. 암시적 기능은 상대방과의 정서적 교감이 전제되어야 완전하게 이해될 수 있기 때문이다. 정서적 교감은 단순히 언어를 해석하는 차원을 넘어서서 상대방이 살아가는 삶의 맥락을 이해하고, 상대방의 기분이나 상황을 이해할 때에만 비로소 알 수 있다. 따라서 암시적 기능은 표시적 기능보다 한 차원 높은 수준의 교감 장치다.

욕쟁이 할머니가 운영하는 가게에서 아무런 사전 정보 없이 "야, 멍청한 놈아"라는 말을 듣게 되면, 대부분의 사람은 당혹스러움을 느낄 것이다. 그렇지만 그 표현은 그 장소에서는 예전부터 그렇게 쓰이던 말일 뿐이다. 여기에서 '멍청한 놈'이란 '머리가 나쁘고 판단력이 부족한 사람'이라는 의미로 사용된 것이 아니다. 오히려 그 표현은 '내 손자같이 귀여운 녀석'이라는 정도의 친근한 의미로 사용된 말이다. 아마 욕쟁이 할머니도 다른 곳에서는 그런 말을 함부로 사용하지 않을 것이다.

이 대목에서 언어 표현에서 맥락의 중요성을 통찰한 철학자의 이야기에 귀를 기울일 필요가 있다. 그가 바로 "언어는 게임"이라고 주장했던 영국 철학자 비트겐슈타인이다. 그는 언어가 사용되는 다양한 맥락을 염두에 두면서 머릿속에서 혼자 추측하지 말고 실제로 언어가 어떻게 적용되고 있는지 주목하라고 강조한다.

한 낱말이 어떻게 기능하느냐는 추측될 수 있는 것이 아니다. 우리는 그 낱말의 적용을 주시하고, 그로부터 배워야 한다.

「철학적 탐구」

비트겐슈타인에 따르면 낱말에는 고유하게 정해진 본래의 의미가 없다고 보았다. 그 낱말이 갖는 사전적 의미가 중요한 것이 아니라, 그 낱말이 사용되는 상황이나 맥락 속에서 낱말이 어떻게 적용되는지가 더 중요하다고 본 것이다. 누군가가 당신에게 "사랑해"라고 말했다고 치자. 이 말을 연인 사이에서만 사용되는 표현이라고 이해한다면 문제가 발생할 수도 있다. 상대방이 자신을 이성으로 생각한다고 판단할 수 있기 때문이다.

이 말은 사랑하는 연인 관계뿐만 아니라 동료 관계에서도 애정과 관심의 수단으로 사용할 수 있다. 연인 관계라 하더라도 "사랑해"라는 표현은 한 가지 의미로만 사용되는 것이 아니다. 이 표현은 상대방에게 키스하고 싶을 때에도 사용할 수 있지만, 약속에 늦어서 미안함을 표현하기 위해서도 사용할 수 있다. 애인이 이별을 염두에 두면서 "사랑해"라는 말을 사용했는데도, 상대방이 키스를 원해서 말한 것으로 이해한다면 무척 난감한 상황에 빠질 수도 있다.

사실 비트겐슈타인의 주장은 단순하다. 동일한 언어라도 사용되는 맥락이 천차만별일 수 있다는 것, 그래서 한 가지 의미만을 고집한다면 커뮤니케이션에서 오해를 불러일으켜 문제가 발생할 수 있다는 사실이다.

최근 들어 삶의 환경이 매우 빠르게 변하고 있다. 이러한 변화는 세대나 계층 간의 차이를 불러일으키는 요인이 된다. 욕쟁이 할머니가 운영하는 식당에서 불쾌감이나 거부감을 느끼는 이유도 삶의 문맥이 다르기 때문이다. 이처럼 타인과의 관계에서 삶의 문맥이 차이가 있을 수 있음을 이해하지 못하고, 자신의 문맥으로만 상대방의 이야기를 재단할 때 문제가 발생하기 쉽다.

가정에서도 부모와 자식 간에 소통하는데 어려움을 겪는 경우가 많은데, 그 이유도 바로 여기에 있다. 부모가 살아가는 삶의 문맥과 자식이 살아가는 삶의 문맥이 서로 다르기 때문에 소통이 안 되는 것이다. 조직에서도 마찬가지로 세대 간에 소통 문제가 자주 발생한다. 조직 생활에 대한 신세대와 기성세대의 문맥이 다르기 때문이다. 신세대는 맹목적으로 보이기까지 하는 기성세대의 조직지향적 태도를 이해하기가 어렵고, 기성세대는 신세대의 개인주의 성향을 못마땅한 시각으로 바라본다.

최근 들어서는 조직의 규모가 점점 커지고, 회사 내에 근무하는 구성원의 수도 많아지는 추세다. 또한 개개인이 수행하는 업무도 다양해지고 세분화되는 방향으로 변하고 있다. 이러한 대규모화, 전문화, 세분화는 개개인들을 분리시키고 소외시키는 경향으로 나타난다. 요즘은 조직 안에서도 다른 사람들이 무슨 일을 하고 있는지, 개개인이 무슨 생각을 하고 있는지 알기가 점점 어려워지는 실정이다. 개인화가 진행되고 있는 것이다. 그렇다 보니 서로 삶의 문맥을 공유할 수 있는 여지가 점점 줄어들고 있다. 따라서 과거에 비해 소통하기가 힘들다.

이처럼 현대인들은 가정에서도 조직에서도 소통하는 데 어려움을 겪는다. 하지만 인간은 태생적으로 혼자서는 살 수 없고 타인과 더불어 살아가야 한다. 커뮤니케이션의 문제는 아무리 어려워도 피할 수 있는 것이 아니다. 커뮤니케이션은 삶의 필수불가결한 요소이기 때문이다.

세상이 점점 소통하기 어려운 환경으로 변하고 있다는 사실을 인정하자. 그렇다고 하더라도 포기할 수는 없는 노릇이다. 이런 상황이라면 더 많은 노력이 요구된다. 상대방이 어떤 삶의 문맥을 가지고 살아가는지, 상대방은 어떤 맥락에서 이야기하고 있는지 등을 더욱 섬세하게 읽어내려는 노력이 필요하다. 그렇지 않다면 욕쟁이 할머니 가게에서 느꼈던 당혹감을 언제든 느낄 수밖에 없다.

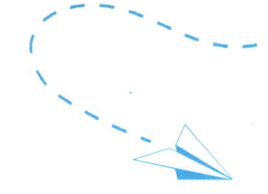

22일
이직을 고민하는 당신에게 필요한 한마디

들뢰즈 「디알로그」
자신의 삶에서 끊임없이 차이를 만들어내라

총무팀에서 8년 동안 근무했던 강 과장이 이번 정기 인사에서 부서를 옮겼다. 한 부서에서 오래 근무하는 것이 경력 관리에 좋지 않다는 주변 사람들의 충고도 있었고, 스스로도 새로운 부서와 업무에 도전해 보기로 마음먹었기 때문이다. 강 과장이 새로 옮긴 부서는 기획팀으로, 같은 동호회 멤버인 기획팀장과의 사적인 인연도 있었고 기획팀 구성원과는 얼굴 정도는 알고 지내는 터라 새로운 부서에 적응하는 데 큰 문제는 없을 거라고 생각했다.

하지만 업무를 시작하면서 생각과는 달리 새로운 부서에 적응하는 데 문제가 생겼다. 우선 새로 일하게 된 팀장의 업무 스타일이 이전의 팀장과는 완전히 달랐다. 지나치게 세세한 부분까지 챙기는 스타일이라서 강 과장과는 맞지 않았다. 기획팀 멤버들도 자신의 업무에만 몰두할 뿐, 팀 내 다른 사람의 업무에는 관심을 보이지 않았다. 강 과장이 전에 근무했던 총무팀과는 전혀 달랐다. 새로운 팀에서 처음 하는 업무에 도전해야 하는데, 도움을 받기도 어려운 처지에 놓인 셈이다. 당초 생각과는 달리 새로운 부서에 적응하는 것이 쉽지 않다고 판단한 강 과장은 부서를 옮긴 것을 후회하기 시작했다.

부서를 옮긴 강 과장은 어떻게 해야 할 것인가?

첫사랑에 대한 기억이 있는가? 첫사랑과의 재회는 영화나 드라마에서 자주 사용되는 소재이기도 하다. 첫사랑이 영화나 드라마의 소재로 자주 채택되는 이유는 첫사랑에 대한 아련한 추억을 간직하고 있는 사람이 많기 때문일 것이다. 사람들은 첫사랑에 대한 기억을 좀처럼 잊지 못하며, 심지어 첫사랑과의 우연한 재회를 기대하기도 한다.

그렇지만 오랜 세월이 흐른 후 실제로 첫사랑과 만나 본 사람들은 애틋했던 감정보다는 오히려 이질적인 느낌이 들었노라고 이야기하는 경우가 많다. 막상 만나면 그다지 할 말도 많지 않고, 관심사도 달라서 서먹하기까지 하다는 것이다. 가끔씩 꿈꾸어 왔던 첫사랑과의 재회는 한때 자신이 목숨 걸고 사랑했던 그 사람이 아님을 확인시켜 주는 자리가 되기 십상이다. 그래서 경험자들은 첫사랑을 추억으로만 남겨 두는 편이 좋다고 조언한다.

왜 첫사랑의 아련한 기억을 잊지 못하면서도 막상 만나게 되면 이질적인 느낌이 드는 것일까? 애틋했던 사랑의 감정은 거짓이었던 것일까?

첫사랑에 대한 이중적인 감정을 이해하기 위해서는 세상의 모든 것을 마주침의 흔적 또는 그 결과로 사유하려 했던 철학자의 주장에 귀 기울일 필요가 있다. 미셸 푸코가 "21세기는 들뢰즈의 세기가 될 것이다"라고 극찬했을 정도로 질 들뢰즈는 현대 철학에서 매우 중요한 위치를 차지하고 있다.

들뢰즈는 다양한 것들과의 마주침을 통해서 생기는 흔적이나 주름을 중요하게 숙고했다. 그는 마주침으로 발생하는 주름이나 흔적을 '아장스망agencement'이라고 했다. 아장스망은 '배열', '배치' 등을 뜻하는 단어로, 오랜 세월이 흐른 후 우연히 만난 첫사랑에게서 느꼈던 이질적인 감정도 '아장스망'의 개념을 통해 사유한다면 어렵지 않게 이해할 수 있을 것이다.

아장스망은 무엇인가? 그것은 다양한 이질적인 항들로 구성되어 있으며, 나이의 차이, 성별의 차이, 신분의 차이, 즉 차이나는 본성들을 가로질러서 그것들 사이에 연결이나 관계를 구성하는 다중체multiplicite다. 따라서 아장스망은 함께 작동하는 단위다. 그것은 공생이며 공감이다. …… '인간'-'동물'-'제작된 도구' 유형의 아장스망, 즉 인간-말-등자를 생각해 보자. 기술자들은 등자가 기사들에게 옆 방향으로 안정성을 제공해 줌으로써 새로운 군대 조직, 즉 기병을 가능하게 했다고 설명한다. …… 이 경우 인간과 동물은 새로운 관계에 접어든 것이고, 전자나 후자 모두 변화하게 된 것이다.

「디알로그」

들뢰즈에 따르면, 어떤 사물의 본성은 변함없이 정해져 있는 것이 아니라 '어떻게 배치되어 있는가'에 따라 결정된다. 따라서 사물은 다양한 이질적인 항이 연결되어 새로운 배치, 즉 '아장스망'을 구성한다. 가령 수영 선수는 기본적으로 물과 연결되는, 혹은 물에 익숙한 운동선수를 말한다. 그래서 그의 근육은 물속에서 잘 움직일 수 있도록 발달되어 있다.

반면 육상 선수는 땅(운동장)과 연결되어 있는 운동선수다. 당연히 그의 근육은 땅 위에서 잘 달릴 수 있도록 발달되었다. 이처럼 운동선수의 근육이나 능력은 동일한 상태로 머무르는 것이 아니라 부단히 변화한다. 물에 연결되어 있느냐, 아니면 땅에 연결되어 있느냐에 따라 그의 신체뿐만 아니라 정신까지 변화한다.

들뢰즈는 이러한 생성(훈련)의 과정 속에서 새로운 배치, 즉 '아장스망'이 실현된다고 보았다. 흥미로운 사실은 수영 선수는 물속에서, 육상선수는 땅 위에서 생성의 과정을 거침으로써 훈련의 흔적이 마치 주름처럼 잡혀진다는 점이다. 들뢰즈가 아장스망을 '다중체'라고 한 이유도 바로 이 때문이다. 사물은 이질적인 마주침을 통해 새로운 주름이 생성된다. 즉, 수영 선수는 물속에서 오랜 훈련을 통해 물과 연결된 새로운 주름이 생겨난다.

긴 세월이 지난 후 우연히 만난 첫사랑도 오랜 기간에 걸쳐 나와는 다른 마주침 속에서 새로운 주름이 생겨난 것이다. 첫사랑에게서 느꼈던 이질적인 느낌도 상대방에게 생겨난 새로운 주름 때문이다. 첫사랑은 첫사랑대로, 나는 나대로 오랜 세월 동안 다른 마주침 속에서 서로에게는 낯선 주름이 생겨났기 때문에 생소한 느낌이 드는 것이다.

부서를 옮긴 후 적응하는 데 어려움을 겪고 있는 강 과장의 사례로 돌아가 보자. 아장스망의 의미를 제대로 파악했다면 강 과장이 새로운 부서에서 느끼는 감정을 쉽게 이해할 수 있다. 강 과장이 겪고 있는 어려움은 새로운 부서에 맞는 주름이 생기지 않았기 때문이다. 시간이 지나 새로운 부서에 어울리는 주름이 생겨난다면 지금보다는 편안하게 느낄 수 있을 것이다.

새로운 배치를 강조하는 들뢰즈의 철학을 흔히 '차이의 철학'으로도 규정짓는다. 들뢰즈의 차이의 철학은 차이를 긍정하는 태도에서 출발한다. 부서를 옮긴 강 과장의 경우 새로운 팀에서의 느낌이 기존의 부서와 차이가 있는 것은 어떻게 보면 너무나도 당연하다. 다양한 마주침에서 그 차이를 인정할 때, 새로운 생성의 과정을 거쳐 그에 익숙한 주름을 쉽게 만들어낼 수 있다. 강 과장의 경우도 새로운 팀에서의 차이를 인정하고 새로운 생성의 과정을 거친다면 머지않아 자연스럽게 새로운 주름이 생겨나고 익숙해질 것이다.

들뢰즈가 주장하는 차이의 철학에서는 타자와의 마주침에서 차이를 인정하는 것이 중요하다. 그렇지만 들뢰즈 철학에서 정작 중요한 것은 자신 안에 차이를 만드는 것, 자신을 스스로 차이화하는 것이다. 다른 사람, 다른 문화와의 차이를 인정하는 것 못지않게 일적으로 자기 자신에 대해 '차이를 만드는 것'이 중요하다. 오늘의 '내'가 어제와 차이가 없거나 내일의 '내'가 오늘과 크게 차이가 나지 않는다면, 전혀 발전이 없다는 의미다. 이처럼 자신에 대해 차이를 만들어내지 못하는 사람이 긍정적인 삶을 산다고 보기는 어렵다.

부서를 옮긴 강 과장의 경우에도 마찬가지다. 그에게는 새로운 부서에서 처음 해 보는 업무에 적응하는 것이 중요하다. 하지만 정말로 중요한 일은 스스로가 과거의 모습과는 다른 차이를 만들어내는 일이다. 만약 강 과장이 과거의 모습에 머문다면, 그는 자신에 대해 차이를 만드는 데 실패한 것이다. 그렇게 되면 새로운 주름을 만드는 것도 실패하게 되어 새로운 부서나 업무에 적응하기가 어렵다.

강 과장은 먼저 과거의 모습을 잊고 새로운 생성의 과정을 거쳐야 한다. 그러기 위해서는 새로운 주름을 만들어야 한다. 새로운 부서, 새로운 업무는 새로운 주름을 만들기 위한 필요조건이다. 물론 처음에는 익숙하지 않겠지만 스스로가 익숙해지는 수밖에 달리 방도가 없다. 강 과장에게는 새로운 주름을 만들어 과거의 자신과 차이를 만드는 일이 최우선의 과제인 셈이다. 그래야 새로운 부서에 쉽게 적응할 수 있을 뿐만 아니라, 긍정적으로 살아갈 수 있다.

차이를 강조하는 들뢰즈의 철학은 새로운 삶을 영위하는 데 소중한 통찰을 제공한다. 그는 차이를 통해 새로운 삶의 방식을 창조하라고 주문한다. 그것은 자신의 삶에서 새로운 차이를 만들고, 새로운 관계를 통해 끊임없이 자신을 변화시켜 나가는 것이다.

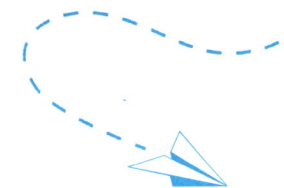

23일
사교성이 좋은 직장 동료의 비결

들뢰즈 「천개의 고원」
진정한 소통을 원한다면,
문자메시지에 이모티콘을 달아라

    평소 대인관계에 있어서 남다른 감수성을 가졌다고 평가받던 홍 과장은 상대방을 이해하고 교감하는 능력이 뛰어나서 선후배에게 인기가 많았다. 그러던 그가 지난달 스마트폰으로 바꾼 후로는 후배들과의 소통에 어려움을 겪고 있다. 상대와 얼굴을 마주 보고 이야기할 때는 별문제가 없었는데, 스마트폰으로 문자메시지를 주고받는 것에는 의외로 어려움을 겪는다. 말로는 간단히 끝날 대화도 문자로 주고받으려니 번거롭기 짝이 없다. 시간도 많이 걸릴 뿐만 아니라, 문자를 입력하는 것 자체가 익숙하지 않아서 메시지를 주고받는 것이 귀찮게 느껴진다. 대화를 그만하고 싶어도 수시로 메시지가 와서 답장을 요구할 때면 괴롭기까지 하다. 그러다 보니 자연히 문장이 짧아지고 내용도 건조해졌다.

    어제는 개인적으로 친하게 지내는 최 대리로부터 문자메시지에 대해 핀잔까지 들었다. "과장님, 문자메시지로 답장하실 때에는 내용을 좀 더 길게 써서 보내세요. 달랑 두세 글자만 써서 보내지 말고요. 너무 성의 없어 보이잖아요. 그리고 이모티콘이나 기호도 같이 사용하세요. 글자만 보내면 상대가 어떤 기분인지 모르잖아요. 그러다가는 왕따당하기 쉬워요." 최 대리의 말을 들은 홍 과장은 '아니, 문자 보내기도 힘든데 언제 이모티콘까지 찾아서 보내야 한단 말인가?'라는 생각이 들기도 했다.

정말로 문자메시지를 보낼 때는 반드시 이모티콘을 사용해야 하는 것일까?

정보기술의 발달로 인해 사람끼리 주고받는 소통의 방식이 과거와는 사뭇 달라졌다. 통화 위주의 소통 방식은 점점 줄어들고, 그 자리를 문자메시지가 빠르게 대체하고 있다. 스마트폰의 대중화에 힘입어 소셜 네트워크 서비스SNS가 확산되면서 기존의 문자메시지 기능 이외에도 카카오톡, 트위터, 페이스북 등 소통의 수단이 다양해졌다. 또 무료로 제공되는 어플리케이션 때문에 문자를 활용한 소통의 빈도가 급격히 증가하고 있는 추세다.

문자와 음성의 사용 빈도를 비교해 보더라도 문자가 음성을 넘어선 지 오래다. 문자 위주로 소통하는 경향은 젊은 세대일수록 강하다. 이처럼 소통할 때 음성에서 문자로의 변화는 인간이 사용하는 주된 감각이 청각에서 시각 중심으로 변화하고 있음을 의미한다.

그렇다면 청각보다 시각을 더 많이 활용하는 변화가 소통 수준을 한 단계 높여 준 것일까? 불행히도 그 질문에 대한 답은 긍정적이지 않다. 동양의 유식 불교에서는 인간의 의식을 여덟 가지 층위로 구분하면서 눈(시각)에 의한 감각이 인간의 실존과 가장 먼, 다시 말해 가장 낮은 수준의 감각이라고 주장했다. 반면에 귀(청각)에 의한 감각은 눈보다는 높은 수준의 감각이라고 보았다.

시각보다는 청각이 높은 수준의 감각이라는 유식 불교의 주장은 일상생활에서 감각을 어떻게 사용하는지를 관찰해 보면 어렵지 않게 이해할 수 있다. 처음 보는 남녀가 맞선 자리에 마주 앉았다. 그들은 맨 처음 '눈'을 사용하여 상대방을 조심스럽게 훑어본다. 시각을 활용하여 상대방의 얼굴이나 키, 패션 감각 등 전체적인 이미지를 대략적으로 파악함으로써 첫인상을 형성한다. 그런 다음 상대방과 대화를 주고받으면서 상대방의 성격이나 가치관 등을 파악한다. 청각을 사용하는 것이다. 이처럼 일상생활에서는 '시각'을 먼저 사용하고, '청각'은 나중에 사용한다.

한편 어떤 감각을 활용하는가에 따라 얻을 수 있는 정보에도 차이가 있다. 시각을 활용하면 상대방의 얼굴이나 키, 패션 감각 등 주로 겉으로 드러나는 외형 정보를 파악할 수 있는 데 반해, 청각을 활용하면 성격이나 가치관 등 내면 정보까지 파악할 수 있다.

또한 관계가 깊어질수록 시각보다는 청각을 더 많이 사용하게 된다. 처음 만나는 사람들과의 모임에 가면 서로 멀뚱멀뚱 쳐다보기만 할 뿐 말을 걸기가 쑥스럽다. 하지만 시간이 흘러서 편해지면 곧잘 대화를 주고받는다. 이렇게 사용하는 감각에 따라 정보의 수준이 차별화되고, 관계의 깊이에 따라 주로 사용하는 감각이 달라진다는 것을 알 수 있다. 이러한 결과는 시각보다는 청각이 더 높은 수준의 감각이며, 인간의 실존에 가깝다는 사실을 보여 준다.

서양에서도 인간의 사유가 시각에서 청각 중심으로 진화해 온 것을 확인할 수 있다. 고대 그리스 철학자인 플라톤은 눈에 보이는 현상 세계보다는 눈에 보이지 않는 이데아 세계가 진짜라고 강조하면서 눈을 중심으로, 즉 '시각'을 중심으로 사유했다. 플라톤에게서는 청각으로 사유하는 경향은 찾아보기 힘들다.

반면 프랑스의 현대 철학자 들뢰즈는 시각보다는 청각이 정서를 더 강하게 자극하므로, 색깔(시각)보다는 음악(청각)이 인간의 내면을 더욱 자극한다고 보았다. 이렇듯 동양 철학이나 현대 서양 철학 모두에서 시각보다는 청각이 더 중요한 감각으로 인식하고 있는 셈이다. 그렇다면 먼저 인간의 실존에서 시각보다는 청각의 중요성을 강조한 들뢰즈의 주장을 들어 보자.

음은 우리 내면으로 침투하고, 우리들을 몰아내고, 질질 끌고 가고, 가로지른다. …… 색깔로는 대중을 움직일 수 없다. 국기는 트럼펫연주가 없으면 무력해지며, 레이저 광선 역시 음에 맞추어 조절되어야만 한다.

「천개의 고원」

들뢰즈에 따르면, 색깔보다는 음악이 우리의 정서를 더 잘 자극한다. 그는 색깔이 현실성에 부합한다면, 음악은 잠재성을 자극한다고 주장한다. 이는 시각보다는 청각이 인간의 실존에 가깝다는 의미다. 정말 그럴까? 미술관에서 그림을 보고 눈물을 흘리는 관람객을 보기는 어렵다. 하지만 콘서트에서 음악을 들으면서 격한 감정에 빠져 눈물을 흘리는 관객은 어렵지 않게 볼 수 있다. 음악을 들으면서 눈물을 흘리는 사람 중에는 아예 눈을 감은 채 음악에만 몰입하는 경우도 종종 있다. 음악에 심취하여 시각을 포기한 채, 오로지 청각에만 모든 감각을 집중하는 것이다.

이러한 현상은 미술보다는 음악이, 시각보다는 청각이 인간의 내면까지 잘 침투됨을 보여 주는 사례다. 들뢰즈의 표현처럼 국기라는 시각적 대상도 비장한 트럼펫 연주가 없으면 애국심을 촉발하지 못하고, 화려한 레이저쇼도 음악이 빠지면 공허한 불빛에 불과하다. 아무리 무서운 공포영화라도 공포감을 자아내는 음악이 없다면 공포감은 현저히 줄어든다. 남녀 간의 사랑을 그린 로맨틱 영화에서 남자 주인공이 여자 주인공에게 프러포즈하는 장면에서는 어김없이 감미로운 배경음악이 깔리는 것도 이유가 있다. 물론 이런 장면은 현실에서는 결코 일어나지 않는다. 하지만 영화감독은 시각보다는 청각이 인간의 내면을 더 잘 자극한다는 사실을 알고 있다.

동서양 철학 모두에서 시각보다는 청각이 인간의 정서를 더 잘 자극한다는 주장을 받아들인다면, 평소 대인 관계에서 남다른 감수성을 발휘해 왔던 홍 과장이 문자메시지를 주고받는 환경에서 어려움을 겪는 이유를 이해할 수 있다. 그는 청각에 호소하는 효과적인 수단을 대신하여 상대적으로 덜 효과적인 시각 중심의 수단(문자메시지)을 활용하면서 상대방과의 정서적 교감에 실패한 것이다.

인간의 소통을 효과적이면서도 효율적으로 도와줄 것이라고 기대했던 소통 도구인 스마트폰이 인간의 감각 중에서 가장 효과적이지 못한 '시각'을 기반으로 하고 있다는 사실은 아이러니가 아닐 수 없다. 컴퓨터, 텔레비전, 스마트폰 등 시각 중심의 미디어가 등장하면서부터 가족 간에 대화가 줄어들고 있다는 사실을 상기해 보면, 인간이 시각을 주된 감각으로 사용하면서부터 오히려 심리적 거리는 더 멀어지고 있다. 그런데도 시각 중심의 미디어 수단이 다양해지는 현상을 보고 문명의 발전이라고 여긴다. 정말 그런 것일까?

영화 제작자이자 대중문화 비평가인 기 드보르Guy Debord는 『스펙터클의 사회』에서 현대인들이 대중매체가 제공하는 이미지를 소비하는 데 길들여지면서 점점 현실에서 방관자가 되고 있음을 경고했다. 즉, 인간이 특권적인 감각을 시각 위주로 소비함으로써 점차 '구경꾼화'되어 간다는 것이다. 이는 시각 중심의 감각적 소비를 강요하는 미디어에 대한 경고다.

요즘은 전철이나 버스에서도 과거에 비해 대화가 현저히 줄어든 것을 어렵지 않게 발견할 수 있다. 대부분 스마트폰의 화면만을 응시할 뿐이다. 소리는 사라지고 영상만이 난무한다. 가족끼리 단란하게 외식하는 장소에서 주문한 음식이 나오기를 기다리는 순간에도 서로 대화를 나누기보다는 스마트폰을 들여다보는 경우를 흔히 볼 수 있다.

가정에서도 텔레비전에 시선을 고정한 채 생활한다. 그렇다 보니 사람끼리의 대화는 외면당하기 일쑤다. 함께 있어도 미디어와 각자 소통할 뿐이다. 미디어의 발달로 인한 시각적인 소비는 인간을 하나로 묶어 주기보다는 더 개인화시키고 소외시킨다. 사회 전반에 걸쳐 나타나는 현상을 보면 홍 과장이 조직에서 겪는 소통의 어려움은 오히려 당연한 것으로 여겨지기도 한다.

그렇다면 문자메시지를 사용할 때 이모티콘을 사용하라고 조언한 최 대리의 이야기는 무슨 의미인가? 이모티콘이 없으면 의미 전달이 제대로 되지 않는 것일까? 그렇다. 이모티콘이 없으면 의미가 제대로 전달되지 않는다. 그 이유는 문자메시지만으로는 의미 전달이 불완전하기 때문이다.

설득에 대한 심리학자 메라비언Mehrabian 교수의 주장에 따르면, 상대방에게 전달되는 영향력 면에서 말의 내용(문자 자체)은 불과 7%밖에 되지 않는다고 한다. 오히려 시각에 대한 인상(55%)과 청각에 의한 인상(38%)이 더 큰 영향을 미친다는 것이다. 대화할 때에는 상대가 하는 말만 가지고 이해하기보다는 그 사람이 보이는 제스처나 표정 등에서 나타나는 인상을 참조하여 종합적으로 이해한다. 즉, '말'보다는 '인상'이 더 중요한 역할을 한다.

메라비언 교수의 주장을 받아들인다면 문자메시지만으로 주고받는 소통은 매우 불완전한 것임을 알 수 있다. 문자메시지의 경우 메시지 자체만으로는 말하고자 하는 내용(문자 자체)을 전달할 뿐, 시각이나 청각으로 제공되는 인상까지 전달하기는 어렵다.

여성의 잘못으로 화가 난 남성에게 여성이 사과의 말과 함께 용서를 구하는 문자메시지를 보냈다고 치자. 남성은 여성의 사과에 대해 단지 "알았어"라고만 답장을 보냈다. 이때 여성은 남성의 문자메시지를 보고 만족할까? 지금 충분히 소통이 된 것일까? 문자메시지를 확인한 여성은 남성이 자신의 사과를 받아 준 것인지, 아니면 아직도 화가 난 상태인지를 알 수가 없다. 메라비언 교수의 주장대로라면 그 남성은 단지 7%의 메시지만을 보냈을 뿐이다. 여성은 지금 남성의 말보다는 그의 기분을 알고 싶다. 하지만 짧은 문자메시지만으로는 남성의 속내를 알 길이 없다.

이처럼 문자메시지만으로 주고받는 소통은 불완전하다. 말만 전달될 뿐, 인상은 전달되지 않기 때문이다. 따라서 자신의 인상을 전달하기 위한 추가적인 조치가 필요하다. 그 추가적인 조치가 바로 '이모티콘'이다. 이모티콘을 활용하여 상대방에게 자신의 기분이나 감정 상태를 표현한다면, 문자메시지로 소통하는 것도 대면한 상태에서 소통하는 것과 비슷한 효과를 가져올 수 있다.

문자메시지를 보낼 때 이모티콘을 함께 사용해야 하는 이유가 바로 여기에 있다. 문자만으로는 자신이 전달하고자 하는 의미를 완전하게 전달하기 어렵기 때문이다. 따라서 이모티콘이나 여러 가지 기호를 함께 사용해야 한다. 그래야 수신자는 발신자가 보낸 메시지에 담긴 문자 정보뿐만 아니라 감정과 정서까지 충분히 이해할 수 있다. 진정한 소통을 원하는가? 그렇다면 이제부터 문자메시지에 이모티콘을 달자. 귀찮거나 시간이 걸리더라도 말이다.

24일
어젯밤 술자리에서 실수를 했다면

프로이트 『프로이트 심리학 연구』, 라캉 《실리세》
무의식을 억제하지 말고, 효과적으로 발산하라

최 대리는 지금 난처한 상황에 빠졌다. 어제 회식 자리에서 홍 과장에게 큰 실수를 저질렀기 때문이다. 하지만 과음한 탓에 그는 어제 일을 기억하지 못한다. 동료의 이야기를 바탕으로 상황을 정리하면 대충 이렇다. 평소 주량보다 술을 많이 마신 최 대리는 몸을 제대로 가누지 못할 정도로 취한 상태였다. 홍 과장이 최 대리에게 "그만 마시고 집에 가라"고 타일렀다. 그 순간, 최 대리는 홍 과장을 빤히 쳐다보며 "당신이 뭔데 나한테 이래라저래라하는 거야. 꺼져버려!" 하고 소리쳤다. 이 말은 들은 홍 과장은 불쾌한 표정으로 먼저 집으로 돌아가버렸다. 그리고 나머지 일행들도 회식 자리를 서둘러 마무리지었다는 것이다.

어제 있었던 상황을 전해 들은 최 대리는 스스로도 매우 놀랐다. 그는 우선 홍 과장을 찾아가서 정중하게 사과했다. "어제는 제가 너무 취했나 봅니다. 그건 실수였어요. 정말 죄송합니다." 최 대리의 사과에도 홍 과장은 최 대리의 말을 믿지 못하는 눈치다. 한편 주변 동료들은 어제의 사건에 대해 무척 의아하게 생각했다. 평소 최 대리는 홍 과장과 사이가 좋았고, 홍 과장이 시키는 일을 곧잘 하는 편이었기 때문이다.

최 대리는 정말 실수한 것일까?

'언중유골言中有骨'이라는 말이 있다. 말 속에 뼈가 있다는 뜻으로, 예사로운 말 속에 단단한 속뜻이 들어 있음을 의미한다. 사람들은 흔히 상대방의 허물이나 과실을 명백하게 지적하지 않고 에둘러 표현하여 의사를 전달하기도 한다. 언중유골과는 반대로 말 속에 직접 뜻이 나타나 있는 것을 '언중유의言中有意'라고 한다. 이는 자신의 의사를 직접적으로 표현하여 뜻을 정확히 전달하는 말을 가리킨다.

그렇다면 상대방에게 의사를 전달하는 데 '언중유골'과 '언중유의'의 방법 중에서 어떤 것이 더 효과적일까? 상황이나 대상에 따라 다르겠지만, 뜻을 명백하게 지적하는 '언중유의'보다는 우회적으로 표현하는 '언중유골'의 방법이 더 효과적인 경우가 많다. 이처럼 언중유골의 표현을 써서 상대방의 급소를 찌르는 말을 '담언미중談言微中'이라고 한다. 이 말은 완곡하게 상대방의 급소를 찌르는 말이라는 뜻이다.

하지만 중요한 사실은 '언중유골'이나 '언중유의' 모두 인간의 의식 내에서 이루어지는 표현이라는 점이다. 의식이란 깨어 있는 상태에서 자신이나 사물을 인식하는 작용을 말한다. 사람은 누구나 깨어 있을 때는 무엇인가를 생각하거나 느끼고 있다. 의식이 깨어 있어야 상대방의 말 속에 담겨 있는 뼈, 즉 당초 상대방이 말하고자 하는 본래의 뜻을 인식할 수 있는 법이다. 그렇다면 인간은 항상 깨어 있는 상태에서만 생각하거나 느끼는 것일까?

이 대목에서 인간의 의식, 다시 말해 "인간은 언제 생각하는가"에 대해 고찰해 볼 필요가 있다. 서양 근대 철학은 데카르트로부터 시작되었다. 그는 "나는 생각한다. 고로 나는 존재한다"는 명제를 통해 인간은 항상 생각하는 존재라는 점은 의심할 수 없는 사실이라고 주장했다. 그에 따르면 이 세상에서 확실한 것이 아무것도 없더라도 의심하고 있는 나의 존재만큼은 의심할 수 없는 사실이다. 사유의 내용은 의심할 수 있어도, 사유한다는 사실과 사유하는 주체로서 나의 존재는 틀림없다는 말이다. 이처럼 인간은 생각함으로써 존재한다고 볼 수 있다.

그렇지만 데카르트의 주장은 항상 옳은 것일까? 달리 말하면 인간은 항상 생각하는 것일까? 데카르트의 주장은 정신분석학자인 라캉 Jacques Lacan에 이르러서는 완전히 다르게 사유된다. 라캉은 "나는 내가 존재하지 않는 곳에서 생각한다. 그러므로 나는 내가 생각하지 않는 곳에서 존재한다"고 말했다. 이 말은 무슨 의미인가?

뉴스를 보기 위해 텔레비전 리모컨 버튼을 눌렀다고 치자. 그러자 텔레비전 화면에 낯익은 뉴스 앵커가 등장했다. 이때 텔레비전 리모컨에 대해 생각하는가? 그렇지는 않을 것이다. 이러한 상황은 매우 익숙한 것이어서 자동으로, 즉 아무 생각 없이 이루어지는 동작일 뿐이다.

그렇다면 리모컨에 대해 생각하는 경우는 언제일까? 버튼을 눌렀는데도 텔레비전이 켜지지 않았을 때다. 버튼을 눌렀는데도 작동되지 않았을 때라야 '어! 리모컨에 문제가 생겼나?' 하고 리모컨을 자세히 살펴볼 것이다. 이처럼 라캉은 항상 생각한다는 데카르트의 주장과는 달리 정상적이지 않는 상황에서, 다시 말해 "존재하지 않는 곳에서" 생각이 발생한다고 보았다.

인간은 "생각한다"는 데카르트의 명제에서 인간은 "존재하지 않는 곳에서 생각한다"라는 라캉의 주장으로 사유가 진화한 것은 무엇을 의미하는가? 그것은 진리가 인간의 생각, 다시 말해 의식을 벗어나서도 존재할 수 있다는 사유의 확장이다.

이렇게 인간의 의식 너머의 세계, 즉 무의식의 중요성을 주장한 이가 정신분석학의 창시자인 프로이트 Sigmund Freud다. 그는 "우리는 자신의 집의 주인이 아니다"라는 주장으로 의식 너머의 무의식을 강조했다. 먼저 무의식에 대한 그의 주장을 들어 보자.

> 무의식 Ucs-Unconscious에서 일어나는 현상을 관찰해 본다면 지금까지 우리가 왜 두 정신세계를 뚜렷이 구분했는지를 알게 된다. 무의식 세계는 바로 위에 있는 또 하나의 세계인 의식적인 세계와 전혀 다른 특징을 가지고 있다. 무의식의 핵심은 카섹시스*들을 해소하기 원하는 충동 표현들 drive-representatives, 즉 뭔가를 원하는 충동들로 이루어져 있다.
>
> 「프로이트 심리학 연구」「무의식」

프로이트는 정신세계를 두 가지로, 즉 의식과 무의식으로 구분한다. 의식은 지각하고 있는 영역인 반면, 무의식은 의식 세계가 결코 미치지 못하는 정신세계의 영역이다. 의식이 미칠 수 없기 때문에 무의식의 세계에서 일어나는 일은 정확히 인식하기 어렵다. 그렇지만 무의식도 의식과 마찬가지로 인간을 이해하는 중요한 열쇠라는 것이 프로이트의 주장이다.

그는 무의식은 "뭔가를 원하는 충동들로 이루어져 있다"고 말한다. 달리 표현하면 무의식은 쾌락 원리가 지배하는 영역, 즉 끊임없이 만족감을 요구하는 뜨거운 욕망으로 가득 차 있다. 무의식이 갖는 욕망을 포함하여, 프로이트는 인간이 가진 욕구를 세 가지로 구분하여 설명한다. 그것이 이드id, 자아ego, 초자아superego 이론이다.

이드는 통제되지 않은 정념과 의지, 충동이 발원하는 저장고다. 바로 이드가 무의식의 욕구에 해당된다. 이드는 현실 감각이 없어서 그대로 바깥으로 드러날 경우에는 곤란한 상황이 발생할 수 있다. 길을 가다가 아름다운 여성을 보게 되면 그녀를 안고 싶은 욕구가 무의식적으로 생길 수 있다. 이것이 이드가 발생시킨 무의식의 욕구에 해당한다.

하지만 그러한 욕구를 행동으로 표출하게 된다면 어떻게 될까? 결과는 굳이 말하지 않더라도 쉽게 상상할 수 있을 것이다. 좋지 못한 결과가 뻔히 예측되기 때문에 대부분의 사람들은 그러한 욕구가 발생하더라도 실제로 여성을 품으려 하지는 않는다.

이드의 욕구에도 불구하고 실제 행동으로 옮기지 않는 이유는 현

---

* 대상에 대한 관심이 끊임없이 지속되는 일. 정신분석학파는 정신적 에너지가 어떤 특정한 관념, 기억, 사고, 행동에 축적되는 것으로 해석한다.

실 원리의 지배를 받는 자아나 도덕 원리의 지배를 받는 초자아가 이드를 통제하고 억압하기 때문이다. 결국 인간이 얼마나 현실적이고 도덕적인가는 이드의 욕구를 자아나 초자아가 얼마나 잘 통제하는가에 달렸다고도 할 수 있다.

프로이트에 따르면, 아무리 무의식을 억압하더라도 무의식은 의식이 방심한 틈을 타서 외부로 드러날 수 있다고 주장한다. 무의식의 욕구는 자아나 초자아의 억압에서 벗어나 가끔씩 바깥 세계로 외출하는데, 주로 꿈이나 말실수, 농담 등으로 나타난다.

그렇다면 회식 자리에서 홍 과장에게 말실수를 한 최 대리의 행동도 사실은 최 대리의 무의식 속에 억제되어 있던 충동적 욕구는 아니었을까? 그 욕구가 최 대리가 만취한 틈을 타 자아나 초자아의 감시를 피해 겉으로 드러난 것은 아닐까? 프로이트의 후계자로 알려진 라캉은 말실수나 거짓말 등을 통해 드러나는 무의식이 진리에 더 가깝다고 보았다.

무의식이란 주체가 스스로 나타내지도 않고, 주체가 말을 하지도 않고, 그리고 그가 말하는 것을 알지도 못한 채 말해지고 있는 어떤 것이다.

《실리세》

이 표현은 라캉이 창립한 파리 프로이트학교의 기관지인 《실리세》라는 잡지에 실린 그의 주장이다. 라캉은 무의식을 철저하게 언어적인 구조라고 설명했다. 언어는 한편으로는 주체의 욕망을 표현하면서도, 한편으로는 왜곡하기 쉽다. 그래서 그는 무의식을 "주체가 알지 못하는 지식"이라고 했다.

그에 의하면, 주체는 언제나 말하고 있지만 그것이 욕망과 관계될 때 자신이 무슨 말을 하고 있는지 알지 못한다. 아름다운 여성을 마주한 남성이 그 여성에 대한 욕망이 지나치게 강할 때 자신이 무슨 말을 하고 있는지도 모르고 횡설수설하는 경우가 있다. 남성은 지금 "그가 말하는 것을 알지도 못한 채 말해지고 있는" 것이다.

라캉이 말실수나 거짓말이 진실에 더 가깝다고 보는 이유는 그것이 겉으로 드러나는 주체 밑으로 사라지는 무의식의 주체를 드러내기 때문이다. 다시 말해, 자아의 통제하에 오가는 말보다는 무의식을 드러내는 말실수가 진실에 가깝다는 뜻이다.

결국 홍 과장에게 말실수를 한 최 대리는 자신의 속내를 더 진실하게 드러낸 것은 아닐까? 프로이트나 라캉의 주장을 수용한다면, 평소 최 대리와 홍 과장의 사이좋은 관계보다는 말실수로 드러난 둘의 관계가 진실에 가깝다고 보는 편이 타당하다.

그렇다면 이러한 실수를 되풀이하지 않기 위해서, 항상 무의식이 드러나지 않도록 통제하면서 살아야 하는가? 무의식의 욕망은 의식이 통제할 수 없는 것이기에 무의식 자체를 마음대로 조작할 수는 없다.

자아는 이드의 표출을 억제한다고 했는데, 자아의 주된 기능은 이드의 맹목적 욕구를 억제하고 방어하는 데에만 있는 것은 아니다. 궁극적으로는 효율적인 방식으로 이드의 충동을 만족시켜 주는 것이 자아가 추구하는 목표다. 정신분석학에 의하면, 무의식의 욕망을 무작정 억압하고 제한하는 것은 오히려 신경증이나 정신병의 원인이 되기도 한다. 그러므로 자아의 궁극적인 목적을 달성하기 위해 어떻게 하면 무의식의 욕망을 건강하고 효율적인 방식으로 표출할 것인가를 고민해야 한다.

그렇다면 최 대리는 어떻게 해야 하는가? 앞으로는 무조건 조심해서 무의식이 밖으로 드러나지 않도록 통제하면서 살아야 하는가? 영원히 조심하고 통제하면서 사는 것은 현실적으로도 불가능할 뿐만 아니라 최 대리의 정신 건강에도 결코 이롭지 못하다.

최 대리는 홍 과장에게 갖는 무의식을 효과적으로 표출해야 한다. 다시 말해 평소 자신이 가진 불만이나 갈등을 자연스럽게 표출할 수 있는 기회를 찾아서 드러내야 한다. 그렇지 않으면 억제된 무의식의 욕망은 언제라도 감시를 피해 의도하지 않은 상황에서 밖으로 표출될 수밖에 없다.

니체는 "모든 심오한 존재는 가면 쓰기를 즐긴다"라고 말했다. 니체의 말처럼 인간은 누구나 무의식의 욕망을 가면 속에 감추고 살아가는 존재다. 무의식에 있는 욕망을 솔직하게 표현할 수 없다는 측면에서 보자면, 인간은 누구나 타인에게 자신을 속이는 사기꾼인 셈이다. 만일 사기꾼이 마음속에 있는 충동을 타인들에게 그대로 드러낸다면 성공하기는 어려울 것이다. 사기를 잘 치려면 사기꾼은 친숙한 가면을 쓰고 타인의 경계심을 없애야 한다.

이런 관점에서 보면 니체의 말은 이렇게 해석할 수도 있다. "인간의 진실은 그가 쓰고 있는 가면 뒤에 있는 것이 아니라, 바로 그 가면에 있는 것이다." 무의식의 욕망은 언제든 우리가 쓰고 있는 가면

밖으로 드러나기 때문이다.

프로이트와 라캉은 우리의 정신세계를 건강하게 만들 수 있는 통찰을 제공한다. 정신세계를 건강하게 유지하려면 어떻게 해야 하는가? 무의식과 가까운, 가장 친숙한 가면을 써야 한다. 니체의 표현에서 말한 "심오한 존재", 다시 말해 뛰어난 사기꾼은 자신의 무의식과 친숙한 가면을 쓰는 사람이다. 친숙한 가면이란 의식과 무의식의 차이가 적은 가면을 말한다. 그러려면 평소 무의식적 욕망을 발산할 수 있는 효과적인 출구가 필요하다. 정신이 건강해지려면 무의식을 무작정 억제해서는 안 된다. 효과적으로 발산해야 한다.

25일
승승장구하던 김 팀장이
한 방에 훅 간 이유

한비자 『한비자』
상대방의 역린逆鱗을 건드리지 않도록 조심하라

　동기 100여 명 중에서 가장 진급이 빠른 김 팀장. 동기들 중에는 아직 차장도 많은데, 김 팀장은 벌써 부장 4년 차로 회사에서 가장 중요한 전략기획팀장까지 맡고 있다. 다소 독단적인 면이 있기는 하지만, 상황 판단이 뛰어나고 업무 추진력까지 갖추어 승승장구하며 현재의 위치에 올랐다. 사장님도 그를 무척 아낀다는 소문이 나돌 정도다.

　김 팀장의 거침없는 행보는 중요한 회의석상에서 더욱 빛난다. 중요한 의사결정을 해야 하는 자리에서도 김 팀장은 자신의 생각을 논리적으로 주장한다. 타 부서와의 이해가 상충되는 주제에 대해서도 다른 사람의 눈치를 보지 않고 소신껏 주장을 피력함으로써 경영진의 설득을 이끌어내곤 한다. 그래서 내년도 임원 진급 1순위로 거론될 정도다.

　김 팀장이 최근 실적이 부진한 사업부의 사업 회생과 관련된 프로젝트를 진행하던 중, 갑자기 팀장 직책에서 해임되어 영업부서로 이동 조치되었다. 김 팀장의 이동 조치는 사장님의 지시에 의해 전격적으로 이루어졌다는 후문이다. 김 팀장은 잘나가다가 한순간에 좌천된 것이다.

지금까지 승승장구하며 잘나가던 김 팀장은 무엇 때문에 한방에 훅 간 것일까?

전투에서 이기기 위해서는 적의 약점을 찾아서 집중적으로 공략해야 한다. 트로이전쟁을 배경으로 한 호메로스Homeros의 대서사시 『일리아스』에서는 불세출의 영웅인 아킬레우스가 트로이의 왕자 파리스가 쏜 화살에 발뒤꿈치를 맞아 죽는 장면이 나온다. 불사의 몸을 가지고 있던 아킬레우스도 유일한 약점인 발뒤꿈치를 찔리자 죽음을 피하지 못한 것이다.

이처럼 전쟁에서는 상대방의 약점을 찾아서 공격하는 것이 효과적인 전술이라고 할 수 있다. 그렇지만 일상적인 대인관계에서 상대방의 약점을 찌르는 행위가 좋은 전술일까? 대인 관계는 적과 목숨을 걸고 싸우는 전쟁이 아니다. 따라서 상대방의 약점이나 아픈 상처를 건드리게 되면 관계가 급속도로 악화된다. 생각해 보라. 약점을 파헤치거나 상처를 건드리는 사람과 어떻게 좋은 관계를 유지할 수 있겠는가?

중국의 춘추전국시대에는 공자나 맹자와 같은 수많은 사상가들이 자신의 철학을 팔기 위해 여러 나라의 군주들을 찾아다니며 유세遊說했다. 요즘으로 말하면 국무총리 자리를 얻기 위해 구직하러

다닌 셈이다. 유세를 통해 사상가는 자리를 얻고, 군주는 믿음직한 재상을 확보함으로써 부국강병의 기회를 얻었다. 공자는 56세의 나이에 고향인 노나라를 떠나 무려 14년간이나 유세하러 다녔다고 한다. 하지만 공자도 구직에서는 큰 재미를 보지 못했다. 공자의 사상을 마음에 들어 하는 군주가 많지 않았기 때문이다. 천하의 공자도 14년 동안이나 유세하러 다닌 것을 보면, 상대를 설득하는 것이 얼마나 어려운지 잘 알 수 있다.

군웅이 할거하던 춘추전국시대에 사상가들이 유세하러 다니는 행위는 단순한 구직과는 다르다. 당시에는 자칫 잘못하면 목숨을 잃을 수도 있었다. 유세한다는 것은 목숨을 걸어야 할 만큼 어려움이 따르는 일이었다. 강력한 법치를 주장했던 한비자韓非子도 다음과 같은 말로 유세의 어려움을 토로했다.

> 군주에게 간언하고 유세하며 합당한 논의를 설명하려는 자는 애증을 가진 군주를 살핀 뒤에 유세하지 않을 수 없는 것이다. 무릇 용이란 짐승은 길들여서 탈 수 있다. 그렇지만 용의 목 아래에는 지름이 한 척 정도 되는 거꾸로 배열된 비늘, 즉 역린이 있다. 만일 사람이 그것을 건드리면 반드시 그 사람을 죽이고 만다. 군주에게도 마찬가지로 역린이란 것이 있다. 설득하는 자가 능히 군주의 역린을 건드리지 않는다면 그 설득을 기대할 만하다.
>
> 「한비자」「세난」

한비자는 유세의 어려움을 '역린'이라는 표현을 통해 설명했다. 그에 따르면, 용을 길들이려는 자는 용의 목에 있는 거꾸로 된 비늘, 즉 역린을 건드리지 말아야 한다. 용의 역린을 건드리면 반드시 그 사람을 죽이고 말기 때문이다. 한비자는 이 비유를 통해 정치적 이념을 군주에게 설득하고자 할 때, 군주의 역린을 건드리는 일이 없도록 주의하라고 조언했다. 이 말은 군주를 설득하는 과정에서 군주가 싫어하거나 불쾌하게 생각할 만한 무의식적인 정서를 건드리지 않아야 한다는 뜻이다.

물론 유세하는 사람이 정치적 이념을 군주의 입맛에 맞게 변질시켜야 한다는 말은 아니다. 중요한 것은 무의식적인 정서를 건드리지 않아야 군주가 유세자의 정치적 이념을 받아들일 수 있다는 점이다. 어떻게 보면 한비자의 통찰은 단순하기까지 하다. 상대방을 설득할 때 상대방과의 정서적 교감에 실패하면 아무리 옳은 주장이라도 채택되기 어렵다는 것이다.

한비자가 살았던 춘추전국시대의 군주들에게만 역린이 있었던 것은 아니다. 시대에 관계없이 모든 사람에게는 자신만의 역린이 있게 마련이다. 누구에게나 남들에게는 보여 주고 싶지 않은 부분, 즉 자신만의 약점이 존재한다. 조직의 경영진이나 상사에게도 당연히 역린이 있다. 조직인이라면 이것을 주의해야 한다.

조직에서는 누구나 자신의 주장을 논리적으로 전개하여 상대방의 설득을 이끌어낼 수 있어야 한다. 남들로부터 설득을 이끌어내는 능력이 곧 '영향력'이자 '힘'이기 때문이다. 상사나 경영진, 고객을 효과적으로 설득할 수 있는 능력을 갖춘 사람은 조직에서 원하는 것을 이룰 가능성이 높다.

상대를 잘 설득하려면 어떻게 해야 할까? 상대방을 설득하는 데 있어서 자신의 주장에 논리적 체계를 갖추는 것은 중요하다. 그러나 이것은 상대방을 설득하기 위한 필요조건일 뿐이다. 논리적으로 정당화된 주장만으로는 상대방을 설득하기 어렵다. 따라서 상대방의 정서나 감성을 고려해야 한다. 중요한 것은 상대방의 무의식적인 정서, 즉 상대방이 자랑스럽게 생각하거나 부끄럽게 생각하는 것을 읽어낼 수 있는 감수성이다. 특히 상대방이 부끄럽게 생각하거나 감추고 싶은 부분인 역린을 건드리지 않는 것이 중요하다.

조직 생활에서 상사의 역린에 해당하는 심리학적 용어가 체면이다. 유교 문화의 영향을 받은 한국인의 특징 중의 하나가 체면을 중요시한다는 점이다. 체면은 '남을 대하기에 떳떳한 도리나 얼굴'로 정의된다. 한마디로 얼굴이 바로 체면인 것이다. 흔히 "면(얼굴)이 안 선다"거나 "얼굴을 들고 다닐 수가 없다"라고 말하는데, 이는 체면이 문제가 되는 상황을 뜻한다.

체면은 주로 능력이나 도덕성의 문제로 인해 발생하는 경우가 많다. 타인이 기대한 것보다 능력이 부족하다는 사실이 드러나거나, 떳떳하지 못한 일을 했는데 이 사실을 타인에게 들켰을 때 얼굴이 화끈거린다. 이때 얼굴이 화끈거리는 현상이 체면이 깎이고 있다는 신호다.

여기에서 눈여겨보아야 할 점은 체면이 문제가 되는 상황은 자신이 잘못된 행동을 했기 때문이 아니라, 그 사실을 타인이 알았기 때문에 발생한다는 사실이다. 설사 잘못된 행동을 했더라도 다른 사람들이 그 사실을 모르고 있다면 그다지 체면이 깎이지 않는다. 이처럼 체면의 문제는 타인이 관계할 때 발생한다. 누군가가 잘못한 경우라도 다른 사람이 그것을 인식하지 못했다고 느낀다면 그 사람의 체면은 깎이지 않는다.

조직 생활에서도 체면 관리는 매우 중요하다. 특히 부하가 상사의 체면을 세워 주는지의 여부는 부하를 바라보는 상사의 인식에 결정적인 영향을 미친다. 부하가 상사의 체면을 깎는 행위를 한다면, 그동안 수많은 공적을 쌓았더라도 관계는 일순간에 나빠질 수 있다. 마치 용의 역린을 건드린 것처럼 말이다.

잘나가다가 한 방에 훅 간 김 팀장의 이야기로 돌아가 보자. 사장의 총애를 한 몸에 받던 김 팀장은 왜 하루아침에 좌천되었을까? 자세한 이유는 알 수 없으나, 김 팀장이 좌천된 이유는 상대방(사장)의 역린을 건드렸기 때문일 가능성이 높다.

조직에서는 적극적으로 자신의 주장을 피력하는 사람들은 좋은 쪽으로든 나쁜 쪽으로든 다른 사람에 비해 눈에 잘 띈다. 이러한 성향의 사람들은 자신의 주장을 잘 내세우지 않는 사람들보다는 조직에서 더 필요한 사람이기도 하다. 하지만 긍정의 이면에는 부정의 그림자도 존재하는 법이다. 조직에는 다양한 입장과 이해를 가진 사람들이 존재한다. 누가 보아도 타당한 주장이라도 그 주장이 특정한 누구에게는 역린을 건드리는 행위가 될 수도 있다. 조직에서 성공하기를 꿈꾸는 사람이라면 특히 중요한 부분이다. 비판적이고 논리적으로 사유하는 능력은 조직에서 자신을 돋보이게 할 수 있다. 그러나 이러한 능력도 상대방의 역린을 읽어낼 수 있는 감수성이 없다면 빛을 발할 수 없는 법이다.

6부

현실을 원망하기 전에 사르트르를 만났다면

26일

시키는 일만 하는
후배들이 눈엣가시라면

토머스 쿤 『과학혁명의 구조』, 푸코 『말과 사물』
무의식적으로 따르는 삶의 규칙에서 벗어나
상대방 입장에서 생각하라

　홍 과장은 요즘 후배들만 보면 화가 날 때가 많다. 소위 신세대라고 불리는 후배들이 개인주의 성향이 강하고 윗사람들을 배려할 줄 모르기 때문이다. 홍 과장이 신입사원이었던 시절을 돌이켜 봐도 지금처럼 개인주의 성향이 강하지는 않았다. 개인적인 사유가 있더라도 조직 차원의 결정이 있거나 윗사람의 지시가 있으면 최소한 따르는 흉내라도 냈다. 하지만 요즘 신세대들은 항상 개인을 우선시하기 때문에 조직에서 뭔가를 해 보려고 해도 제대로 할 수가 없다.
　심각한 점은 신세대 후배들이 보이는 개인주의 성향이 특정한 사람만의 문제가 아니라는 사실이다. 일부만 개인주의적 성향을 보인다면 무슨 조치라도 취해 볼 텐데, 거의 모든 후배들이 그래서 어디에서부터 손을 써야 할지 엄두조차 나지 않는다.
　지나치게 개인주의 경향을 보이는 신세대 때문에 자주 화가 치밀어 오르는 홍 과장은 어떻게 해야 하는가?

외국 영화를 보면 한국인의 일반적인 상식으로는 이해되지 않는 장면이 나온다. 자식이 아버지에게 버릇없이 굴거나 심하게 말대꾸를 하더라도 아버지는 별로 대수롭지 않게 여기는 것이다. 외국 영화 속 직장의 모습도 이와 비슷하다. 신입 직원이 하늘 같은 직속 상사에게 별다른 어려움 없이 편하게 대한다. 아버지도, 자식도, 상사도, 신입 직원도 모두 쿨하다. 하지만 이런 장면은 유교적인 전통과 가부장적인 관념에 젖어 있는 한국인에게는 아무래도 익숙하지 않다.

이처럼 어떤 집단에는 익숙한 일이 다른 집단에는 익숙하지 않게 여겨지는 현상을 '패러다임'이라는 개념으로 설명할 수 있다. 패러다임이란 미국의 과학사학자이자 철학자인 토머스 쿤Thomas Kuhn이 『과학혁명의 구조』에서 처음으로 주장하여 널리 통용되는 개념이다.

> 패러다임은 방법들의 원천이요, 문제 영역이며, 어느 주어진 시대의 어느 성숙한 과학자 사회에 의해 수용된 문제풀이의 표본이다. …… 이전에는 존재하지 않았거나 또는 사소해 보였던 여러 문제들이 새로운 패러다임의 등장과 더불어 유의미한 과학적 성취의 원형, 바로 그것이 될 수도 있다. …… 과학혁명으로부터 출현하는 정상 과학적 전통은 앞서 간 것과는 양립되지 않을 뿐 아니라 통약 불가능한 것이다.
>
> 「과학혁명의 구조」

과학적 지식이 이론적 추측과 논박의 과정을 통해서 누적적으로 진보한다는 칼 포퍼 Karl Popper의 생각과는 달리, 쿤은 과학이 "혁명적인 단절을 겪는다"고 주장했다. 이러한 혁명적인 단절과 변화를 '패러다임'이라는 개념을 통해 설명한 것이다.

패러다임이란 말은 '사례·예제·실례·본보기'를 의미하는 그리스어 '파라데이그마 paradeigma'에서 유래했다. 쿤은 패러다임을 "어느 시대의 어느 성숙한 과학자 사회에 의해 수용된 문제풀이의 표본"이라고 정의했다. 패러다임이란 용어는 쿤에 의해 자연과학에서 출발했으나, 오늘날에는 사회 현상을 정의하는 개념으로까지 확대되어 사용되고 있다.

자연과학 이외의 분야에서 패러다임은 '어떤 한 시대 사람들의 견해나 사고를 지배하고 있는 이론적 틀이나 개념의 집합체'로 정의될 수 있다. 서양 영화에서 나오는 부모와 자식 간의 자유분방한 관계나 직장 상사와 부하 간의 스스럼없는 관계가 한국인의 눈에 익숙하지 않게 보이는 것도 패러다임의 차이 때문이다. 이러한 패러다임의 차이는 동양과 서양의 문화적 상이함에서 기인한다고도 볼 수 있다. 결국 패러다임은 동양과 서양, 과거나 현재 등 문화적 단절이나 시대적 단절로부터 발생한 개념이다.

한편, 쿤은 각 시대를 장악하는 패러다임들이 서로 "양립 불가능 incompatible"한 동시에 "통약 불가능 incommensurable"하다고 주장한다. 양립 불가능하다는 것은 두 가지 패러다임이 공존할 수 없다는 의미이며, 통약 불가능하다는 것은 둘 사이에 공통점이 없다는 것이다. 다시 말해, 두 가지 패러다임 사이에는 질적인 단절이 있다는 뜻이다.

서양 영화 속의 가정이나 직장에서의 상호관계에 대한 패러다임은 동양과는 질적인 단절이 있다. 그렇기 때문에 공통점이 없으며, 두 가지 패러다임을 동시에 가질 수도 없다. 철학적으로 보자면 쿤의 패러다임의 개념은 많은 부분에서 분석철학자 비트겐슈타인의 통찰에 의존하고 있다.

  비트겐슈타인은 『철학적 탐구』에서 다양한 언어 활동이 존재하며 각 활동마다 규칙이 다르다고 주장했다. 그는 다양한 언어 활동을 게임에 비유했는데, 각각의 게임에는 서로 다른 규칙이 적용된다. 장기와 바둑의 게임 규칙은 서로 달라서, 양립 불가능하고 통약 불가능하다. 따라서 하나의 게임판 위에서 장기와 바둑을 동시에 할 수는 없다. 그들 사이에 적용되는 규칙, 즉 패러다임이 다르기 때문이다. 이런 의미에서 그들 사이에는 질적인 단절이 있는 셈이다.

  홍 과장이 개인주의 성향을 보이는 신세대 후배들의 행동을 이해하지 못하는 이유도 질적인 단절이 존재하기 때문은 아닐까? 홍 과장이 신세대에게 느끼는 불편한 감정이 패러다임의 차이에 의한 것이라면, 그것은 어쩌면 당연한 것일 수도 있다. 그들 사이에 적용되는 게임의 규칙이 다르기 때문이다. 애초부터 게임 규칙이 달랐다면, 서로가 불편한 느낌이 드는 것은 당연한 일이다.

  반대로 신세대의 입장에서 홍 과장의 조직 지향적인 태도는 불편하게 느껴지지 않을까? 그들도 홍 과장과 마찬가지로 불편한 감정을 느꼈을 것이다. 그래서 쿤은 패러다임들이 양립 불가능하고 통약 불가능하다고 했다. 잊지 말아야 할 점은 특정한 패러다임이 다른 패러다임에 비해 우월하다고 주장할 수는 없다는 사실이다. 그러므로 홍 과장의 패러다임이 신세대의 패러다임보다 옳거나 우월하다고 주장할 수 없다. 단지 서로 다른 규칙을 가진 게임을 수행하고 있을 뿐이다.

여기에서 쿤의 패러다임 개념에서 한발 더 나아가, 또 다른 위대한 철학자의 주장을 살펴보자. 그가 바로 권력, 광기, 섹슈얼리티 등 논쟁적 문제에 대한 근대적 사유의 틀을 뒤흔들어 놓았다고 평가받는 프랑스 현대 철학자 미셸 푸코다. 그는 르네상스 시대로부터 근대에 이르기까지 서구의 역사를 연속, 계승, 진보가 아닌 불연속, 단절, 반복으로 바라보았다. 이러한 주장을 설명하기 위해 『말과 사물』에서 '에피스테메epistēmē'라는 개념을 소개하고 있다.

> 어떤 문화에서건 질서 확립의 코드라고 불릴 수 있는 것과 질서에 관한 성찰 사이에는 질서와 질서의 존재 양태에 대한 맨 경험이 존재한다. 이 연구에서 우리가 분석하고자 하는 것은 바로 이 경험이다. …… 이와 같은 분석은 알다시피 사상사나 과학사의 영역에 속하지 않는다. 오히려 무엇으로부터 인식과 이론이 가능했는가, 어떤 질서의 공간에 따라 지식이 구성되었는가, 역사상의 어떤 선험적 여건을 바탕으로 …… 인식의 완벽성이 증대하는 역사보다는 오히려 인식을 위한 가능 조건의 역사가 드러나는 '에피스테메'인데, 이 이야기에서 반드시 나타나게 마련인 것은 지식의 공간에서 경험적 인식의 다양한 형태를 야기한 지형이다. 우리의 시도는 전통적인 의미에서의 역사라기보다는 오히려 '고고학'이다.
>
> 『말과 사물』

푸코는 어떤 문화에서건 그곳에서만 통용되는 지식이나 질서가 존재한다고 보았다. 다시 말해, 역사를 특정한 방식으로 인식하게 만드는 '가능 조건'이 존재하는데, 이것을 '에피스테메'라고 불렀다. 쉽게 말해, 에피스테메는 '특정한 시대에 인식의 지평과 구조를 가능하게 하는 특별한 규칙'인 셈이다. 조선시대의 여성들에게는 남편이 일찍 죽더라도 출가하지 않아야 한다는 '삼종지도三從之道'의 에피스테메가 존재했다. 하지만 요즘 시대의 여성들에게는 조선시대의 삼종지도와 같은 에피스테메가 없다. 삼종지도의 에피스테메는 조선시대에만 존재했던 것으로 현대에서는 단절된 인식이다.

푸코에 따르면 서양의 문화에서 에피스테메에 두 차례의 중대한 불연속이 있었다. 서양 문화는 르네상스-고전주의-근대로 구분되며, 각각의 시기는 서로 통약 불가능한 시대다. 각 시대를 사는 사람들의 에피스테메가 서로 다르다는 의미다.

푸코의 에피스테메 개념은 우리가 사유함에 있어서 중대한 통찰을 깨닫게 도와준다. 그것은 역사를 연속적이고 누적되는 것이 아니라 불연속적이고 단절적으로 볼 수 있게 하는 힘이다. 앞의 사례에서 홍 과장이 갖는 인식과 신세대가 갖는 인식은 서로 다른 에피스테메인 셈이다. 시대적 단절이 있는 것이다. 홍 과장이 기대하고 있는 조직 지향적 인식은 신세대에게는 존재하지 않는 에피스테메일 뿐이다.

쿤의 패러다임 개념이나 푸코의 에피스테메 개념을 생각하면 의식 이면에 무의식이 작용하고 있다는 프로이트의 사유까지도 엿볼 수 있다. 자신도 인식하지 못하는 사이에 무의식적으로 생각하고 행동할 수도 있다는 사실 말이다. 특정한 에피스테메나 패러다임의 규칙에 의해 지배되고 있을 때는 그것을 인식하기가 힘들다. 단지 의식하지 못한 채 따르고 있을 뿐이다.

새로운 에피스테메나 패러다임을 받아들였을 때에만 과거에 자신이 맹목적으로 따랐던 에피스테메나 패러다임이 어떤 것이었는지 인식할 수 있다. 이는 외국에 이민을 가 본 사람만이 한국인만이 갖는 생활습관을 잘 이해할 수 있는 것과 비슷한 이치다.

지금 무의식적으로 따르고 있는 삶의 규칙들은 없는가? 맹목적으로 따르는 신념이나 가치는 없는가? 푸코나 쿤은 무의식적인 상태에서 주어진 규칙대로만 살아가기 쉬운 우리에게 경종을 울려 준다.

신세대가 가지고 있는 개인주의 성향 때문에 고민하는 홍 과장의 사례로 돌아가 보자. 푸코나 쿤의 주장을 그대로 수용한다면, 홍 과장이 느끼는 감정은 신세대와는 서로 다른 시대를 살고 있기 때문에 발생한 것이다. 서로 다른 에피스테메나 패러다임을 가지고 있는 것이다.

그렇다면 이제 홍 과장은 어떻게 해야 하는가? 먼저 자신이 무의식적으로 따르고 있는 패러다임이나 에피스테메를 자각할 수 있어야 한다. 그러려면 신세대가 갖는 패러다임이나 에피스테메에 익숙해져야 한다. 그렇게 함으로써 지금까지 무의식적으로 따랐던 자신의 패러다임이나 에피스테메를 어느 정도 자각할 수 있다.

결국 홍 과장은 지금까지 자신이 가지고 있는 삶의 규칙, 즉 고정관념을 넘어서야 하는 것이다. 이 대목에서 "왜 선배인 홍 과장이 신세대의 규칙에 따라야 하는가? 신세대가 홍 과장의 규칙을 따를 수도 있지 않는가?"라는 생각이 들 수도 있을 것이다. 당신의 생각은 어떠한가?

푸코는 극단적인 내면화나 자기성찰보다는 '바깥의 사유'를 중요시한다. 푸코라면 이 같은 의문에 대해 "바깥의 힘을 받아들이는 것만이 유일한 방법이다"라고 조언할 것이다. 굳이 푸코의 조언을 빌리지 않더라도 앞서 가진 의문은 너무나도 당연한 결론에 이를 수밖에 없다. 단적으로 말하자면 선배가 후배의 규칙을 따라야 한다. 유유히 흐르는 역사의 강물을 거꾸로 되돌릴 수는 없기 때문이다.

27일
회사 정기 산행은
일의 연장일까? 휴식일까?

하위징아 「호모 루덴스」
자신의 일에서 놀이가 가진 즐거움과
창조성을 발견하라

　최근 이기석 사장은 등산에 취미를 붙였다. 산을 오르면서 삶에 활력이 솟았다. 그는 등산의 참맛을 알아 가면서 '이렇게 좋은 등산을 왜 지금에서야 알게 되었지? 진즉 알았더라면 좋았을 텐데' 하고 후회하게 되었다. 그는 자신이 느꼈던 즐거움을 회사 직원들과 함께 나누고 싶었다. 그래서 그는 한 달에 한 번씩 전체 직원이 모두 모여서 산행을 하기로 마음먹었다.
　최진오 대리는 걱정이 태산이다. 이번 주말에 갈 등산 때문이다. 사장님의 적극적인 제안으로 전체 직원이 정기 산행을 하는데, 최 대리는 산행이 즐겁기는커녕 괴롭기만 했다. 왜 산을 좋아하지 않는 사람까지도 모두 등산해야 하는지 도무지 이해할 수 없다. 일부 고참 부장들을 제외하고는 나머지 직원들도 대부분 등산이 즐겁지 않은 눈치다. 하지만 사장님이 제안한 행사라서 어느 누구도 선뜻 반대 의견을 피력하지 못하고 있다.

왜 똑같은 등산을 하면서도 사장님은 즐거운데, 직원들은 그렇지 못할까?

최근 들어 '즐거운 일터'가 화두다. 미국의 저명한 경제 전문지인 《포춘》에서는 매년 '일하기 좋은 100대 회사'를 선정하여 발표한다. '일하기 좋은 회사'는 단순히 경영 성과가 좋거나 구성원에게 급여를 많이 주는 것만으로 평가되지 않는다. 그렇다면 어떤 회사가 일하기 좋은 회사일까?

경영 컨설턴트인 로버트 레버링 Robert Levering 박사에 의하면, 일하기 좋은 회사란 "구성원들이 상사와 경영진을 신뢰trust하고, 자기 일에 자부심pride을 느끼며, 함께 일하는 종업원들 간에 일하는 재미fun를 느낄 수 있는 곳"이다. 다시 말해, 일하기 좋은 회사는 신뢰, 자부심 그리고 재미를 느낄 수 있는 회사를 말한다. 이 중에서 눈에 띄는 단어는 "재미"다.

레버링 박사는 일하기 좋은 회사는 '재미있는 일터'라고 말한다. 어떻게 일터가 재미있을 수가 있는가? 일터, 즉 직장이란 경제 활동을 영위하기 위해 자신이 가진 노동력을 제공하고, 그 대가로 일정액의 보수를 받기로 계약하여 노동을 제공하는 장소에 불과하다. 그렇기 때문에 노동력을 제공하는 장소에서 '재미'를 논하는 것 자체가 이질적인 느낌이 든다.

그러나 《포춘》에서 '일하기 좋은 회사'로 선정된 업체의 주식에 투자한 경우, 연평균 주가상승률이 10.6%로 일반 기업에 비해 월등히 높은 것으로 나타났다. 또 '일하기 좋은 회사'가 객관적인 경영상의

지표인 주가수익까지 높다는 사실이 입증되었다. 이로써 기존에 경영학에서는 거의 다루지 않았던 주제인 '재미'나 '즐거움'이 구체적인 경영 성과와도 관련이 있다고 입증된 것이다.

최근 들어 기업들이 복지 차원을 넘어서 레저나 동호회 활동 등 다양한 업무 외적 활동을 적극적으로 지원하는 것도 이런 이유에서다. 그렇다면 구성원들에게 재미와 즐거움을 주고자 기획된 모든 활동(이벤트)은 실제로 참가자에게 재미와 즐거움의 기분을 불러일으키는가? 앞의 사례에서 보듯 그렇지 않은 경우도 있는 듯하다. 왜 똑같이 등산을 하고도 사장은 즐거움을 느끼는 반면, 직원들은 그렇지 못한 것일까?

이 대목에서 인간의 본질을 '놀이'에서 찾았던 사람의 주장을 들어 볼 필요가 있다. 그가 바로 네덜란드의 문화사가인 하위징아 Johan Huizinga다. 먼저 그의 이야기를 들어 보자.

우선, 그리고 무엇보다도 중요한 것은 모든 놀이가 자발적인 행위라는 점이다. 명령에 의한 놀이는 이미 놀이가 아니다. 기껏해야 놀이의 억지 흉내일 뿐이다. 자유라는 본질에 의해서만 놀이는 자연의 진행 과정과 구분된다. …… 놀이에 대한 욕구는, 즐거움이 놀이하기를 원하는 한에서만 절실해진다. 놀이는 언제고 연기될 수도, 중지될 수도 있다. 놀이는 물리적 필요가 도덕적 의무로 부과되는 것이 결코 아니기 때문이다. 놀이는 임무가 전혀 아니다.

「호모 루덴스」

호모 루덴스Homo Ludens는 '놀이하는 인간'이라는 의미다. 하위징아는 인간의 본질을 '놀이'에서 찾았다. 하위징아가 인간의 본질을 너무 가벼운 주제로 정의한 것은 아닐까? 하지만 '노동'과 '놀이'를 구분하는 논의를 접하는 순간 고개가 끄덕여지면서, 똑같이 등산을 하고서도 사장과 직원이 느끼는 정서적 반응의 차이를 이해할 수 있게 된다.

그렇다면 노동과 놀이는 어떻게 다른가? 하위징아에 따르면, 노동은 수단과 목적이 분리된 것이고, 놀이는 수단과 목적이 결합된 것이다. 건설 현장에서 벽돌을 나르는 사람이 있다고 치자. 그 사람의 목적은 돈을 버는 것이다. 그는 지금 노동을 하고 있다. 돈을 벌기 위한 목적과 벽돌을 지어 나르는 수단이 다르기 때문이다. 당연히 그에게 벽돌을 나르는 행위는 일종의 의무일 수밖에 없다. 벽돌을 나르면서 즐거움을 느끼기 어려울 것이다.

그가 즐거움을 느끼는 순간은 노동을 마친 후, 그 대가로 임금을 받는 때다. 그때가 그의 목적이 실현되는 순간이다. 노동이라는 대가를 지불하고서 말이다. 고단한 벽돌 나르기는 이처럼 한순간의 즐거움을 위한 희생이다. 이것이 바로 노동이다. 그에게 있어서 돈이 목적인 반면, 벽돌을 나르는 행위는 수단이다. 그래서 하위징아는 사람들이 노동에서 즐거움을 느끼기란 매우 어렵다고 말했다.

반면 놀이는 어떤가? 아이들이 레고 블록을 가지고 놀고 있다. 그들은 집도 짓고 로봇도 만든다. 누가 시킨 것도 아닌데 이것저것 만들기도 하고, 또 만든 것을 부수기도 한다. 그렇게 시간 가는 줄 모르고 즐긴다. 그들에게 레고 블록을 통한 만들기는 그것 자체가 수단인 동시에 목적인 셈이다. 아이들은 지금 노동이 아닌 놀이를 즐기고 있는 것이다.

놀이가 즐거움을 주는 이유가 바로 여기에 있다. 수단으로서의 행위가 바로 목적이기 때문이다. 그런데 누군가가 아이들에게 레고 블록으로 멋있는 건물을 완성해야만 맛있는 과자를 준다고 하면 어떻게 될까? 그 순간 블록 만들기의 재미는 반감되고 말 것이다. 목적과 수단이 분리되었기 때문이다. 레고 블록 만들기는 맛있는 과자(목적)를 위한 수단으로 변해버렸고, 즐겁던 블록 만들기는 일순간에 놀이에서 노동으로 변질되고 만다. 이처럼 놀이는 언제든 노동으로 변할 수 있다. 그런 의미에서 하위징아는 "놀이는 언제고 연기될 수도, 중지될 수도 있다"고 말한 것이다.

하위징아는 매우 중요한 통찰을 제공한다. 그것은 지금 자신이 하고 있는 행위가 수단인 동시에 목적이 될 때, 즐거움과 기쁨으로 충만한 현재를 살아갈 수 있다는 점이다. 반면 자신의 행위가 어떤 목적을 획득하기 위한 수단에 불과하다면, 현재의 삶은 즐거움보다는 고단함이 더 크게 느껴질 것이다.

앞의 사례에서 사장에게 등산이라는 행위는 수단인 동시에 목적인 반면, 최 대리에게 등산은 회사의 규율을 지킨다거나 사장의 눈에서 벗어나지 않으려는 목적을 위한 수단에 불과하다. 사장에게는 놀이인 등산이 최 대리에게는 노동이다. 그 결과, 등산이라는 동일한 행위를 하면서도 사장은 즐거움을 느끼는 반면, 최 대리를 포함한 많은 직원들은 고통을 느끼는 것이다.

그렇다면 최 대리를 비롯한 직원들이 즐거움을 느낄 수 있는 방법은 없을까? 결론부터 말하면, 노동이 아닌 놀이를 하면 된다. 하위징아는 어떤 행위가 노동이 아니라 놀이가 되기 위해서는 인간의 자유가 전제되어야 한다고 강조한다. 즉, 자발적 행위라야 놀이가 될 수 있다는 말이다. 어떤 행위라도 명령에 의해 이루어지는 순간, 결코 놀이가 될 수 없다. 하위징아의 말처럼 "기껏해야 놀이의 억지 흉내일 뿐"이다. 등산이 즐거움을 주는 놀이가 될 수 있음을 발견한 사장도 다른 사람과 함께 놀이로써 공유하려면 개인의 자발성이 전제되어야 한다는 점을 인식해야 한다. 자유가 없는 놀이는 노동을 행行하고 있는 것에 불과하다.

이제 놀이와 노동의 차이를 이해했는가? 놀이와 노동에 대한 하위징아의 사유는 새로운 통찰을 한 가지 더 제공한다. 놀이를 통해 인간의 잠재성에 대한 새로운 관점을 발견할 수 있는데, 그것은 인간이 노동보다는 놀이를 할 때 몰입과 창조성을 발휘한다는 사실이다. 인간은 즐겁게 하는 일에 모든 능력을 쏟아 붓는 법이다.

공자도 그러지 않았던가? "아는 것은 좋아하는 것만 못하고, 좋아하는 것은 즐기는 것만 못하다(知之者不如好之者, 好之者不如樂之者, 『논어』, 「옹야」)"고. 흔히 남들이 쉽게 이루지 못하는 새로운 영역을 개척한 사람들을 보면 "그냥 즐겼을 뿐"이라고 말한다. 그들은 자신의 일을 놀이처럼 즐겼던 것이다. 놀이로써 즐겼기 때문에 남들이 이루지 못한 놀라운 성취가 가능했던 것이다.

여기에서 어떤 분야에서 탁월한 업적을 이루거나 성공할 수 있는 방법을 한 가지 엿볼 수 있다. 그것은 어떤 일을 할 때 노동이 아니라 놀이로써 수행하는 것이다. 그러면 즐거움과 함께 일에 대한 몰입이 가능해지고, 성취는 저절로 따라오기 마련이다. 하위징아는 고맙게도 누구나 쉽게 성공할 수 있는 길을 알려 주었다. 자신의 분야에서 성공하고 싶은가? 그렇다면 지금 당장 자신의 일에서 놀이가 가진 즐거움과 창조성을 찾아내라.

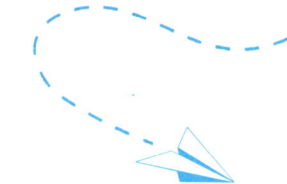

28일

겸손은 조직 생활에서 미덕일까?

하이데거 『존재와 시간』
때로는 정을 맞더라도 모나게 살아라

최 대리는 요즘 팀장과의 사이가 썩 좋지 못하다. 지난달부터 시행된 자율 복장 근무제 때문이다. 자율 복장 근무제란 정장 일색의 복장에서 탈피하여 자신이 원하는 옷을 입고 근무할 수 있도록 하는 제도를 말한다. 하지만 자율 복장 근무제 도입 이후 팀장은 최 대리의 복장에 대해 간섭하는 일이 잦아졌다. 최 대리의 복장이 너무 튄다는 것이다. 반면 최 대리는 자율 복장에 팀장이 사사건건 간섭하는 것이 불만이다.

최 대리에게 간섭하는 팀장은 "자율 복장이 원칙이지만, 최소한 직장인으로서의 품위는 지켜야 한다. 지나치게 튀는 복장은 곤란하다. 혼자라면 이해하고 넘어갈 수도 있지만, 조직에서는 다른 사람들의 눈도 있기 때문에 이를 의식해서 행동해야 한다"는 입장이다. 반면 최 대리는 "자율 복장 근무제의 취지에 맞게 자율적으로 맡기는 것이 옳다. 옷은 자신의 취향이 중요하지, 남의 시선이 중요한 것은 아니다. 지금처럼 간섭할 거라면 차라리 자율 복장 근무제를 없애는 편이 낫다"고 생각한다.

두 사람의 시각 차이는 어떻게 해결하는 것이 좋을까? 조직 생활에서 둘 중에서 어느 쪽이 옳은 것일까?

옛 속담에 "모난 돌이 정 맞는다"라는 말이 있다. 이 말은 두각을 나타내는 사람이 남들로부터 미움을 받는다는 의미다. 인간은 혼자서는 살 수 없고 남들과 어울려 살아가야 하는 존재이기 때문에, 아무리 능력이 있더라도 남들에게 미움받을 만한 행동은 하지 말아야 한다.

예로부터 우리나라에서는 남을 존중하고 자신을 내세우지 않는 태도, 즉 겸손을 미덕처럼 여겨 왔다. 이처럼 타인에 대해 예의를 지키는 것을 무엇보다도 중요하게 생각했다. 그렇기 때문에 우리나라를 '동방예의지국'이라고 불렀던 것이다. 예의를 매우 중시한다는 의미에서 붙여진 이러한 이름은 우리의 자긍심을 높여 주기도 했다.

그런데 항상 타인에 대한 예의를 지키고, 타인의 시선을 의식하면서 살아가는 삶의 태도는 좋기만 한 것일까? 타인과 더불어 살아가는 사회에서 타인에 대한 배려나 예의를 무시하고 살 수는 없다. 하지만 타인에 대한 배려나 예의가 가치가 있으려면 주체의 자율적인 결단이 전제되어야 한다. 타인에 대한 배려나 예의가 자율적인 선택이 아니라 타인의 시선을 의식한, 어쩔 수 없는 선택의 결과라면 그 사람이 보여 준 배려나 예의 바른 행동도 그 의미가 퇴색되고 말 것이다.

그렇다면 타인의 시선을 전혀 의식하지 않고 살 수 있는가? 대부분의 사람은 그렇게 하지 못할 것이다. 인간이 누구나 일상생활에서 타인을 의식한다고 이야기하는 철학자의 주장을 음미해 볼 필요가 있다. "인간이 타인의 통치에 예속되어 있다"고 주장한 독일의 철학자 하이데거의 이야기를 들어 보자.

현존재는 일상적인 상호 공동 존재 Miteinandersein로서 타인의 통치에 예속되어 있다. 현존재가 스스로 존재하는 것이 아니라, 타인들이 그에게서 그의 존재를 빼앗아버렸다. 타인들의 의향이 현존재의 일상적인 존재 가능성들을 좌우한다. 이 경우 타인들은 특정한 타인들이 아니다. 이와 반대로 어느 타인이든 모두 타인들을 대표할 수 있다. 결정적인 것은 눈에 띄지 않는 타인들의 지배권을 공동 존재 Mitsein로서의 현존재가 뜻밖에도 부득불 이미 받아들이고 있다는 점이다. 누구나 모두 타인에게 속해 있으며 그들의 지배력을 강화한다.

「존재와 시간」

하이데거는 인간을 "현존재"라고 명명했다. 그는 또 인간이 타인과 관계하면서 타인의 통치 속에 서로 예속되어 있다는 의미에서 "상호 공동 존재 Miteinandersein"라고 했다. 여기에서 '상호 공동 존재'란 인간이 타인과 함께 살아가는, 즉 공동 존재이면서 동시에 각각의 인간은 영향을 주고받는 상호적인 관계에 있다는 의미다. 다시 말해, 인간은 함께 살아가면서 타인과 영향을 주고받는 존재라는 뜻이다. 이를 두고 하이데거는 인간의 존재 양식을 "현존재가 스스로 존재하는 것이 아니라, 타인들이 그에게서 그의 존재를 빼앗아 버렸다"고 표현했다. 다시 말해, 인간은 "타인들의 통치에 예속되어 있다"는 것이다.

하이데거의 말처럼 일상적인 생활을 하면서 타인들의 통치에 예속되는 경우는 흔하다. 한 젊은이가 지하철을 탔다. 그 젊은이는 몹시 피곤한 상태다. 그런데 노약자석을 제외하고는 빈자리가 없다. 마침 그 젊은이를 제외하고는 모두 자리에 앉아 있었고 서 있는 사람이 없었다. 이때 몸이 피곤한 젊은이는 노약자석에 앉을지 말지 갈등하고 있다. 이러한 상황이라면 젊은이는 노약자석에 앉아도 되는가, 아니면 서 있어야 하는가? 당신이라면 어떻게 하겠는가?

이 경우 사람마다 다르게 행동할 것이다. 피곤함 때문에 노약자석인데도 앉는 사람도 있을 것이고, 노약자석이기 때문에 그냥 서 있는 사람도 있을 것이다. 중요한 사실은 노약자석에 앉은 사람이나 서 있는 사람 모두 타인의 시선을 의식한다는 점이다. 노약자석에 앉은 사람은 앉기로 선택함으로써 몸은 다소 편해졌을지 모르지만 노약자석에 앉은 자신을 바라보는 타인의 눈 때문에 마음이 편하지는 않을 것이다. 서 있기로 선택한 사람은 어떨까? 마음속으로는 갈등하면서도 타인의 시선을 의식하여 그러지 못하고 있다. 어떤 경우에서든 그 젊은이는 타인의 통치에 예속되어 있는 셈이다.

하이데거는 공적인 세계에서 자신과 관계하는 사물을 사용하는 법을 배워 가면서 알게 모르게 타인들과 공유하는 습관이나 관행에 길들여진다고 보았다. 타인도 역시 똑같은 사물을 사용하면서 그러한 관행을 익혀 왔기 때문이다. 예를 들어, 지하철을 타기 위해 어디에 서 있어야 하며, 지하철 안에서 어떻게 서 있거나 앉아야 하는지를 배운다. 이러한 것을 익히면서 지하철에서 요구되는 일정한 관행에 익숙해진다. 즉, 관행들을 익힘으로써 노련한 지하철 승객이 되는 것이다. 이는 타인들과 접촉하면서 그러한 관행들을 따르고 표준화했기 때문에 가능한 일이다.

우리는 세계와 관계하면서 자신도 모르는 사이에 우리를 지배하는 경향이나 관행에 젖어들게 되는데, 하이데거는 이를 "세인世人의 독재권"이라고 표현했다. 요컨대 남들이 하듯이 향락을 즐기며, 문학이나 예술을 읽고 감상하고, 때로는 비평하기도 한다. 우리는 남들과 같이 대중이 되어 따르고, 남들이 격분하는 것에 대해 역시 격분한다. 한마디로 자신도 모르는 사이에 세인의 독재권이 만들어낸 규범에 순응하고는 것이다.

그렇다면 "세인의 독재권"으로 묘사되는 규범이나 관행에 순응하는 것이 반드시 나쁜 것일까? 세인에 대한 하이데거의 논조를 보면, 마치 그가 온갖 순응을 거부하는 것으로 이해할 수 있다. 그러나 사실은 그렇지 않다.

하이데거는 사람들이 표준화된 관행을 따르는 것이 꼭 나쁜 일만은 아니라고 보았다. 만일 일상의 온갖 사소한 일들, 예컨대 무슨 옷을 입을까, 길을 걸을 때는 어느 쪽으로 걸을까 하는 것들을 쉴 새 없이 스스로 결정해야 한다면 그것은 매우 피곤한 일일 뿐 아니라 정작 중요한 선택을 해야 할 상황에서는 올바른 결정을 내리지 못할 수도 있다.

일상의 사소한 일에 대해서는 정해진 규범이나 관행에 순응하는 편이 좋을 수도 있다. 그러나 하이데거는 사람들이 순응 일변도의 태도를 가지는 것은 경계한다. 독자적인 입장을 표명해야 할 순간조차 공공적인 규범이나 관행을 따르는 것은 부정하며, 일상적인 관행과 규범을 지켜야 할 때와 그렇지 않을 때를 끊임없이 헤아려야 한다고 주장했다.

그렇다면 언제 세인의 독재권에서 벗어나 타인과 차이나게 행동해야 하는가? 하이데거는 타인들과의 차이에 대해 "현격성懸隔性"이라는 개념으로 설명한다. '현격성'이란 '자신과 타인과의 차이가 나는 정도'를 말하는데, 쉽게 말해 '타인과 떨어져 있는 거리'라고 말할 수 있다. 이러한 "현격성"은 일반적으로 자신의 생각이나 기대를 타인의 평균치에 맞추려는 경향으로 나타난다. 이를테면 우리는 자신과 엇비슷한 군중들이 쉽게 받아들일 수 있는 수준에 맞추어 행동하려는 경향이 있다는 것이다.

하이데거에 따르면 "현격성"은 "존재 면책"을 조장한다고 보았다. 개인이 타인의 평균적인 판단을 받아들임으로써 자신의 결정에 대한 책임에서 벗어나려 한다는 것이다. 그 결과, 일을 처리하는 데 있어서 일일이 결정해야 하는 부담감에서 벗어날 수 있다. 남들처럼만 하면 책임으로부터도 어느 정도 자유롭다는 말이다.

그렇다면 타인의 평균적인 판단에 따라 행동하는 것이 언제나 최선의 선택일까? 그렇지는 않다. 여기에도 위험은 뒤따른다. 남들의 보편적인 판단을 따름으로써 철저히 부담을 덜어낸 만큼, 자기 자신으로 존재하지 못하고 '세인'으로만 존재하게 되는 것이다. 결국 자신에게 주어진 부담을 벗어나는 일은 한편으로는 자신으로 존재하는 것을 부정하는 셈이 된다.

하이데거는 이처럼 자신에게 주어진 부담에서 벗어나는 선택을 가리켜 "비본래성inauthenticity(영어), uneigentlichkeit(독어)"이라고 불렀다. 이는 자신으로 존재하지 않고 세인으로 존재하는 것을 말한다. 항상 타인의 평균적인 판단에 따라 행동할 경우 '비본래적'으로 존재하는 셈이다. 이와 달리 '본래적으로' 존재한다는 것은 자신을 책임질 수 있도록 존재한다는 의미다. 또 타인의 기대에 따라 존재하지 않는다는 뜻이기도 하다. 그것은 타인의 기대를 인식하면서도 자신의 본래적인 모습으로 존재하면서 세계와 관계하는 것을 의미한다.

자율 복장 문제로 의견 대립을 보이고 있는 팀장과 최 대리 중에서 누가 더 옳은가? 판단은 자율 복장에 대한 세인들의 평균적인 생각이나 규범이 어떠한가에 따라 달라질 것이다. 그러나 팀장이 말하는 "직장인으로서의 품위"나 "지나치게 튀는 복장"이라는 표현도 결국은 팀장의 입장에서만 바라본 세인들의 평균적인 생각일 뿐이다. 팀장이 생각하는 '세인의 독재권'에 따라 형성된 규범이나 관습에 불과한 것이다.

자율 복장에 대해 최 대리가 생각하는 세인의 평균적인 생각은 팀장과는 다를 수 있다. 동일한 상황에서 팀장과 최 대리의 생각이 다른 이유는 팀장과 최 대리가 일상적으로 만나는 사람들이 다르기 때문이다. 팀장이 주로 어울리는 사람들의 평균적인 생각과 최 대리가 주로 만나는 사람들의 생각이 다른 것이다.

이렇듯 흔히 도덕이나 규범이라고 말하는 것도 결국 대상이나 시대의 흐름에 따라 달라질 수밖에 없다. 그렇기 때문에 도덕이나 규범이라는 이유만으로 타인에게 무조건적으로 강요하기가 힘들다. 도덕이나 규범에 해당하는 행위를 일일이 법으로 강제하지 않는 이유도 바로 이 때문이다. 도덕이나 규범을 타인에게 강요한다면 그것은 이미 도덕이나 규범이 아니며, 차라리 법에 가깝다. 그런 의미에서 칼 야스퍼스Karl Jaspers도 "도덕도 법제화하면 억압이 된다"고 말했다.

하이데거가 "세인의 독재권"이라는 표현을 통해 하고 싶은 말은 무엇일까? 그것은 우리의 존재 방식과 관련된 문제다. 앞서 말했듯이 인간은 누구나 타인의 시선을 의식할 수밖에 없고, 타인에게도 자신의 기대를 나타내는 존재다. 한마디로 "상호 공동 존재"인 것이다. 그렇기 때문에 타인의 생각과 기대를 이해하는 것이 매우 중요하며, 자신의 행동을 선택할 때 반드시 거쳐야 하는 과정이다.

하지만 타인의 생각과 기대를 충족하는 선택으로 인해 자신이 본래적으로 존재하지 못하게 될 때 문제가 발생한다. 타인의 기대를 의식하고 그 기대를 충족시키는 삶을 살아감으로써 불필요한 갈등을 없애고 선택에 대한 부담감에서도 벗어날 수 있지만, 한편으로는 결국 자신으로 존재하지 못하게 되는 위험성을 내포하고 있다.

충실하게 부모의 기대를 만족시키면서 살던 자녀가 어느 순간 지금까지의 삶이 자신의 것이 아니라고 자각하는 경우가 있는데, 자녀는 지금까지 부모의 기대를 충족하느라 자신만의 삶을 살지 못한 것이다. 타인의 기대가 자신만의 삶을 사는 것을 방해한다면 그것을 과감히 벗어던져야 한다. 그 기대가 도덕이라는 이름으로 포장되어 있더라도 말이다. 그래야 진정으로 자신의 삶을 살아갈 수 있다.

모난 돌이 정 맞는다. 하지만 때로는 정을 맞더라도 모나게 살 필요가 있다. 그렇게 하는 것만이 자신의 삶을 살아낼 수 있다고 판단되는 경우에는 기꺼이 정을 맞을 각오를 해야 한다.

29일
인정받는 리더가 되기 위한 두 가지 조건

한비자 「한비자」
법치의 체계성과 덕치의 인간미를 동시에 갖추어라

새로 팀장으로 승진한 김창수 부장. 그는 팀을 잘 이끌어 목표도 달성하고, 팀원들로부터 존경받고 싶다. 새로 부임하게 될 팀의 구성원은 총 열 명인데, 면면을 살펴보니 십인십색이다. 그는 팀원들에게 팀장으로서 첫 이미지를 어떻게 보여 주는 것이 좋을지 고민이 되었다. 강한 이미지가 좋을까, 아니면 부드러운 이미지가 좋을까 선뜻 판단이 서지 않는다. 김 팀장은 친하게 지내는 선배 팀장들에게 조언을 구했다.

"팀장으로서 어떻게 조직 관리를 하는 것이 좋을까요?" 김 팀장의 질문에 대한 선배들의 의견은 제각각이었다. 하지만 큰 틀에서 보자면 두 가지로 구분되었다. 온건책(덕치, 德治)과 강경책(법치, 法治)이다. 온건책을 옹호하는 팀장들은 "리더가 강하게 나가면 일단은 따르는 척하지만, 보이지 않는 곳에서는 자발적으로 움직이지 않는다. 따라서 좋은 관계를 유지하면서 부하의 자율성을 최대한 보장하는 것이 효과적이다"라고 말했다. 반면 강경책을 옹호하는 팀장들은 "부하를 인간적으로 대해 주면 좋을 것 같지만 실제 그렇게 하는 것이 쉽지도 않고, 오히려 팀장의 말을 우습게 보는 경우도 있다. 인간적인 면보다는 원칙과 규율에 따라 냉철하게 상벌을 적용하는 것이 좋다"고 말하면서 '법치'가 효과적이라고 주장했다.

조직 관리를 하는 데 있어서 '덕치'가 효과적일까, '법치'가 효과적일까?

덕치가 효과적인가, 아니면 법치가 효과적인가 하는 물음은 오래된 논쟁의 역사를 지니고 있다. 이 둘의 논쟁의 역사를 "예법 투쟁"이라고 부른다. 예법 투쟁은 말 그대로 '예禮로써 다스려야 한다'는 덕치와 '법法으로 다스려야 한다'는 법치의 대립을 말한다.

그렇다면 둘 중에서 어느 방법이 효과적일까? 결론부터 말하면, 정답은 없다. 정답이 없다고 해서 실망할 필요는 없다. 상황에 따라 정답은 다르지만, 어떠한 상황에서 어느 방법이 효과적인지를 안다면 리더십 문제로 고민하는 리더에게는 도움이 될 것이다.

덕치와 법치의 차이는 인간을 바라보는 시각의 차이에서 기인한다. 법치가 효과적이라고 주장하는 쪽은 인간을 '타율적他律的 존재'로 규정한다. 그렇기 때문에 스스로는 움직이지 않으므로 규율과 통제로 관리해야 한다고 주장한다. 반면 덕치가 효과적이라고 주장하는 쪽에서는 인간을 '자율적 존재'로 본다. 따라서 스스로 판단하고 자발적으로 행동할 수 있도록 하는 것이 효과적이라는 입장이다.

덕치와 법치 중에서 어느 쪽의 주장이 더 설득력 있다고 생각하는가? 어감상으로는 법치보다는 덕치가 좀 더 인간적인 것 같다. 하지만 실제 조직을 관리하는 입장에서도 덕치가 법치보다 효과적이라고 단정지어 말할 수 있을까? 반드시 그렇지만은 않다.

중국의 춘추전국시대에 살았던 여러 사상가들의 주장이 덕치와 법치 중 무엇을 선택할지에 대한 답을 줄 것이다. 춘추전국시대에는 '제자백가'라고 불리는 수많은 사상가 집단이 치세와 통치의 수단으로서 그들만의 사상을 만들어 치열하게 논박을 거듭했다.

나라를 다스리던 제후들의 입장에서는 어떤 사상가의 주장을 받아들여 통치 철학으로 삼을 것인가 하는 문제는 한 나라의 사활이 걸린 중요하고도 현실적인 문제였다. 당시 천하를 호령하던 제자백가 중에는 공자, 맹자, 노자, 관자管子, 장자, 묵자墨子, 한비자, 손자孫子 등이 있다. 이 중에서 덕치가 효과적이라고 주장하는 유가儒家와 법치가 효과적이라고 말하는 법가法家의 주장이 대립된다.

공자와 맹자로 대표되는 유가에서는 "백성을 덕으로써 인도하고 예로써 가지런히 한다면 부끄러움을 알게 되며, 또한 선에 이르도록 노력할 것이다(道之以德 濟之以禮 有恥且格, 『논어』)"라며, 예와 덕의 논리로 '덕치'를 펼칠 것을 주장했다. 한편 공자는 백성을 예가 아닌 형벌로 다스릴 경우 "형벌만 면하면 부끄러움이 없다(道之以政 濟之以刑 民免而無恥, 『논어』)"는 논리로 법치에 대해 부정적인 입장을 보였다.

예와 덕을 중시하고 형벌에 대해 부정적이었던 공자의 주장은 최근 행동경제학자의 실험에서도 증명되었다. 1998년, 그러니까 Uri Gneezy와 루스티치니Aldo Rustichini라는 두 명의 경제학자가 이스라엘의 아동 놀이방에서 재미있는 실험을 했다. 놀이방 선생님들은 아이를 늦게 데리러 오는 부모들 때문에 골머리를 앓게 되자, 문제 해결을 위해서 벌금 제도를 도입했다. 늦은 시간에 비례하여 벌금을 내도록 한 것이다. 벌금 제도를 시행한 이후, 과연 당초의 기대처럼 늦게 오는 부모가 줄어들었을까?

결과는 예상과는 반대였다. 벌금 제도를 도입하기 전보다 지각하는 부모가 많아진 것이다. 벌금의 액수가 너무 적었을까? 그럴 수도 있다. 흥미로운 사실은 벌금 제도가 예상과 다른 결과를 만든 이유였다. 벌금 제도가 없었을 때는 지각하는 부모들이 미안한 마음을 가지고 있었다. 그러나 벌금 제도가 도입된 후에는 지각한 부모들이 미안한 감정을 덜 느끼게 되었다. 지각한 대가로 벌금을 납부했기 때문이다. 벌금 제도가 지각에 대한 면죄부를 제공함으로써 오히려 지각한 부모를 당당하게 만든 것이다.

이 대목에서 공자의 통찰이 빛을 발한다. 공자는 이미 2500년 전에 "잘못에 대한 대가를 지불하기만 하면 부끄러워하지 않는다"는 사실을 직시하고 있었다. 이러한 연유로 공자는 "형벌만 면하면 부끄러움이 없다"고 했던 것이다.

반면 한비자, 상앙商鞅, 이사李斯 등으로 대표되는 법가의 입장은 유가와는 사뭇 다르다. 춘추시대 전국칠웅戰國七雄 중에서 가장 세력이 약했던 한나라 출신의 한비자는 법치와 권세를 통한 강력한 통치를 주장했다. 약소국 출신이어서 상대적으로 여유가 없었던 탓이었을까? 법가의 입장에서는 유가의 예나 덕에 의한 통치는 배부른 소리에 불과한 것이었다. 한비자에게는 현실의 권력 관계를 치밀하게 다스리는 것이 중요했다. 군주와 신하의 관계는 혈육이 아니다.

신하는 군주의 권세에 눌려서 할 수 없이 그를 섬길 뿐이다.

현실의 권력 관계는 왕과 신하뿐만 아니라 일반 사람의 관계에서도 마찬가지로 적용된다. 사람들은 본성과는 관계없이 먹고사는 문제나 사회적 조건에 따라 행동하고 판단할 뿐이다. 한마디로 이익에 따라 움직이는 것이다. 따라서 예나 덕으로 다스리기보다는 강력한 형벌로 다스려야 한다. 이러한 법가의 주장은 냉정해 보이기까지 한다. 법가의 주장이 당혹스럽게 느껴지는 이유도 어쩌면 인간의 본성을 노골적으로 표현했기 때문일지 모르겠다.

서양의 사상가 중에서도 한비자처럼 현실적인 주장을 펼친 사람이 있다. 르네상스 시대의 이탈리아 정치가였던 마키아벨리Niccolo Machiavelli다. 그는 『군주론』을 통해 강력한 국가 건설을 지향했다. 그는 인간의 본성을 불신하면서 군주는 인자함과 잔인함을 동시에 갖추어야 한다고 주장했다. 그렇기 때문에 "새롭게 군주의 자리에 오른 자는 나라를 지키는 일에 곧이곧대로 미덕을 지키기는 어려움을 명심해야 한다. 나라를 지키려면 때로는 배신도 해야 하고, 때로는 잔인해져야 한다. 인간성을 포기해야 할 때도, 신앙심조차 잠시 잊어버려야 할 때도 있다".

마키아벨리의 이러한 주장도 그가 살았던 시대적 상황과 무관하지 않은 것으로 보인다. 15세기 말 이탈리아가 다섯 나라로 분열되어 혼란스러웠다는 점에서 한비자가 살았던 격동기 전국시대와 많이 닮아 있다.

예와 덕으로써 다스려야 한다는 공자의 주장과 강력한 법치로 다스려야 한다는 한비자의 주장 중에 어느 쪽에 더 끌리는가? 혼란과 격동의 춘추전국시대에 덕치냐, 법치냐의 논쟁은 국가의 생존을 좌우할 정도로 중요한 정치 문제였다.

결과적으로는 법치를 주장한 한비자의 손을 들어 주어야 할 듯하다. 법가의 사상을 기반으로 꾸준히 실력을 키운 진秦나라가 기원전 221년에 천하 통일을 이루었기 때문이다. 강력한 법치를 통치 철학으로 내세운 진나라가 천하를 통일하면서, 약 550년간에 걸쳐 지루하게 진행되었던 '예법 투쟁'은 대단원의 막을 내렸다.

그렇다면 덕치와 법치의 예법 투쟁은 법치의 판정승으로 끝났다고 보는 것이 타당한가? 그렇게 볼 수만은 없다. 법치를 통치 이념으로 천하를 제패했던 진나라도 진시황秦始皇의 죽음과 함께 불과 15년 만에 멸망하고 말았다는 사실을 잊지 말아야 한다. 법치가 천하를 통일하는 데에는 효과적이었을지는 모르지만, 지속성에는 한계를 드러낸 것이다.

흔히 역사 속에 진리가 있다고 이야기한다. 그러나 역사는 바라보는 시각에 따라 다양하게 해석될 수 있기 때문에 주의를 기울여야 한다. 그런데 춘추전국시대에 치열하게 경쟁했던 덕치와 법치의 논란에서 몇 가지 시사점을 찾을 수 있다.

먼저 혼란과 격동의 시기에는 덕치보다는 법치가 효과적으로 작용할 수 있다는 점이다. 외부 환경이나 조직이 안정되지 않고 불안한 상황에서 덕치는 사치스러운 이념이다. 서로 먹고 먹히는 약육강식의 경쟁 환경에서 예절을 중시하는 시골 서당의 훈장이 경영하는 모습이라고나 할까?

혼란의 시기에 덕치보다는 법치가 효과적인 이유는 무엇일까? 법치의 장점은 반응이 즉각적이라는 데 있다. 법치가 이끌어내는 즉각적인 반응은 급변하는 환경 변화에 신속하게 대응할 수 있게 해 준다. 즉각적인 효과를 원할 때에는 당근과 채찍이 최고인 셈이다.

이러한 장점에도 법치에는 부정적인 면이 존재한다. 먼저 법치는 인간을 타율적으로 만든다. 강력한 형벌이 무서워서 움직이는 인간은 타율적일 수밖에 없으며, 타율적인 인간에게는 일에 대한 열정과 업무에 대한 몰입을 기대하기가 어렵다. 또 그 효과를 오래 지속하기 어렵다는 점에서 한계가 있다. 채찍과 당근 때문에 움직이는 사람은 그것이 없어지거나 흥미가 감소하게 되면 몰입도가 떨어진다. 채찍과 당근에도 '한계효용체감의 법칙'이 적용되는 셈이다.

조직 관리나 리더십이 장기적이고 지속적이어야 한다는 점을 전제한다면, 효과가 오래 지속되기 어려운 점은 법치가 갖는 근본적인 한계일 수밖에 없다. 결국 법치는 구성원의 즉각적인 반응을 불러일으킨다는 장점과 인간을 타율적으로 만들고 그 효과가 단기적이라는 단점을 가진 '양날의 칼'인 셈이다.

어떤 리더십을 발휘하는 것이 좋을지 고민하는 김 팀장은 어떻게 해야 하는가? 덕치를 해야 하는가, 법치를 하는 것이 좋은가? 이 물음에 대해 단정적으로 말하기는 어렵다. 앞서 살펴본 바와 같이 덕치와 법치 모두 장점과 단점을 동시에 갖고 있기 때문이다.

그렇다면 어느 것 한 가지만 고집하지 말고 두 가지를 조화롭게 사용하라고 조언해야 하지 않을까? 지금은 춘추전국시대도, 르네상스시대도 아니다. 현대의 조직에서는 덕치와 법치 중에 어느 한 가지만 강조할 필요가 없다. 현대의 리더라면 상황이나 대상에 맞게

유연하게 두 가지 모두를 적용해야 한다. 좀 더 구체적으로 말하면, 현대 조직의 리더는 법치를 위한 시스템과 매뉴얼을 잘 갖추면서 동시에 인간적으로 소통할 수 있는 덕치를 겸비해야 한다. 법치의 체계성과 덕치의 인간미를 동시에 지녀야 한다는 말이다. 덕치 없는 법치는 공허하고, 법치 없는 덕치는 무상할 뿐이다.

30일
회사는 결코 당신을 지켜주지 않는다

사르트르 『존재와 무』
상대의 자유를 긍정하고,
진정한 사랑의 관계를 만들어라

엄청민 팀장은 최근에 한 가지 걱정이 생겼다. 요즘 들어 나잘난 대리의 태도가 수상하기 때문이다. 명문대 출신인 나잘난 대리는 업무 능력도 뛰어나고 대인 관계도 좋아서 엄 팀장의 총애를 한 몸에 받았다. 그런데 나 대리에게 다른 회사로부터 좋은 조건의 스카우트 제의가 들어왔다는 소문이 들린다. 이 사건으로 인해 나 대리는 고민하는 것처럼 보인다. 엄 팀장이 보기에도 나 대리는 젊고 학벌도 좋은 데다가 능력도 뛰어나서 언제라도 좋은 회사로 옮길 수 있을 것 같다. 하지만 능력 있는 부하 직원을 뺏기기 싫어서 불안한 마음이 든다. 상황이야 어찌 되었든 전적으로 신임하던 친구가 갈등하고 있으니 엄 팀장의 기분이 좋지만은 않다.

사실 엄 팀장도 대리 시절에는 잘나갔다. 그도 대리 시절에 다른 회사로 옮길 기회가 여러 차례 있었지만, 한번 맺은 인연을 소중하게 생각해서 지금까지 쭉 근무해 온 것이다. 그런 자신과 비교하면 요즘 친구들은 조직에 대한 충성심이 다소 부족하다는 생각이 들기도 한다.

　반면 같은 팀의 양 차장은 나 대리와는 정반대다. 양 차장의 업무 능력이 마음에 들지는 않지만, 근무 태도만큼은 최고다. 어떤 일이든 싫은 내색 없이 묵묵히 해낼 뿐만 아니라 나 대리처럼 회사를 옮길 생각은 전혀 하지 않는다. 여기에 엄 팀장의 딜레마가 있다. 능력이 뛰어난 부하는 다른 곳으로 떠나지 않을까 고민이고, 거취 문제로 고민하지 않게 하는 부하는 능력이 마음에 들지 않는 것이다.

　엄 팀장은 왜 흔들리는 나 대리를 보고 불안해 하는가? 엄 팀장은 어떻게 해야 하는가?

　진정한 사랑을 꿈꾸는 여성이 있었다. 그녀는 드디어 간절히 원하던 이상형의 남자와 사랑에 빠졌다. 그녀는 그와 함께 꿈같이 달콤한 시간을 보냈다. 둘은 영원히 사랑하기로 약속했다. 그녀는 세상에서 가장 행복한 사람이 된 것만 같았다. 하지만 그녀의 이러한 행복도 오래가지는 못했다. 남자가 갑자기 그녀를 사랑하지 않게 되었기 때문이다. 남자는 그녀보다 더 사랑하는 사람이 생겼다며 그녀를 떠나버렸다. 그녀는 남자의 배신에 눈물을 흘렸다. 그토록 꿈꾸던 사랑은 그 결실을 맺지 못하고 비극적으로 끝나고 말았다. 그녀는 온갖 정성을 다해 사랑했지만, 돌아온 것은 배신이었다.

　그녀는 자신의 사랑을 저버리고 떠난 남자를 저주했다. 그리고 다시는 그와 같은 사랑을 하지 않기로 맹세했다. 사랑의 달콤함보다는 배신으로 인한 아픔이 컸기 때문이다. 그녀는 사랑하는 방법을 바꾸었다. 더 이상 자신을 배신하지 않는 대상을 사랑하기로 한 것이다. 그녀가 새롭게 택한 사랑의 대상은 애완견이다. 그녀는 강아지와 사랑에 빠졌다. 강아지는 그녀가 사랑해 주는 만큼 그녀를 따랐다. 심지어 다소 소홀하게 대하더라도 강아지는 그녀에 대한 사랑을 절대 되돌리지 않았다. 그녀는 더 이상 자신을 배신하지 않는 절대적인 사랑을 찾았다. 그녀는 새롭게 찾은 사랑으로 행복해질 수 있을까? 그녀의 사랑은 진정한 사랑일까?

이 대목에서 누구나 한 번은 겪게 되는 사랑의 문제에 대해 숙고해 볼 필요가 있다. 누구나 사랑을 꿈꾸지만, 사랑은 언제라도 우리의 소망과는 달리 심각한 장애를 일으킬 수 있다. 내가 사랑하게 된 상대방에게는 나를 사랑할 수도 있고, 나를 사랑하지 않을 수도 있는 '자유'가 있기 때문이다. 다시 말해, 내가 사랑하는 상대방에게는 나의 의사와는 무관하게 언제라도 나를 버리고 떠날 수 있는 '자유'가 있는 것이다.

사랑의 비극은 상대방이 가진 '자유' 때문에 발생한다. 이 대목에서 실존주의 철학자인 사르트르의 통찰이 빛을 발한다. 먼저 『존재와 무』에 나오는 사랑에 관한 주장을 들어 보자.

그런 의미에서 내가 타인에게 사랑받아야 한다면, 나는 '사랑받는 상대'로서 자유롭게 선택되어야만 한다. 알다시피 사랑의 통상적인 용어에서는, 사랑받는 상대는 '선택된 자'라는 용어로 지시된다. 그러나 이 선택은 상대적이고 우연적이어서는 안 된다. …… 사실 사랑하는 사람이 요구하는 것은, 그 상대가 자기를 두고 절대적인 선택을 했다는 것이다.

「존재와 무」

사랑에 대한 사르트르의 주장은 매우 간단하다. 사랑에 빠진 사람이 진정으로 바라는 것은 자신을 사랑하는 상대방이 "자유롭게" 나를 선택하는 상황을 원한다는 것이다. 만일 상대방이 자유롭지 못한 상황에서 선택한 사랑이라면, 그때는 사랑이 주는 설렘과 기대가 반감될 것이다. 조선시대에는 부모가 미리 정해 준 사람과 얼굴도 보지 않고 혼인해야 했다. 이렇게 맺어진 두 사람이 진정한 사랑을 했다고 말하기는 어려울 것이다. 그들에게는 '자유'가 없기 때문이다.

이처럼 진정한 사랑은 자유롭게 선택하는 것이 전제되어야 한다. 사르트르의 주장을 살펴보면, 진정한 사랑에는 또 한 가지 중요한 조건이 있다. 상대방의 선택이 "절대적인" 것이어야 한다는 점이다. 상대가 자유롭게 선택했더라도, 그 선택이 "상대적"이거나 "우연적"이어서는 안 된다는 의미다.

지금 당신과 만나고 있는 상대가 어느 날 나를 선택한 이유에 대해 "내가 지금까지 만나 본 사람 중에 돈이 제일 많아서", "하필 그날 비가 와서 감정이 센티멘털해져서 나도 모르게 그만"이라고 말했다면 당신의 기분은 어떻겠는가? 상대로부터 이런 말을 듣고는 기분 좋아할 사람은 없을 것이다. 상대는 나를 선택한 이유가 상대적이거나 우연적이라고 실토하고 있다. 다시 말해, 나를 선택한 이유가 절대적이지 않다고 고백한 것이다. 상대가 무심결에 던진 말은 사랑에 대한 열망을 감소시킬 뿐만 아니라, 도리어 우리의 마음을 괴롭힌다.

'절대적'이라는 말은 상대방의 자유를 함축하는 말이기도 하지만, 이 말에는 상대방이 조건에 얽매여서가 아니라, 어떤 조건에 처하더라도 반드시 나를 선택하기를 원한다는 의미가 내포되어 있다. 결국 사르트르가 말하는 사랑은 '자유로운 선택'과 '절대적인 선택'이라는 두 가지 기준을 모두 충족하는 경우에만 가능하다. 그런데 당신은 사르트르가 말한 것 같은 사랑을 해 본 적이 있는가?

사랑은 자유롭고 절대적인 선택이어야 한다는 조건은 어쩌면 현실에서는 쉽게 이루어지기 힘든 소망이 아닐까? 사랑하는 상대방에게 '자유'가 있어야 한다는 조건은 더 큰 희열과 행복감에 젖어들게 한다. 하지만 상대방이 갖는 '자유'는 한편으로 불안감을 떨칠 수 없게 만든다. '자유'를 가진 상대방은 언제든지 나를 떠날 수 있기 때문이다.

사실 상대방이 현재 나를 사랑하는 것도 그가 자유로운 인간이기에 가능한 일이다. 마찬가지로 상대방이 나를 배신하는 것도 그의 '자유' 때문에 가능하다. 이처럼 사랑의 조건이기도 한 '자유'의 존재가 사랑을 매우 역설적인 상황으로 몰고 간다. 상대방이 나를 '자유롭게', 그리고 '절대적으로' 선택해 주기를 바라는 소망의 이면에는 그가 언제든지 떠날 자유도 가지고 있다는 불길한 가능성을 내포하고 있기 때문이다.

사랑했던 사람으로부터 배신의 아픔을 겪은 후 애완견과의 사랑을 선택한 여성의 입장으로 돌아가 보자. 강아지는 어떤 경우라도 배신하지 않는다. 하지만 인간은 사랑하는 사람을 배신하기도 한다. 배신당한 그녀에게는 안된 말이지만, 그녀를 떠나 또 다른 사랑을 찾은 사람에게는 '자유'가 있었다. 남자에게 떠날 자유가 있었다는 사실은 떠나기 전까지 그들의 사랑이 진정한 사랑이었음을 말해 주는 것은 아닐까?

처음부터 남자에게 떠날 자유가 없다고 가정해 보자. 그렇다면 그들의 사랑은 진정한 사랑이었을까? 그렇지는 않다. 사랑은 서로에게 자유가 전제되어야 하기 때문이다. 사랑했던 사람으로부터 버려진 사람에게는 상대방의 자유가 저주스러울지 모르겠지만, 배신한 사람의 입장에서는 새로운 사랑을 찾아 떠날 수 있는 인간의 자유처럼 소중한 것도 없다.

인간의 사랑에는 애완견과의 사랑에서는 찾아볼 수 없는 면이 존재한다. 바로 사랑에 대한 인간의 자유다. 애완견으로부터 받는 사랑보다는 인간에게 받는 사랑에서 더 큰 행복과 희열을 느낄 수 있다. 그것은 상대방이 배신의 가능성, 즉 자유의 가능성을 억누르고 나를 사랑해 주기 때문이다.

마음이 흔들리는 나 대리를 바라보면서 불안해하는 엄 팀장에게로 돌아가 보자. 그는 왜 불안해 하는가? 나 대리에게 '자유'가 있기 때문이다. 경영학의 인사 관리에서는 개인과 조직의 관계를 남녀 간의 사랑이나 결혼 관계에 비유하기도 한다. 개인이 조직과 만나서 혼인하고(입사), 결혼 생활을 영위하다가(근무), 결국에는 개인과 조직이 이혼한다(퇴직). 마치 우리가 수많은 이성 중에서 가장 마음에 드는 사람과 만나서 사랑하고 결혼하듯이, 개인은 수많은 조직 중에서 가장 마음에 드는 조직을 골라 입사를 결정한다.

엄 팀장이 현재의 조직과 사랑에 빠졌듯이, 나 대리도 현재의 조직과 사랑에 빠졌던 것이다. 하지만 나 대리에게는 새로운 사랑의 가능성이 열려 있다. 지금까지 사랑했던 조직을 배신하고 다른 사랑을 찾아서 떠날 수도 있다. 지금의 조직과 계속 사랑할 것인가, 아니면 떠날 것인가는 전적으로 나 대리의 자유다. 언제든지 배신하고 떠날 수도 있다는 가능성, 즉 나 대리가 가진 '자유'가 엄 팀장이 느끼는 불안의 실체다.

그렇다면 이러한 상황에서 엄 팀장은 어떻게 해야 하는가? 솔직하게 말하자면, 엄 팀장에게는 별다른 방법이 없다. 선택의 자유가 나 대리에게 있기 때문이다. 사람들은 사랑에 대해 이중 잣대를 들이대는 경우가 많다. 다른 사람 대신 나를 사랑하기로 선택했던 그 사람의 자유는 긍정하지만, 나를 버리고 다른 사람을 사랑하는 자유는 부정한다. 이것이 바로 사랑과 자유의 이율배반인 것이다.

나를 배신하는 자유를 부정하는 순간, 나를 사랑하는 그 사람의 자유도 부정해야 한다. 역으로 나를 사랑하는 자유를 긍정하는 순간, 나를 배신하는 그 사람의 자유마저 긍정해야 한다. 능력 있는 나 대리가 지금의 조직을 사랑하는 자유를 긍정하려면, 그가 떠날 수 있는 자유마저 긍정해야 하는 것이다.

달리 생각해 보자. 나 대리에게서 떠날 자유를 빼앗아버린다면 어떻게 될까? 그는 지금의 조직에 남을 수밖에 없다. 하지만 떠날 자유를 박탈당한 채 조직에 남게 된 나 대리는 더 이상 가슴 벅찬 사랑을 하기 어려울 것이다. 자유를 빼앗긴 인간은 열정적인 사랑을 할 수도 없는 법이다.

능력 있는 나 대리를 떠나보낼 위기에 놓인 엄 팀장에게는 정말 아무 방법이 없을까? 전혀 없지는 않다. 여기에서 사랑이 언제 찾아오는지에 대해 생각해 보면 다소 도움이 될듯하다. 이 대목에서 사랑에 대한 라캉의 설명을 들어 보자.

그는 『세미나』에서 "욕망과 그 대상 사이의 불일치"로 인해 사랑이 발생한다고 주장했다. 사랑에 빠진 사람은 타인에게서 자신의 욕망을 충족시켜 줄 무엇인가가 있다고 상상한다. 하지만 타인에게서 자신의 욕망이 충족되는 경우에는 더 이상 사랑이 촉발되지 않는다는 것이 라캉의 근본적인 입장이다. 그것은 목이 마를 때 물을 마시는 것과 같아서, 욕망이 곧바로 충족되어버리기 때문이다. 즉, 목이 마른 사람은 물을 가진 사람을 찾지만 물을 충분히 마신 다음에는 더 이상 물을 가진 사람을 찾지 않는다. 다시 말해, 자신의 욕망 때문에 사랑을 시작하지만, 정작 욕망이 충족된 경우에는 더 이상 사랑의 감정이 불타오르지 않는다.

결국 라캉은 욕망과 마찬가지로 사랑도 '결여'를 전제로 한다고 보았다. 라캉에 따르면, 상대방에게 충족되지 못한 '욕망'이 존재하고 그 욕망을 내가 충족시켜 줄 수 있다는 상상에 집착할 때 사랑은 강하게 불타오른다.

사랑에 대한 라캉의 주장에서 힌트를 발견했는가? 엄 팀장이 할 수 있는 유일한 방법은 나 대리에게 계속해서 사랑의 감정이 불타오르게 하는 것이다. 나 대리의 충족되지 못한 욕망을 발견하고, 그 욕망을 자신이 충족시켜 줄 수 있다는 가능성을 보여 주면 된다.

그렇다면 욕망은 무엇으로 충족시킬 수 있는가? 심리학이나 경영학에서는 사람을 자극하여 의도하는 목표로 향하게 하는 것을 '동기 부여motivation'라고 부른다. 동기 부여는 개인의 욕망(욕구)과 관련이 있다. 어떤 사람은 생리적 욕구나 금전적인 욕구 때문에 움직이기도 하고, 어떤 사람은 성취의 욕구나 자아실현의 욕구 때문에 움직이기도 한다. 중요한 사실은 개인의 욕망이 사람마다 다르다는 점이다. 그렇기 때문에 엄 팀장은 나 대리가 가진, 충족되지 못한 욕망을 이해해야 한다.

잊지 말아야 할 점은 타인의 욕망을 제대로 이해하기 위해서는 둘 사이에 사랑의 관계가 전제되어야 한다는 사실이다. 사랑의 관계는 나와 상대방과의 수평적인 긴장 구조에서만 작동한다. 둘의 관계가 기존의 일상적인 구조로 편입될 경우에는 사랑의 관계가 작동하지 않는다.

엄 팀장이 나 대리에게 조직 구성원으로서 조직에 대한 충성심을 가져야 한다고 생각하는 순간, 그들의 관계는 사랑의 관계가 아닌 것이 된다. 그런 상황에서는 엄 팀장이 나 대리의 욕망을 제대로 이해하는 것은 불가능하다. 엄 팀장은 나 대리와 사랑의 관계를 유지한 채, 그의 욕망을 이해하고 그 욕망을 충족시켜 줄 수 있는 가능성을 제시해야만 한다.

사랑에 대해 사르트르와 라캉의 주장을 접한 소감이 어떤가? 그들이 주장하는 진정한 사랑은 시도해 볼 만한 것이라고 생각했는가? '사랑은 참 어렵고 힘든 것이구나' 하고 생각하는 사람도 있고, 심지어 '사랑, 너무 귀찮아. 차라리 안 하고 말래' 하고 생각하는 사람도 있을지 모르겠다.

　사랑의 자유가 가지는 양면성 때문에, 다시 말해 기쁨과 고통을 동시에 줄 가능성 때문에 사람들은 결혼과 가족으로 상징되는 기존의 관계로 편입시킴으로써, 차라리 맹목적인 사랑을 요구하기도 한다. 하지만 그런 사랑은 행복과 희열을 감소시키고, 인간의 자유가 가진 무한한 가능성을 가로막는 결과를 가져온다.

　조직이 구성원들에게 요구하는 조직에 대한 충성심도 이와 비슷하지 않을까? 조직 구성원들이 가진 자유의 가능성을 가로막은 채 진정한 사랑의 관계를 만드는 것이 가능할까? 자유가 전제되지 않은 충성심은 진정한 사랑이 아니다. 맹목적인 사랑에 불과하다. 당신은 진정한 사랑을 원하는가, 아니면 맹목적인 사랑을 원하는가?

에필로그
회사가 나를 흔들수록
'생각하는' 직장인이 되라

"철학에서 당신의 목적이 무엇인가? - 파리에게 파리통에서 빠져나갈 출구를 가리켜 주는 것."

비트겐슈타인 『철학적 탐구』

잘 알고 있다고 생각하지만 막상 질문을 받으면 대답하기 어려운 질문이 있다. 가령 "인생이란 무엇인가?"라는 질문이 그렇다. 이 질문에 쉽게 대답할 수 있는가? 누구나 인생을 살아가고 있지만, 정작 이 질문에는 쉽사리 대답하지 못한다. 인생이란 '사람이 세상을 살아가는 일'을 말한다. 하지만 사람마다 세상을 살아가는 방식이 다르기 때문에 단정적으로 무엇이라고 말하기 어렵다. 그래서 인생의 황혼녘이 되어야 비로소 자신이 살아온 삶을 회고하면서 "인생은 무엇이었다"라고 과거형으로 고백할 뿐이다.

이처럼 평소에는 잘 아는 것 같지만, 막상 질문을 받으면 대답하기 어려운 질문 중의 하나가 "철학이란 무엇인가?"라는 질문이다. 물론 철학자가 아닌 일반인들이 이런 질문을 받는 경우는 거의 없다. 하지만 철학에 관심을 가지고 공부하는 사람도 이런 질문에는 쉽게 답하기가 곤란하다. 왜 그럴까? 그 이유는 철학자들마다 철학이 무엇인가에 대해 말하는 것이 다르기 때문이기도 하지만, 철학이란 학문이 용어를 새롭게 규정하면서 시작되는 학문이기 때문이다. 철학에 대한 정의는 모든 철학자가 자기 나름대로의 입장을 가지고 있기 때문에 철학자마다 다르다. 그런 의미에서 모든 철학은 고유명사라는 주장은 타당하다.

일반인들이 철학을 가까이하지 못하는 이유 중 하나는 이처럼 철학의 정의에 대한 불명료성 때문일 것이다. 다른 이유도 많다. 철학책은 일단 읽기가 힘들다. 철학자의 글은 일반 대중의 눈높이를 맞추는 데 매우 인색하다. 그래서 읽기도 어려울 뿐만 아니라, 읽어도 이해되지 않는 경우가 많다. 설사 다 읽었더라도 실생활에는 딱히 도움이 되지 않는다. 그렇다 보니 철학은 일반인들과는 관계없는 학문, 일상생활과는 동떨어진 아웃라이어outlier들의 말장난, 먹고사는 걱정 없는 배부른 사람들의 지적 허영심 정도로 치부되기도 한다.

그렇다면 철학은 일반인들에게는 쓸모없는 담론에 불과한 것일까? 난해하고 쓸모없는 학문이라고 속단해버리기 전에, 쉽지는 않지만 철학이란 무엇인가에 대해서 좀 더 생각해 볼 여지는 있다. 철학의 정의에 대한 도올 김용옥의 말을 빌리면, "철학은 탐구하고자 하는 대상이나 내용이 아닌, 탐구하는 방법 자체를 일컫는 학문"이다. 그는 독일 철학자 칸트의 주장을 인용하면서 철학의 정의에 대한 일반인들의 인식을 바꾸어 놓았다. 칸트는 수업 시간에 이런 말로 강의를 시작했다고 한다. "여러분은 결코 저에게 '철학die Philosophie'을 배울 수 없습니다. 다만 여러분과 똑같은 어떤 한 사람이 '철학하는 것philosophieren'만을 볼 수 있을 뿐입니다." 칸트는 철학이란 명사로서의 '철학'을 배우는 것이 아니라, 동사로서의 '철학하는 것'을 배우는 학문이라고 주장했다. 결국 철학은 '철학함'의 학문이다.

그렇다면 '철학함'이란 무슨 의미인가? '철학함'은 한마디로 '생각함'이다. 나를 포함해서 대부분의 사람은 전문 철학자가 아니다. 하지만 철학이 '철학함', 다시 말해 '생각함'의 학문이라는 정의를 받아들인다면, 우리라고 해서 철학을 못할 이유가 없다. 아니, 우리도 철학을 해야 하는 것이다. 철학이란 조건 지어진 삶에 대해 아무 생각 없이 살아가는 것이 아니라 생각하면서, 다시 말해 이성적으로 사유하면서 살아가는 것이다. 삶을 살다 보면 자신도 모르게, 아무 이유 없이 원하지도 않는 삶을 살아갈 때가 있다. 이때 무의식적으로 주어진 삶을 사는 것이 아니라 자신에게 주어진 것에 대해 이유를 묻고 왜 그런지를 따지는 일이 철학이며, 그렇게 하는 사람이 철학자다.

그런 의미에서 철학의 목적을 "파리에게 파리통에서 빠져나갈 출구를 가리켜 주는 것"이라고 말한 비트겐슈타인의 주장은 일리가 있다. 철학자는 주어진 조건을 이성적으로 사유하게 함으로써 누구나 빠지기 쉬운 위험을 감지하고 신호를 보내 주는 경보기와도 같은 소중한 존재다.

하지만 불행히도 사람들은 철학자가 보내는 위험 신호를 인지하지 못하는 경우가 많다. 그 이유는 그들이 보내는 신호(주로 철학 책에 그런 신호가 담겨 있다)를 볼 기회가 없기 때문이다. 어렵고 난해해서, 또는 읽어 봐야 실생활에 도움이 안 된다는 핑계로 철학 책을 멀리한 결과다. 그렇다면 어떻게 해야 하는가? 철학 책을 읽지 못하더라도 스스로 철학(함)은 해야 한다. 삶에 대해 고민하고 깊게 생각하는 것, 그것이 바로 '철학(함)'이다. 이제부터 모두 철학하며 살자!

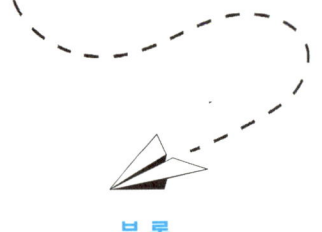

부록

가라타니 고진柄谷行人, 1941~

현대 일본을 대표하는 탁월한 비평가이자 사상가다. 비평가로서 그는 칸트나 마르크스를 초월론적 또는 전위적으로 비판했으며, 사상가로서 그는 타자와 차이의 문제를 자신의 핵심 문제로 설정하고 타자와 공존하는 사회를 고민함으로써 자본주의 사회를 넘어서려고 한다. 주요 저서로는 『마르크스 그 가능성의 중심』, 『트랜스크리틱』, 『은유로서의 건축』등이 있다.

공자孔子, BC551~BC479

춘추전국시대 제자백가 중 유가儒家의 시조다. 실권자와 충돌한 후 여러 나라를 돌아다니며 제후들에게 자기의 사상을 설파하였다. 그러나 뜻을 얻지 못하자 만년에는 노나라에서 제자 교육과 고전 편찬에 종사했다. 그는 예禮로서 질서를 잡고, 덕德에 기초한 정치, 인仁을 바탕으로 한 위정자의 자기개조를 강조했다. 그의 사상은 제자들에 의해 정리되어 『논어』에 실려 전해지고 있다.

나가르주나龍樹, 150?~250?

'공空'이라는 개념을 통해 "모든 것에는 불변하는 본질이 존재하지 않는다"고 주장했던, 철학사에서 가장 비판적인 철학자다. 현상세계에서 불변하는 본질을 부정함으로써 모든 존재자의 변화를 긍정하게 되었다. 심지어 그는 "공도 공하다"고 주장하기도 했을 정도다. 그의 사유는 서양으로 보자면 탁월한 비판가인 '니체'의 사유를 선취하고 있는 듯 보인다. 주요 저서로는 『중론』, 『회쟁론』 등이 있다.

노자老子, BC570?~BC479?
춘추전국시대 도가道家의 시조로 주周나라 출신이다. 그 사상은 도덕이나 지배욕을 버리고 무위자연無爲自然하라는 것이 중심이다. 공자가 노자를 찾아가 예禮을 물었다는 기록도 전해지고 있으나 정확한 것은 아니다. 주나라를 떠나면서 국경지기에게 남겼다는 81편의 철학시가 『도덕경』이라는 책으로 남았다고 한다.

니체Friedrich Wilhelm Nietzsche, 1844~1900
"신은 죽었다"라는 유명한 말로 알려진, 역사상 가장 도발적인 철학자다. 스스로도 자신의 철학을 "망치로 부수면서 철학하는 것"이라고 할 정도로 서양 철학의 전통에 비판적이었다. 그의 비판 정신은 현대 프랑스 철학자들에게 지대한 영향을 미쳤으며, 최근 들어 그의 가치가 새롭게 조명되고 있는 중이다. 주요 저서로는 『도덕의 계보』, 『차라투스트라는 이렇게 말했다』 등이 있으며, 책세상에서 나온 니체전집전 21권은 독서가에게 시간과 끈기를 요구한다. 자유로운 삶을 원하는 사람은 그의 저작에 도전해 보길 권한다.

다윈Charles Robert Darwin, 1809~1882
철학, 신학, 문학, 공학, 예술을 넘나든 과학자로 그의 저술은 생물학에 일대 혁명을 불러일으켰다. 그가 남긴 유산은 진화와 자연선택에 대한 방대하면서도 핵심을 찌르는 이론들인데, 그의 독창적인 이론은 사후 100여 년이 넘게 지난 지금도 여전히 유효하다. 22년간의 노력이 오롯이 담긴 그의 주저 『종의 기원』은 자신을 발전시키고 싶은 현대인들에게도 의미 있는 사유의 장을 제공한다.

데리다Jacques Derrida, 1930~2004
서양의 모든 형이상학의 전통을 거부한 현대 프랑스 철학자다. 진리, 아름다움, 국가 등의 모든 중심을 거부하고 이를 해체하려 했던 비판 정신으로 인해 그의 철학적 경향은 '해체주의'라고 불린다. 자신만의 독특한 개념인 '차연difference'은 '차이의 철학'으로 요약할 수 있으며, 현대 철학에서 빼놓을 수 없는 인물이 되었다. 주요 저서로『글쓰기와 차이』,『주어진 시간』 등이 있다.

들뢰즈 Gilles Deleuze, 1925~1995

푸코가 "21세기는 들뢰즈의 세기가 될 것이다"라고 예언할 정도로 그는 우리시대의 가장 중요한 철학자다. 스피노자와 니체의 사상을 이어받아 일체의 초월적 가치를 부정하고, 내재적 형이상학을 구성했다. 동일성보다는 차이를, 존재보다는 생성을, 불변하는 것보다는 변화를 추구했다. 주요 저서로는『차이와 반복』,『천개의 고원』 등이 있다. 그는 70세였던 1995년에 파리에 있던 자신의 아파트에서 투신자살했다. 오랜 지병으로 거동조차 힘든 상황에서 마지막 힘으로 능동적인 선택을 한 것이다.

라캉 Jacques Lacan, 1901~1981

정신분석학을 생물학으로 환원시키려는 미국 정신분석학계에 맞서 "프로이트로 돌아가자"라고 외쳤던, 프로이트 사상의 적통을 이어받은 정신분석학자이자 철학자다. '언어란 무엇인가'라는 질문을 통해 무의식의 언어적 구조와 본성을 강조하고 욕망을 재해석함으로써 프로이트의 발견을 철학적으로 더 세련되고 풍성하게 만들었다. 저서로는『에크리』 등이 있다.

맹자孟子, BC372?~BC289?

공자와 더불어 유가를 대표하는 사상가이지만, 공자가 죽은 후 100년 정도 뒤에 태어났다. '맹모삼천지교'의 일화와 함께 아들에게 중도에 공부를 포기해서는 안 된다는 것을 명심시키기 위해 자신이 짜던 베를 잘랐다는 어머니의 이야기로도 유명하다. 정치에서 덕치德治를 실현할 것을 주장한 이상주의자로 인의仁義를 강조하였으며, 인간의 도덕적 각성과 수양을 요구하는 성선설을 주장했다. 그의 철학은 제자들에 의해 편집된『맹자』에 실려 있다.

메를로 퐁티 Maurice Merleau Ponty, 1908~1961

인식이나 지각에 있어서 몸의 중요성을 강조했던 현대 프랑스 현상학자로, 사르트르와 더불어 무신론적 실존주의의 대표적 철학자다. 처음에는 마르크스주의에 대한 공감으로 시작했으나 나중에는 용공적인 정치적 태도를 취한 사르트르와 결별했다. 후설의 영향으로 생활세계의 현상학적 기술을 실존주의 관점에서 전개하였다. 주요 저서로는 『지각의 현상학』, 『보이는 것과 보이지 않는 것』 등이 있다.

베르그송 Henri Louis Bergson, 1859~1941
데카르트 이후 서양철학의 무대를 프랑스로 되돌려 놓은 철학자로, 시간이나 생명에 관한 독특한 이론을 전개했다. 그는 당대 자연과학의 업적을 비판적으로 섭취하여 거대한 생명과 생성의 형이상학을 완성했다. 또한 생명 진화의 역사를 추적하면서 인간의 삶과 세계의 진행에 있어서 결정론을 부정하고 자유의 존재성을 확보하려 했다. 주요한 저서로는 『창조적 진화』, 『물질과 기억』 등이 있다.

비트겐슈타인 Ludwig Joseph Johann Wittgenstein, 1889~1951
모든 철학적 질문들이 언어의 잘못된 사용으로 생기는 일종의 질병으로 생각했던 철학자다. 평생 동안 오직 단행본 한 권, 논문 한 편, 서평 한 편만을 발표했을 뿐이지만, 그것만으로도 철학사에서 획기적 전환을 이끌어냈다. 『논리철학논고』를 펴낸 후 "철학은 이 한 권으로 끝났다"는 말을 남기고 캠브리지를 떠난 그가 자신의 철학의 한계를 발견하고 7년 만에 다시 돌아와 『철학적 탐구』를 집필했다.

사르트르 Jean Paul Sartre, 1905~1980
문학과 철학에서 최고의 지위에까지 오른 프랑스 실존주의 철학자다. "인간은 자유롭도록 저주받은 존재"로 인간을 규정함으로써 인간의 자유를 극한까지 추구했다. 소설 『구토』, 『말』, 희곡 『닫힌 방』, 『파리떼』, 정치평론서 『공산주의자들과 평화』 등을 집필했으며, 1964년 노벨문학상을 수상했다. 보부아르와의 계약결혼으로도 유명하다. 주요 철학 저서로는 『존재와 무』, 『변증법적 이성비판』 등이 있다.

스피노자 Baruch De Spinoza, 1632~1677
프랑스 철학자 베르그송이 "모든 철학자는 두 가지의 철학을 가지고 있다. 자신의 철학과 스피노자의 철학을"이라고 말했을 정도로 그는 중요한 철학자다. 그의 주저인 『에티카』는 규범의 윤리학이 아닌 기쁨과 유쾌함의 윤리학이라는 전혀 새로운 전통을 확립했다. 그가 죽은 지 370년이 지난 오늘날에도 현대 철학에서 그의 사상은 재조명되고 있다.

아렌트 Hannah Arendt, 1906~1975

나치 전체주의의 기원을 인간의 '무사유'에서 찾았던 현대 여성 철학자다. 독일 마르부르크 대학에서 불트만과 하이데거에게서 철학을 배웠다. 거기서 하이데거와 사랑에 빠지기도 했다. 독일에서 시온주의자들을 위해 활동하다 체포되어 심문을 받은 뒤 프랑스로 망명했으며, 최종적으로 미국으로 망명했다. 첫 책인 『전체주의의 기원』의 발간과 더불어 본격적인 정치사상가의 길을 걷게 되었다. 주요 저서로는 『인간의 조건』, 『예루살렘의 아이히만』등이 있다.

아우구스티누스 Aurelius Augustinus, 354~430

초기 기독교 교회의 대표적인 교부로 플라톤 철학을 통해 기독교 사상을 전파했다. 가톨릭 교회의 교의에 이론적인 기초를 다졌으며 예정설을 주장했다. 철학적으로는 인간의 마음이 가진 기억·지각·기대에서 과거·현재·미래라는 시간을 정초定礎하는 데 공헌했다. 저서로는 『고백록』, 『신국론』등이 있다.

에픽테토스 Epiktētos, 50~135

노예 출신이었다가 이를 극복하고 후기 스토아학파의 대표적인 사상가가 되었다. 후기 스토아 철학자들은 스토아 철학 이론을 현실에 어떻게 적용할 것인지를 고심했는데, 에픽테토스 역시 자기를 둘러싼 삶의 세계에서 어떻게 처신할 것인지에 대해서 성찰했다. 그는 인간이 자연에 따라 살아갈 때 진정으로 행복해진다고 보았다. 외적 조건보다는 내면의 정신적 자유를 강조했으며, 욕심 없고 절제된 삶을 살았다. 저서로는 『엥케이리디온』, 『담화록』 등이 있다.

임제 臨濟, ?~867

불교 승려이지만, 그는 가장 급진적인 사상가다. "부처를 만나면 부처를 죽여라. 그렇게 한다면 비로소 해탈할 수 있을 것이다"라는 혁명적인 주장을 펼쳤다. 불교에서는 집착을 모든 고통의 근원으로 보는데, 그가 일체의 권위를 부정하는 이유도 모든 권위가 집착을 낳는다고 보았기 때문이다. 이처럼 그의 사상은 독창적인 인간관 확립과 절대 자유의 지혜를 가득 담고 있다. 그의 설법은 『임제어록』을 통해 후

세에 전해졌다.

장자莊子, BC369~BC289

타자와 소통하는 삶을 꿈꾸었던 전국시대 철학자로, 문학적이면서 동시에 철학적인 글쓰기로 유명하다. 그가 주장한 '허虛'나 '망忘'의 개념들은 '타자와 차이'로 압축되는 프랑스 현대 철학의 사유를 선취하고 있다. 특히 그는 "길은 걸어 다녀야 이루어진다"고 주장함으로써 노자와는 차별적인 사유를 펼쳤다. 그의 사유는 『장자』에 담겨 있다.

칸트Immanuel Kant, 1724~1804

근대철학에서 가장 중요한 위상을 가진 철학자로, '서양 철학의 저수지'라고 불린다. 과거 모든 철학의 흐름이 그에게로 모여들고, 동시에 그의 철학에서 모든 사유가 전개된다고 말할 정도다. 그는 영국 경험론자들이 주장하는 실재론을 전도시키고 새로운 실재론을 주장하면서 자신의 업적에 대해 "철학에서 코페르니쿠스적 전환을 이루었다"고 말하기도 했다. 주요 저서로는 3대 비판서로 불리는 『순수이성비판』, 『실천이성비판』, 『판단력비판』 등이 있다.

쿤Thomas Kuhn, 1922~1996

'패러다임'이라는 새로운 개념을 창안해낸 미국의 과학사학자이자 철학자다. 그에 따르면 과학의 발전은 점진적으로 이루어지는 것이 아니라 패러다임의 교체에 의해 혁명적으로 이루어지며 이 변화를 '과학혁명'이라고 불렀다. 주요 저서로는 『코페르니쿠스 혁명』, 『과학혁명의 구조』가 있다.

푸코Michel Foucault, 1926~1984

권력, 성性, 광기, 범죄 등 논쟁적인 이슈들에 대한 근대적 사유의 틀을 뒤집어 놓은 프랑스 현대 철학자다. 그는 니체의 계보학적 방법론을 사용하여 인간이 권력에 어떻게 훈육되는지를 폭로했으며, '에피스테메'로 불리는 지식의 가능 조건들을 고고학적으로 파헤쳤다. 동성연애자로 알려진 그는 후천성면역결핍증AIDS으로 사망했다. 주요 저서로는 『광기의 역사』, 『말과 사물』, 『감시와 처벌』 등이 있다.

프로이트 Sigmund Freud, 1856~1939

오스트리아 신경과 의사로 정신분석학의 창시자다. 그는 초자연과 신비의 영역에 봉인되어 있던 인간의 무의식을 최초로 발견하고, 합리적 해석을 시도했다. 정신병의 원인을 육체에서 찾았던 기존 의학자들은 환자들을 감금하고 전기충격을 주는 등 야만적인 치료를 한 것에 반해, 그는 자유연상을 통해 무의식을 해석함으로써 새로운 치료법을 개발한 것이다. 주요 저서로는 『쾌락원리를 넘어서』, 『정신분석학 개요』 등이 있다.

하위징아 Johan Huizinga, 1872~1945

최초로 놀이를 학문의 연구 대상으로 간주했던 네덜란드 역사가다. 그는 일곱 살 무렵 카니발 행렬을 보고서 그 광경에 매료되어 평생을 의례, 축제, 놀이 연구에 주력했다. 그는 놀이가 시간을 낭비하는 것이라는 편견을 뒤집고, 놀이가 가진 문화적 창조력을 긍정했다. 주요 저서로는 『호모 루덴스』, 『중세의 가을』등이 있다.

하이데거 Martin Heidegger, 1889~1976

"존재란 무엇인가?"라는 모호한 질문을 던지고, "존재는 존재하지 않는다"와 같은 더욱 모호한 답변을 제시한 실존주의의 대표적인 철학자다. 그는 나치스 지배 기간 동안 협력한 이유로 많은 비난을 받았지만, 인간의 실존적 존엄함과 자유를 향한 그의 철학은 여전히 빛을 발한다. 주요 저서로는 『존재와 시간』, 『동일성과 차이』 등이 있다.

한비자 韓非子, BC280?~BC233

국가주의 철학을 집대성을 중국 전국시대의 정치사상가다. 말더듬이로 알려진 그는 인간 본성의 약점과 욕망을 예리하게 지적한 차가운 지성의 소유자다. 그는 법가 사상을 집대성했고, 그것은 통치술과 제왕학의 중심이 되었다. 『한비자』는 법가의 제왕학은 물론 부국강병론, 체제개혁론과 함께 인간과 권력에 대한 색다른 철학을 담고 있는 명저名著이다. 이 책을 읽다 보면 왜 한비자가 '동양의 마키아벨리'라고 불리는지를 이해하게 된다.

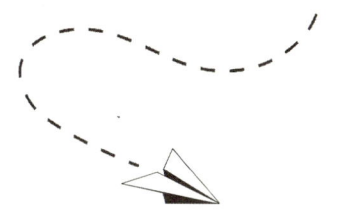

참고문헌

1. 국내 저자

강신주, 『장자, 차이를 횡단하는 즐거운 모험』, 그린비, 2007.
강신주, 『철학 삶을 만나다』, 이학사, 2006.
강신주, 『철학이 필요한 시간』, 사계절, 2011.
강신주, 『철학적 시 읽기의 즐거움』, 동녘, 2010.
강신주, 『철학적 시 읽기의 괴로움』, 동녘, 2011.
강신주, 『철학 VS 철학』, 그린비, 2010.
고명섭, 『니체극장』, 김영사, 2012.
김상환, 『해체론 시대의 철학』, 문학과지성사, 1998.
김석, 『프로이트&라캉, 무의식에로의 초대』, 김영사, 2010.
김성철, 『중론: 논리로부터의 해탈, 논리에 의한 해탈』, 불교시대사, 2004.
김용옥, 『철학과 논술강의 2』, 통나무, 2006.
김용옥, 『노자와 21세기 1, 2, 3』, 통나무, 1999.
박민영, 『인문내공』, 웅진지식하우스, 2012.
박민영, 『인문학, 세상을 읽다』, 인물과사상사, 2009.
신용철, 『이탁오 평전』, 지식산업사, 2006.

이진경, 『철학과 굴뚝 청소부』, 그린비, 2005.
황광우, 『철학하라』, 생각정원, 2011.

2. 서양 철학자

기 드보르, 이경숙 옮김, 『스펙터클의 사회』, 현실문화연구, 1996.
니콜로 마키아벨리, 신복룡 옮김, 『군주론』, 을유문화사, 2007.
니체, 안성찬·홍사현 옮김, 『즐거운 학문-니체전집 12』, 책세상, 2005.
니체, 정동호 옮김, 『차라투스트라는 이렇게 말했다-니체전집 13』책세상, 2007.
니체, 김정현 옮김, 『도덕의 계보-니체전집 14』, 책세상, 2002.
니체, 백승영 옮김, 『이 사람을 보라-니체전집 15』, 책세상, 2002.
레이 몽크, 김병화 옮김, 『How To Read 비트겐슈타인』, 웅진지식하우스, 2007.
로버트 베르나스코니, 변광배 옮김, 『How To Read 사르트르』, 웅진지식하우스, 2008.
마르틴 하이데거, 전양범 옮김, 『존재와 시간』, 동서문화사, 2008.
마크 리들리, 김관선 옮김, 『How To Read 다윈』, 웅진지식하우스, 2007.
마크 A. 래톨, 권순홍 옮김, 『How To Read 하이데거』, 웅진지식하우스, 2008.
메를로 퐁티, 류의근 옮김, 『지각의 현상학』, 문학과지성사, 2002.
미셸푸코, 이규현 옮김, 『말과 사물』, 민음사, 2002.
버트런드 러셀, 서상복 옮김, 『서양철학사』, 을유문화사, 2009.
비트겐슈타인, 이영철 옮김, 『논리철학논고』, 책 세상, 2006.
비트겐슈타인, 이영철 옮김, 『철학적 탐구』, 서광사, 1994.
사르트르, 박정태 옮김, 『실존주의는 휴머니즘이다』, 이학사, 2008.
사르트르, 변광배 옮김, 『존재와 무, 자유를 향한 실존적 탐색』, 살림, 2005.
사르트르, 정소성 옮김, 『존재와 무』, 동서문화사, 2009.
스피노자, 강영계 옮김, 『에티카』, 서광사, 2012.
슬라보예 지젝, 박정수 옮김, 『How To Read 라캉』, 웅진지식하우스, 2007.
아리스토텔레스, 김진성 역주, 『형이상학』, 이제이북스, 2007.
아우구스티누스, 김기찬 옮김, 『고백록』, 크리스챤다이제스트, 2000.
앙리 베르그손, 황수영 옮김, 『창조적 진화』, 아카넷, 2005.

에리히 프롬, 차경아 옮김, 『소유냐 존재냐』, 까치, 1996.
에픽테토스, 김재홍 옮김, 『엥케이리디온: 도덕에 관한 작은 책』, 까치, 2002.
요한 하위징아, 이종인 옮김, 『호모 루덴스』, 연암서가, 2010.
이사야 벌린, 안규남 옮김, 『칼마르크스 그의 생애와 시대』, 미다스북스, 2012.
임마누엘 칸트, 백종현 옮김, 『순수이성비판 Ⅰ』, 아카넷, 2006.
임마누엘 칸트, 백종현 옮김, 『실천이성비판』, 아카넷, 2009.
자크 데리다, 남수인 옮김, 『환대에 대하여』, 동문선, 2004.
자크 라캉, 맹정현·이수련 옮김, 『자크 라캉 세미나 11-정신분석의 네 가지 근본개념』, 새물결, 2008.
조시 코언, 최창호 옮김, 『How To Read 프로이트』, 웅진지식하우스, 2007.
질 들뢰즈, 김상환 옮김, 『차이와 반복』, 민음사, 2004.
질 들뢰즈, 박찬국 옮김, 『들뢰즈의 니체』, 철학과현실사, 2007.
질 들뢰즈, 서동욱·이충민 옮김, 『프루스트와 기호들』, 민음사, 1997.
질 들뢰즈, 허경 옮김, 『푸코』, 동문선, 2003.
질 들뢰즈/클레르 파르네, 허희정·전승화 옮김, 『디알로그』, 동문선, 2005.
질 들뢰즈/펠릭스 가타리, 김재인 옮김, 『천개의 고원』, 새물결, 2003.
찰스 다윈, 송철용 옮김, 『종의 기원』, 동서문화사, 2009.
칼 마르크스, 강유원 옮김, 『경제학-철학 수고』, 이론과실천, 2006.
토머스 쿤, 김명자 옮김, 『과학혁명의 구조』, 까치, 2002.
페넬로페 도이처, 변성찬 옮김, 『How To Read 데리다』, 웅진지식하우스, 2007.
플라톤, 박종현 역주, 『국가·정체』, 서광사, 2005.
피터 오스본, 고병권·조원광 옮김, 『How To Read 마르크스』, 웅진지식하우스, 2007.
한나 아렌트, 김선욱 옮김, 『예루살렘의 아이히만』, 한길사, 2006.
호메로스, 천병희 옮김, 『일리아스』, 도서출판숲, 2007.

3. 동양 철학자

가라타니 고진, 권기돈 옮김, 「탐구Ⅰ」, 새물결, 2010.
공자, 김형찬 옮김, 「논어」, 홍익출판사, 1999.
노자, 최재목 역주, 「노자」, 을유문화사, 2006.
맹자, 우재호 옮김, 「맹자」, 을유문화사, 2007.
용수보살, 김성철 옮김, 「중론」, 경서원, 1993.
임제의현, 정성본 역주, 「임제어록」, 한국선문화연구원, 2003.
장자, 김학주 옮김, 「장자」, 연암서가, 2010.
한비, 이운구 옮김, 「한비자1,2」, 한길사, 2007.

KI신서 4746
30일 인문학

1판 1쇄 발행 2013년 2월 22일
1판 5쇄 발행 2018년 3월 12일

지은이 이호건
펴낸이 김영곤 **펴낸곳** (주)북이십일 21세기북스
정보개발본부장 정지은 **인문기획팀장** 장보라
책임편집 양으녕 **디자인** 씨디자인
출판영업팀 이경희 이은혜 권오권
출판마케팅팀 김홍선 배상현 신혜진 김선영 나은경
홍보팀 이혜연 최수아 김미임 박혜림 문소라 전효은 염진아 김선아
제휴팀 류승은 **제작팀** 이영민

출판등록 2000년 5월 6일 제406-2003-061호
주소 (우 10881) 경기도 파주시 회동길 201(문발동)
대표전화 031-955-2100 **팩스** 031-955-2151
이메일 book21@book21.co.kr **홈페이지** www.book21.com

(주)북이십일 경계를 허무는 콘텐츠 리더
21세기북스 채널에서 도서 정보와 다양한 영상자료, 이벤트를 만나세요!
페이스북 facebook.com/21cbooks   **블로그** b.book21.com
인스타그램 instagram.com/21cbooks   **홈페이지** www.book21.com
서울대 가지 않아도 들을 수 있는 명강의! 〈서가명강〉
네이버 오디오클립, 팟빵, 팟캐스트에서 '서가명강'을 검색해보세요!

ⓒ 이호건, 2013

ISBN 978-89-509-4687-6 03320
책값은 뒤표지에 있습니다.

이 책 내용의 일부 또는 전부를 재사용하려면 반드시 (주)북이십일의 동의를 얻어야 합니다.
잘못 만들어진 책은 구입하신 서점에서 교환해 드립니다.